Über dieses Buch

Braucht der Frieden eine Revolution?

Frieden als ›Ruhe und Ordnung‹ hat bisher alles gerechtfertigt: Krieg, Kolonialismus, Sklaverei und Unterdrückung.

Frieden aus Angst ist nichts als ›organisierte Friedlosigkeit‹ und eine permanente Bedrohung.

Frieden als technokratisch geregeltes Stillhalten ist geradezu ein Widerspruch zum menschlichen Friedensbedürfnis.

Und Frieden als christlicher Auftrag — das Versagen der Kirchen ist evident. Braucht also der Frieden eine Revolution?

Die in diesem Band vorgelegten Analysen sind ein Versuch, das Problem in seinen historischen, politischen und theologischen Zusammenhang zu stellen und ein neues Konzept für den Frieden zu entwickeln: »Dieser Friede wäre dynamisch, ein Prozeß der produktiven Konkurrenz und Kooperation der verschieden Bleibenden, nicht statisch wie das angstgeborene Machtgleichgewicht zweier Giganten. Und das [. . .] nicht nur als moralisches Postulat, wie in Kants Schrift ›Zum ewigen Frieden‹, sondern eben als pragmatische Notwendigkeit, die auch politische Antipoden heute als zweckmäßig begreifen.« (H.-E. Bahr)

Herausgeber und Autoren

Hans-Eckehard Bahr, geb. 1928, ist Professor für die Lehre von der handelnden Kirche an der Ruhr-Universität Bochum.

Hans-Jürgen Benedict, geb. 1941, ist Wissenschaftlicher Assistent an der Evangelisch-Theologischen Abteilung der Ruhr-Universität Bochum.

Sven Papcke, geb. 1939, ist Wissenschaftlicher Assistent am Zentralen Sozialwissenschaftlichen Seminar der Ruhr-Universität Bochum.

Hans P. Schmidt, geb. 1926, ist Professor am Seminar für Evangelische Theologie der Universität Frankfurt.

Dieter Senghaas, geb. 1940, ist Wissenschaftlicher Assistent am Seminar für Politische Wissenschaften an der Universität Frankfurt.

Weltfrieden und Revolution

in politischer
und theologischer Perspektive

Herausgegeben von
Hans-Eckehard Bahr

Michael Wüsche
26. 11. 1970

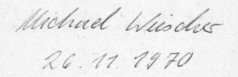

Fischer Bücherei

In der Fischer Bücherei
November 1970

Umschlagentwurf: Jan Buchholz/Reni Hinsch

Aktualisierte Taschenbuchausgabe nach dem Rowohlt-Paperback 65
›Weltfrieden und Revolution. Neun politisch-theologische Analysen‹,
hg. von Hans-Eckehard Bahr, Reinbek, 1968
Fischer Bücherei GmbH, Frankfurt am Main und Hamburg
© Fischer Bücherei GmbH, Frankfurt am Main, 1970
Gesamtherstellung: Hanseatische Druckanstalt GmbH, Hamburg
Printed in Germany
ISBN 3 436 01302 1

Inhalt

Hans-Eckehard Bahr

Frieden ohne Revolution?

Januar 1968

Der 23. September 1967 begann für den Präsidenten der Vereinigten Staaten von Amerika in Thailand. Dort, auf dem amerikanischen Flugplatz von Korat hatte er die Besatzungen der F-105 Thunderchiefs zu ihren Vernichtungsflügen nach Nordvietnam beglückwünscht. »Deshalb, weil ihr das hier tut, werdet ihr einen größeren Krieg, den dritten Weltkrieg, verhindern«, rief er kurz darauf auch in Südvietnam 2450 GIs zu, die in Cam Ranh sich um den zwischenlandenden Präsidenten geschart hatten.[1] Stunden später jedoch versicherte Lyndon Baines Johnson dem Papst in der Bibliothek Pauls VI. zu Rom, er würde »den Krieg nicht ausweiten«, sondern »sofort stoppen, wenn die anderen einhalten würden«.

Einen Orientierungswechsel nahm jedoch auch der Papst vor. Noch am Vortag des amerikanischen Besuches war in seiner Botschaft von der unbedingten Notwendigkeit die Rede, in Vietnam an den Verhandlungstisch zu gehen. In der Weihnachtsbotschaft jedoch — Johnsons weiß-blaue Sondermaschine ›Air Force I‹ war schon über dem Atlantik — ist nur noch vom inneren Frieden des Herzens die Rede. Während Paul VI. die Botschaft vom Fenster seines Arbeitszimmers über den Petersplatz spricht, halten ihm zwanzig junge Männer unten ein Plakat entgegen: »Johnson, Weihnachten ist nicht dein Tag.« Der Papst sieht es nicht.

Eben zur gleichen Zeit explodieren drüben in Vietnam Sprengkörper in einem Kinderheim. Und zur gleichen Zeit hüllt die Sowjetregierung sich weiterhin in Schweigen. Und zur gleichen Zeit beginnen in dem Land zwischen Flensburg und Konstanz die Kirchenglocken zur ersten Christmette zu läuten. *Coincidentia oppositorum.* Gleichzeitigkeit jenseits der Vorstellungskraft, aber gerade deshalb ein exaktes Bild unserer Weltlage: In Europa Ruhe der Stagnation. In Asien Frieden den Menschen, den Menschen unter der Erde. Aus Rom die Beteuerung, jenseits der kämpfenden Seiten, in präsumtiver Überparteilichkeit verharren zu wollen. Zweifel am Sinn des Ganzen wagen in der westlichen Welt zu dieser Stunde nur jene Amerikaner zu äußern, die entschlossen scheinen, die irrationalen Operationen ihrer Regierung grundsätzlich in Frage zu stellen. Indem der Präsident alle überzeugen will, überzeugt er niemanden mehr, kommentiert James Reston den weihnachtlichen Blitzflug Johnsons in der *International Herald Tribune*, »das Ganze ist zu ausgeklügelt. Weder die Falken, die ihn am liebsten bei den Bomberbesatzungen in Thailand sehen, noch die Tauben, die sich freuen, ihn in Rom zu entdecken, wissen, was er wirklich vorhat. Das amerikanische Volk ist unsicher geworden. Man traut den Dingen nicht mehr, aber gleichzeitig sehnt man sich nach Vertrauen . . .«

Das ist das Klima, in dem, noch mitten im außenpolitischen Dilemma der Nation, gerade in den USA, aber auch hierzulande, seit kurzem angestrengt Modelle des möglichen Friedens entworfen werden. Zwei Vorstellungskomplexe schälen sich dabei mehr und mehr heraus, beide aufs gleiche zielend, aber beide Wege und Ziel einer Friedenssicherung verschieden beurteilend. Zunächst ein technokratisch akzentuiertes Bild möglicher Weltordnung, das auf die politisch-revolutionären Emanzipationsschübe der Dritten Welt nur unwillig eingeht, wenn überhaupt. Auf der anderen Seite ein Denken, das den Frieden der Völker als politischen Freiheitsprozeß anstrebt, mithin Friedenssicherung in notwendigem Zusammenhang sieht mit revolutionärer Beseitigung der Gründe von Elend, Hunger und Analphabetentum. Auf die Vermittlung dieser zwei Vorstellungskomplexe wird es in den nächsten Jahren ankommen.

Technokratischer oder politischer Friede?

Die Vorstellung, den Frieden technokratisch regeln zu können, basiert auf der Annahme, die Weltpolitik sei in eine nach-ideologische Phase eingetreten. Auf einer These also, die zunächst wesentliche Fakten für sich hat, die aber desto irrationaler behauptet wird, je verborgener die Wünsche der Völker zum Vater der Vorstellung vom Ende der Ideologien werden. Vor über zehn Jahren von Seymour M. Lipset in den USA begonnen, ist die Rede von der »nachideologischen Epoche« ihrerseits schon zur Ideologie geworden, als ob die Kooperationschancen schon dadurch gegeben wären, daß sich die Kooperationsnotwendigkeit zeigt. Politik, nicht mehr vom politischen Freiheitsstreben diktiert, sondern dezidiert »realistisch«, von sogenannten machtstrategischen Sachzwängen? Als Träger der Revolution nicht freiheitsbewußte Menschen, sondern die Technik? Nicht der Wunsch nach Gleichberechtigung aller Menschen, sondern der technologische Progreß als Motor der Völkerangleichung, die alle, in Sibirien wie Texas, egalisiert, zu befriedigt schleckernden Konsumenten sich anverwandelt? Ganz so, wie ›Russia Today‹ es imaginiert, der Film, der seit zwei Jahren schon die City-Kinos der USA belebt. Ein Film, mit Bing Crosby als Interpret, mit dem Moskauer Staatszirkus, sibirischen Wildtreibern, den Balletteusen vom Bolschoi-Theater, und lachenden, donnernd lachenden Menschen. Ein Film, der es sorgsam vermeidet, auch nur einen Hauch vom Politischen spüren zu lassen, der nie den Eindruck aufkommen läßt, dies alles könnte Ergebnis einer politischen Revolution, Errungenschaft also der doch sonst in der westlichen Welt politisch für überholt erklärten ›Ideologie‹ sein. Ein Film also, der genau die vage

Wunschvorstellung von der nach-ideologischen Phase spiegelt, aber ebenso verräterisch zeigt, wie diese Vorstellung zustande kommt, dadurch nämlich, daß die nach wie vor essentielle ›ideologische‹ Dynamik im sozialpolitischen Fortschritt der Sowjetunion schlicht ignoriert wird. Die auch in Deutschland häufig begegnende Vorstellung, ›Ideologie‹ sei nichts anderes als ein doktrinär-propagandistischer Überbau von Redensarten zwecks Verschleierung der eigentlichen, der nackten machtpolitischen Praxis spiegelt jedoch weniger die politische Realität des Ostens als vielmehr das Bewußtsein derjenigen, die bis heute hin alle »Restaurationen der modernen Völker geteilt, ohne ihre Revolutionen«[2] verstanden, geschweige denn mitgetragen zu haben.

Eben so, auf dem Boden der Entideologisierungsvorstellung, kommt es zum Glauben an die Allmacht einer Technologie, welche die politischen Widersprüche, an denen anderswo Menschen sterben, sozusagen automatisch aufheben soll, welche die revolutionären Zielvorstellungen politischer Gerechtigkeit dann auch von selbst zusammenschrumpfen läßt zu jenem Zustand kreatürlicher Resignation, die, wie man meint, auch dem Bürger der Wohlfahrtsstaaten letztlich beschieden ist.

Wo immer die Entideologisierungsthese auf die Abschleifwirkung der Technik sich stützt, da erscheint Politik nur mehr als Ausführung von Sachzwängen, konkret, als Sachzwang zur Kooperation der vormals ideologisch Verfeindeten. Planung und globale Organisation bekommen von nun an den Charakter eines moralischen Diktats, des *objektiv* Notwendigen. Der Weltfriede — und das ist entscheidend — kommt jetzt primär in Sicht unter Aspekten der Planbarkeit. Und das um so drastischer, je mehr die drohende Hungerkatastrophe und der atomare Weltbrand zum Alptraum werden. Alles Handeln gerät — so gesehen — unter das Diktat von Notmaßnahmen. Überleben ist dann schon das Optimum, das alle Mittel recht sein läßt, und sei es auch den vollendeten technokratischen Terror.

Die gleichzeitig beschworene Gefahr des Weltenbrandes soll ein Höchstmaß an Friedensbereitschaft erzeugen. Aber der Blick auf die apokalyptische Zukunft verhindert im Effekt nur die genaue Analyse gegenwärtiger Militärpolitik und anderer Konfliktursachen. Fixiert auf die große Katastrophe, übersehen die Theoretiker der Planifikationsthese jene Skrupellosigkeit, der jedes Mittel recht ist, und sei es die langsame Ausbombung eines ganzen Volkes, wenn es nur unterhalb der atomaren Schwelle bleibt. Die Fixierung auf den großen Atomschlag zeigt ihre Dialektik: nach und nach gewöhnt man sich an immer grauenvollere Waffen-Eskalationen, und hat doch das Empfinden, das Schrecklichste stehe noch bevor.[3]

Carl Friedrich von Weizsäcker und Georg Picht sind es in Deutschland, die sich in den letzten Jahren entschieden zum technokratischen Friedensmodell bekannten. Ihnen also danken wir die hierzulande wohl populärsten Formulierungen heutiger Friedensaufgaben unter dem Gesichtswinkel von Planung und globaler Organisation. Sie auch sind es, die ungedeckter als angelsächsische Friedensforscher jene Engpässe und fatalen Konsequenzen der These vom planbaren Weltfrieden erkennen lassen. Weltfriede, äußerte der Atomphysiker von Weizsäcker im November 1966, könne »nur durch eine zentrale Polizei garantiert« werden, was womöglich »in der Form des äußeren Terrors geschieht« oder aber in »Gestalt eines Apparates, [...] der die Seele wegplant, der tadellos funktioniert. [...]«⁴ Und Georg Picht läßt in seinen Reflexionen über ›Prognose, Utopie, Planung‹ als *ultima ratio* durchblicken: »Auf absehbare Zeit wird in der technischen Welt der Friede nur durch Terror und durch die Übermacht privilegierter Nationen zu erhalten sein.«⁵ Eine Argumentation, die, ideenpolitisch gesehen, eine genaue Formalanalogie zum Hobbesschen Regelungsmodell des Friedens darstellt.

Notgedrungen, würden seine Anhänger erwidern, denn heute wie damals herrscht Ausnahmezustand. Damals waren es die europäischen Konfessionen, die alles zu zerstören drohten. Heute sind es die antagonistischen Atommächte. Unter diesen Umständen ist Frieden — so das Hobbes-Modell — nur um den Preis zu erlangen, daß alle Gewalt monopolisiert wird in einer einzigen Instanz mit absoluter Machtvollkommenheit. Für Hobbes war das im England von 1651 der souveräne Monarch. Akzeptiert man die Diagnose vom weltpolitischen Ausnahmezustand, wird auch heute eine einzige »Zentralinstanz mit Waffenmonopol« die Hegemonie erlangen müssen — von Weizsäcker spricht von einer »staatsähnlich organisierten Weltfriedensordnung«.⁶ Eine *Pax Romana* in neuer Form also, Frieden als weltstaatliche Innenpolitik? Also kein Nebeneinander der verschiedenen Systeme, sondern ein polizeilich geregeltes Einheitssystem? Ein solch monistisches Machtmodell rechnet von vornherein nicht mehr mit einem Frieden als Möglichkeit offener Politik der *verschieden* bleibenden Gesellschaftssysteme. Anstatt sich zu uniformieren unter einem globalen Leviathan, sollten diese Systeme nicht besser politisch-sozial konkurrieren?

Es ist klar, daß kein Vertreter dieser These vom organisierbaren Frieden den technokratischen Terror als solchen anstrebt, am allerwenigsten Carl Friedrich von Weizsäcker.⁷ Ungewollt, aber de facto, gelangt er jedoch im Verlauf der schrittweisen Entfaltung seines Konzepts zum Endresultat jenes technokratischen Zwangsfriedens. Eben dieser Widerspruch zwischen humanen Intentionen und inhumanen Realisationen, zwischen subjektiver Lauterkeit beim Entwurf und der Einrechnung von Zwangsgewalt als objektiver Konsequenz dieses Ansatzes enthüllt die immanenten Aporien dieser wie jeder anderen technokratischen Strategie. Nicht die hohe Moral der Intentionen also wird hier bezweifelt, sondern deren Objektivation, das Strategie-Modell steht zur Debatte.

Dieser Widerspruch nun entsteht schon im Denkansatz, bei der politischen Analyse der Gegenwart. Da alle Beteiligten primär eine Gestalt des Friedens wollen, in der Vernunft und Freiheit des Menschen nicht durch Terror negiert werden, muß die Verschiedenartigkeit der Wege zu diesem Ziel eine Folge höchst unterschiedlicher Lagebeurteilung sein. In der Tat scheint mir der verzweifelte Sprung in die technokratische Friedenslösung auf einer Fehldiagnose der heutigen Weltlage in folgenden Punkten zu beruhen.

Das Denkschema ›Alles oder nichts‹ spiegelt noch die Lage der späten fünfziger Jahre. Damals, im Vorstellungshorizont des Kalten Krieges, konnte weltpolitische Stabilität nur einseitig konservativ gedacht werden als Erhaltung der militärischen Pattstellung. Mit cartesischer Logik hat die französische atomare Strategie diesen Angstfrieden durchkalkuliert. Atomwaffen, so lautet die These, sind Abschreckungswaffen. Aber eben nur, wenn mit ihrem Einsatz gedroht wird. Denn »wenn niemand fürchtet, daß ein anderer zuerst feuert, dann gibt es keine Abschreckung«.[8] Eine Einsicht, aus der General Beaufre die Folgerung zieht, je mehr Atommächte es gäbe, desto größer sei die Stabilität. Soweit die französische Theorie, die der amerikanischen Doktrin denkbar weit entgegengesetzt scheint, denn die USA wollen um jeden Preis den Atomwaffenbesitz beschränken auf diejenigen Mächte, die bereits glückliche Inhaber aller Druckmittel sind. Beide Positionen, die amerikanische und die französische, sind, bei Licht besehen, jedoch ein Produkt der Angst. Angstfriede ist das Optimum, das beide kennen.

Ein solcher ›Friede‹, der einzig dem Patt der Waffen zu verdanken ist, dieses archaische System der Angst, ist verständlich als Reflex der untergründig nachwirkenden Kriegserfahrungen. Eine Weltordnung jedoch, in der nuklearer Terror sich gegenseitig ausbalanciert, in der Abschreckung, also das raffinierte Wachhalten ständiger Angst beim ›Gegner‹ und brutalste Gewaltbereitschaft im eigenen Lager, die entscheidende, einzige Kraft der Stabilisierung bleibt, eine solche Weltordnung ist über einen längeren Zeitraum immer schwerer durchzuhalten. Militärtechnisch, psychologisch und moralisch wird dieses Konzept immer unhaltbarer.

Militärtechnisch hat die Praxis der verewigten gegenseitigen Drohung sich spätestens seit dem jüngsten Vorsprung des sowjetischen Raketen-Abwehr-Systems als höchst instabil herausgestellt. Denn finanziell bedeutet der erneute Zwang, auf dem vom ›Gegner‹ diktierten Kostenniveau wiederum das Gleichgewicht, ja strategische Überlegenheit herzustellen, selbst für die USA schon heute die Zwangslage, den wachsenden Rechtsforderungen unter-

privilegierter Massen im eigenen Land noch langsamer nachkommen zu können, ganz zu schweigen von den militärischen Verpflichtungen, die sie schon bis heute in Asien eingegangen sind.
Psychologisch aber läßt sich die Strategie der Abschreckung auf die Dauer immer schwieriger praktizieren, da die Völker dem künstlichen Wachhalten der Ängste zunehmend mißtrauen, nachdem in den letzten Jahren die Realisierbarkeit von Koexistenz sich gezeigt hat.
Last not least ist die fortgesetzte Einkalkulierung der Angst als Friedensstabilisator auch moralisch eine Fehlspekulation: die These der für das technokratische Modell Optierenden, auf jeder Stufe der Mächtekonfrontation sei das Gleichgewicht der Kräfte entscheidend[9], ist von einer Skepsis gegenüber dem Menschen als *homo politicus* verdüstert, die in der Geschichte bisher nur als politischer Ausdruck des Pietismus begegnete, und im politischen Pessimismus des Pfarrersohns Thomas Hobbes.
Gerade diese Skepsis, so lauter ihre subjektiven Motive sein mögen, lähmt heute ungewollt die politische Praxis. So stehen diesem noch immer militärisch operierenden Konzept die genuinen Friedensmodelle der Angelsachsen (Osgood, Fromm, Etzioni u. a.) nicht zufällig diametral entgegen.[10] Denn solange die ethische Anstrengung nur als privates Motiv, als subjektive Moral bestimmt werden kann, weil die Weltgesellschaft als Ganzes unter prinzipiellem Sündenverdacht bleibt, kann es nur zum Verhindern (Abschreckung), aber nicht zum angstfreien Handeln kommen. Damit aber kommt zumindest christliche Ethik nicht länger aus, einerseits das Hobbes-Menschenbild vom Krieg als natürlichem Zustand des Menschen in den Abschreckungsstrategien zu sublimieren, andererseits die Gerechtigkeitsforderung und das ungeschmälerte Friedenspostulat ins lautere Herz des einzelnen zu verbannen.
Alles hängt vielmehr daran, daß die Suche nach einer gerechten Ordnung für die ganze Menschengesellschaft als *Politik* wiederaufgenommen wird. Eine Suche, die in den großen Revolutionen der Neuzeit, der französischen wie der amerikanischen, der russischen wie der chinesischen, je auf ihre Weise, an ihrem Ort, aber mit einer letztlich gemeinsamen Intention begonnen wurde.[11] Der mögliche Friede wäre, so gesehen, der Beginn einer wechselseitigen Vermittlung eben dieser revolutionären Gesellschaften, nicht ihre Aufhebung in eine Superinstanz mit absolutem Waffenmonopol. Dieser Friede wäre dynamisch, ein Prozeß der produktiven Konkurrenz und Kooperation der verschieden Bleibenden, nicht statisch wie das angstgeborene Machtgleichgewicht zweier Giganten. Und das, wie angedeutet, nicht nur als moralisches Postulat, wie in Kants Schrift ›*Zum ewigen Frieden*‹, sondern eben als pragmatische Notwendigkeit, die auch politische Antipoden heute als zweckmäßig begreifen.

Das Ende der Ideologie, heißt es, mache den Frieden planbar als Kooperation ehemaliger Feinde. Eine These, für die wir vieles geltend machen können: vom gemeinsamen Schlagerfestival, dem gesteigerten Ost-West-Handel bis hin zum neuen marxistisch-christlichen Dialog. Aber diese Begegnungen finden statt nur in Europa, genauer, auf Sektoren, die ideologisch-politisch entlastet sind, von denen der Entscheidungsdruck der Weltpolitik seit Jahren gewichen ist.

Europa, wir Deutsche zumal, betrachten den alten Kontinent zwar immer noch gerne als windstilles Wirbelzentrum der Welt. Tatsächlich jedoch ist er ein luftleerer Raum. Von außen betrachtet gleichen die halbierten deutschen und damit europäischen Teile daher den zwei Guerickeschen Leerhalbkugeln: Wie der Magdeburger Bürgermeister die beiden Hälften einer Metallkugel durch Leerpumpen unlöslich festigte, so halten das geteilte Deutschland und Europa heute den Erdball mit ehernem Druck zusammen.[12] Die längst fällige Vermittlung von Ost und West, *hier* findet sie nicht statt. Noch immer sind die Völkerhälften ineinander verkeilt, noch stellt sich *hier* keine Seite dem *Wahrheits*anspruch der anderen. Nicht *überwunden* ist die ideologische Phase bei uns, sondern *eingefroren*. *Leer* ist die Szenerie, Guerickesche Kugel.

Genauer gesagt, die Politik des Kalten Krieges, die hier gestern noch stattfand, bringt heute einem anderen Teil der Erde den heißen Krieg. Während Berlin immer mehr zur weltpolitisch bedeutungslosen Karikatur einer längst überholten Kalten-Kriegs-Mentalität absinkt, wird das Duell Maschine gegen Mensch am Mekong-Delta immer brutaler eskaliert. Es ist wahr, das System der Angst, auf dem die Abschreckung beruht, arbeitet in Europa nicht schlecht, eben weil Gewalt woanders progressiv sich vermehrt: als Bombenteppich auf Bambus und radelnde Nachschubkolonnen, immer hübsch ›human‹, unter der Atomschwelle bleibend.

Kurz, der ideologische Konflikt ist, zum ersten, nicht überholt, sondern in Europa auf der gefährlichsten Stufe neutralisiert, in Asien jedoch unabsehbar potenziert. Unterhalb der atomaren Pattstellung der Großen haben sich dort die ungelösten Spannungen und Ängste Amerikas einen Ausweg verschafft.[13] Zum zweiten: Die Form der Koexistenz der Giganten wird die einer Komplicenschaft. Eben diese Situation korrumpiert, zum dritten, auch die Verbündeten, uns Deutsche zumal. Ich rede nicht vom Atomwaffensperrvertrag. Ich meine jene moralisch-politische Korrumpierung, die für uns Deutsche gegeben ist mit der Gleichzeitigkeit vom dritten Auschwitz-Prozeß in Frankfurt und dem Ausbomben ganzer Städte in Nordvietnam durch den großen atlantischen Partner.[14] Wir Deutsche, fleißig wie eh und je, urteilen die Verbrecher des letzten europäischen Krieges ab, während der Substanz nach ähnliches Unrecht im ›Eisernen Dreieck‹ offiziell unser Gewissen nicht rühren darf, ja, unbesprochen bleiben muß, damit die nationale Sicherheit gewährleistet bleibt.[15]

Kein Deutscher kann jedoch der anderen, der politisch-moralischen Seite des Problems entgehen. »Wo gehobelt wird, da fallen Späne« — die Unmenschlichkeit dieser Regel wird uns im Frankfurter Auschwitz-Prozeß mit ihren Folgen vor Augen geführt; drüben jedoch, in Asien, soll sie plötzlich zu Recht gelten? Nur, weil es gegen Kommunisten geht — eben gegen jene Menschen, mit denen wir doch im Zuge der neuen Ostpolitik uns laut Regierungserklärung des Bundeskanzlers auf Grußfuß stellen wollen? Zu erwarten, sowjetische Bürger würden trotz dieser merkwürdig doppelten Friedensmoral unverzüglich uns Glauben schenken, ist eine gutmütige, aber naive Erwartung. Denn wer beteuert, für den Frieden zu sein, ist heute nur dann noch glaubwürdig, wenn er *überall* und *ungeteilt* für die Versöhnung der Verfeindeten eintritt.

Heute müssen wir daher den harten und ungewohnten Gedanken fassen, daß der Friede notfalls auch gegen die eigenen Freunde verteidigt werden muß. Denn Friede und Selbstbestimmung sind unteilbare Rechte, und keine Napalmbombe ist gerechtfertigt, nur weil sie von den Verbündeten geworfen wird. Das zuzugeben ist unausweichlich um des Friedens willen, mögen auch noch so viele gutwillige Zeitgenossen dergleichen mißverstehen als prinzipiellen Anti-Amerikanismus, weil ihnen noch immer der entscheidende Unterschied verborgen geblieben ist zwischen einer Negierung der demokratischen Grundkonstitution und einer Kritik, die nur die Loyalität der augenblicklichen Regierungspraxis gegenüber dieser demokratischen Verfassung in Zweifel zieht.

Ist es sinnvoll, das wahre Ausmaß unseres westlichen Dilemmas in pädagogischer Absicht länger zu vertuschen, nur damit kein Beifall von der falschen Seite kommt? Der Friede ist unteilbar, und die schmerzende Wahrheit sich einzugestehen, *ist* schon ein Element des Friedens. »Trauer und Resignation helfen nichts«, schreibt Konrad Adenauer in seinen Erinnerungen als Regel der Politik. Westeuropa, die Bundesrepublik vor allem, haben dem Vietnamkrieg ohnmächtig zugesehen; in selbstverschuldeter Ohnmacht zugesehen. Aber wie, wenn eine neue Friedensplanung begänne, eine zugleich politische wie moralische Anstrengung, den Frieden anders zu gründen als nur auf das Gleichgewicht der Waffen? Denn heute, Jahre nach der ersten amerikanischen Militär-Eskalierung drüben in Asien und viele Monate nach der arabisch-russischen Gegenaktion gegen Israel, heute dürften auch Kurzsichtige einsehen: Die kleinen Nationen werden so lange moralisch korrumpiert, so lange physisch dezimiert, bis sie *von sich aus* die Großen zwingen, den Konflikt im politischen Raum zu regeln.

Es bedarf einer immer entschiedener demonstrierten Entschlossenheit vieler Menschen in West und Ost, einer Politik der zuschlagenden Gewalt zu widerstehen. Vorerst jedoch gibt es noch keinen politischen Zusammenschluß dieser Friedensbereiten. Werden die Kirchen endlich Träger dieses politischen Willens werden? Werden sich Synoden und Konzilien nicht nur mit dem Frieden am Abendmahlstisch befassen, sondern für den anderen, den großen Frieden unter den Völkern endlich auch konkrete, politische Aktionsmodelle entwickeln?

Vorerst ist so etwas wie eine politische Weltmeinung gegen die herrschende Trennung von Politik und Moral erst im Entstehen. Diese neue politische Weltöffentlichkeit aber ist nichts Geringeres als — mit den Worten Lord Chalfonts — »das Widerstreben der meisten sensitiven und intelligenten menschlichen Wesen, Angst und Mißtrauen als die normale Grundlage ihres Lebens anzunehmen«. Dieser Einspruch hat in der öffentlichen Diskussion der Vereinigten Staaten zur Stunde bereits eine politische Reichweite erlangt, wie sie nicht nur dort erstmalig ist. Punkt für Punkt werden die offiziellen Beweggründe für den Krieg in dieser Diskussion durchlöchert, wird Machtpolitik innenpolitisch zersetzt durch öffentlichen Gebrauch der Vernunft. Kritische Publizität also gegen absolut werdende Autorität, ein wahres Verfolgungsspiel der öffentlichen Meinung gegen irrational werdende Entscheidungsmechanismen der Militärs.

Wie immer man aus der Ferne Europas dazu sich stellt, entscheidend scheint mir die Einsicht der drüben Opponierenden, daß Friede nur als Politik noch möglich ist. Und das heißt: An die Stelle der national-religiösen Vorstellung vom Weltzwist zweier unversöhnlicher Mächte, des Reichs des Lichtes wider das Reich der Finsternis, muß die Anerkennung des anderen treten.

Heute liegt die Vermutung nahe, daß nichts nachhaltiger die außenpolitische Praxis der USA in Asien bestimmt als die frühpuritanische Mentalität. Die Methode des ›Search and Destroy‹, der Exorzismus der Planierraupe: das sogenannte ›Bereinigen‹ ganzer Landstriche, das ›Entlauben‹ und Ausbrennen des anderen, das an den Verhandlungstisch Bomben, all das stammt wesenhaft aus der Praxis der Ketzerverbrennung, aus dem religiösen Sektierertum der Frühzeit, das nicht *dialektisch* denkt, den anderen einbeziehend, sondern den Nicht-Glaubenden ausscheidet, da er *substantiell* böse erscheint. All das sind archaische Formen der Angst vor dem elementar anderen, die förmlich zur nationalen Obsession führen. Und so kommt es zu einer ersten Spielart der weltweiten technokratischen Zwangsordnung, zur außenpolitischen Doktrin Walt W. Rostows, Vietnam müsse mit aller Gewalt zum Schlußkapitel des Zeitalters der »romantischen Revolutionäre« gemacht werden.[16] Neben dem Atomwaffensperrvertrag der Giganten bahnt sich also ein zweiter Sperrvertrag an, die Blockierung nationaler Befreiungsbewegungen, die Verhinderung politisch-sozialer Revolutionen.

Von diesem politischen Kontext läßt sich Friedensplanung nicht länger isolieren und auf die Technologie von Welternährung konzentrieren![17] Gefordert ist vielmehr eine Reflexion auf jene Tendenzen der technologischen Gesellschaft überhaupt, die Technik selbst noch in Form ihrer Wirtschaftshilfe als Mittel der Herrschaft einzusetzen, und nur indirekt als Mittel auch politischer Befreiung. Unter diesen Umständen wird die von v. Weizsäcker geforderte Ethik der technischen Welt nicht zuletzt ein Problem der Informationsmöglichkeit über ›die anderen‹ als Vorbedingung eines solidarischen Friedens. Und das eben heißt, der bewußten Veränderung gesellschaftlicher Machtpositionen den Vorrang geben gegenüber der technokratischen Hoffnung auf automatische Veränderung der Gesellschaft im Gefolge der Maschine.

Zwei Aspekte solchen Friedens durch Politik haben sich in der amerikanischen Diskussion herausgeschält. Zunächst die Einsicht, daß Friede bedeutet, die eigene Gesellschaft nicht bereits als repressionsfrei, als vollendet demokratisch zu behaupten, sondern umgekehrt, das Eigenrecht des sozialistischen Weges historisch anzuerkennen, ohne deshalb dessen sturste Ausformungen gutzuheißen. Das ideologisch Trennende würde demnach nicht ignoriert, sondern gerade akzeptiert als die politische Selbstbestimmung des anderen. Wollte man das etwa im Film inszenieren, käme das aufs genaue Gegenteil hinaus zu jenem Hollywood-Porträt ›Russia Today‹.

Und zweitens: Zu viele Demütigungen haben die anderen verbittert, als daß man bei der längst fälligen Anerkennung auf technisch-juristischem Wege davonkäme, innerlich aber weiterhin das Gesicht abwendet. Der zweite, moralische Aspekt politischen Friedens kommt damit in Sicht, vergleichbar der Neger-Integration in den USA: 1863 schon war de jure die Sklaverei abgeschafft. Aber heute erst zeigt sich, daß ohne die *innere* Anerkennung des Negers alle seine Bürgerrechte auf dem Papier bleiben und daß die Nation dabei auch in die materielle Krise gerät. Rechtfertigung, Anerkennung der Eigenart des anderen also wäre die Forderung, wobei — und das ist das Wesen politischen Friedens — moralische Forderung und nationale Zweckmäßigkeit heute ineinanderfallen. Wer Planungen durchsetzen will, muß daher in diesem Sinne politisch handeln.

Postskript   Juni 1970

In einer Rock-Hymne auf das große amerikanische Jugend-Meeting im letzten Sommer hat ein junges Mädchen einen schönen Traum: Die Düsenbomber, die mit ihrer Atomfracht über den

USA kreisen, verwandeln sich in einen Schwarm von Schmetterlingen.

Nicht die Sowjets, sondern die Träume dieser Jugend sind es, die den amerikanischen Krieg in Südostasien empfindlich stören. Hat sich die Antiposition der Sowjets nicht seit langem schon spiritualisiert zu bloß verbalem Ritual? »Wir erwarten von den Sowjets«, — so Nixon — »daß sie dagegen protestieren, genauso wie wir gegen ihre Invasion in der Tschechoslowakei protestiert haben.«[18] Das Kartell der atomaren Supermächte also hält mehr denn je auf Symmetrie. Asymmetrisch zur Administration in Washington verhalten sich nur mehr die wachsenden Oppositionskräfte in den USA selbst: Der Protest der Universitätsjugend hat seit den Schüssen von Kent an Leidenschaft und Radikalität zugenommen. Die Demonstrationen in den amerikanischen Cities unterscheiden sich seit den Moratorium Days und nach Bekanntwerden des Einfalls in Kambodscha qualitativ von dem, was in den Tagen Lyndon B. Johnsons geschah. Zum ersten Mal seit Jahrzehnten wagte kein Kabinettsmitglied im Juni dieses Jahres mehr zu den großen akademischen Jahresfeiern, den Commencements, in die Universitäten der Nation.[19]

Vehementer wurde aber nicht nur die moralische Empörung gegen die imperiale Politik des Landes. Stärker wurde auch die Unterdrückung dieser Opposition. Es tritt ein, was John K. Fairbank schon 1947 befürchtete[20]: »Die amerikanische Aggression in Übersee wird eine wachsende autoritär antikommunistische Strömung in den USA selbst nach sich ziehen, die ihre Opfer als Faschismus bezeichnen [...] Wenn er tatsächlich aufkommt, wird dieser amerikanische Faschismus eben deshalb in Erscheinung treten, weil die Liberalen in den USA mit ihrer Furcht vor dem Kommunismus jenseits der Grenzen und der Unterschätzung des Faschismus im Lande selbst als der eigentlichen totalitären Bedrohung sich der amerikanischen Öffentlichkeit gänzlich angepaßt haben.«

Nach wachsender Unruhe auf dem lateinamerikanischen Subkontinent, nach über acht Jahren Krieg in Vietnam — dem bisher längsten in der Geschichte der Vereinigten Staaten —, nach dem Tod von fast 36 000 US-Soldaten, nach der Verunstaltung einer Viertelmillion weiterer amerikanischer Soldaten, nach Kriegskosten von einer halben Billion Mark bei eklatantem Mißerfolg der Gesamtaktion mußte auch innenpolitisch die Neigung zur einfachen Lösung, zur zuschlagenden Herrschaftsgewalt sich verstärken. »Hart und entschlossen« wolle der Präsident zugreifen, heißt es. Der »kleine Kern von Krawallmachern, die allein um des Chaos willen das System stürzen« wollen, müsse aus dem sonst gesunden Körper der Hochschulgemeinschaft entfernt werden, ruft der Vizepräsident der Nation zu.[21]

Am 27. Mai 1970, nach der Kambodscha-Protest-Demonstration,

erfährt die westdeutsche Öffentlichkeit durch die Presse, auch der Berliner Innensenator Neubauer trete für den Gebrauch der Schußwaffe gegen Demonstranten durch Beamte ein. Eine verschreckte, halbinformierte Bevölkerung läßt hüben wie drüben geschehen, daß Handgranaten und Maschinengewehre zur neuen Polizeiausrüstung gehören und daß die Diskreditierung und Dezimierung der opponierenden Minoritäten fortschreitet.

Unter diesen Umständen wäre die heute so stürmisch geforderte Ethik der technischen Welt in erster Linie ein Problem der Informationsmöglichkeit über die anderen als Vorbedingung eines solidarischen Friedens. Im Kern nicht nur der ernst zu nehmenden, reflektierten Revolutionstheorien steht jedoch die Frage nach dem neuen Menschen, und zwar sowohl für die Politologie wie für die Theologie, denn nichts Geringeres ist zu brechen als die Behauptung, die bisherige Kriegsgeschichte sei naturhaft, sozusagen konstitutionelle Erbsünde und nicht lagebedingtes Stigma des Menschen. Die Brechung dieses Dogmas kann nicht bedeuten, kreatürliches Leiden schlechthin zu überwinden. Gemeint ist vielmehr, endlich zwischen dem gesellschaftlich wegarbeitbaren und dem gesellschaftlich nicht wegarbeitbaren Leiden zu unterscheiden. Wir wissen, nur auf dem Wege lang anhaltender politisch-historischer Aufklärung durch konsequente Repolitisierung der Öffentlichkeit wäre in kommenden Jahren der Boden für eine solche neue menschliche Erfahrung zu bereiten. Aber wie soll solche ›Politisierung des Alltags‹ im einzelnen vor sich gehen?

Solche fundamental neue Erfahrung kann nur begrenzt durch theoretische ›Aufklärung‹ (im Sinne bloßer Theoriebildung oberhalb der Praxis) vermittelt werden. Sie kann nicht mit den Methoden klassischer Didaktik von oben und von außen andemonstriert werden. Sie muß, wie alle Erfahrungen, ›gemacht‹ werden, zumindest soziodramatisch im Erziehungsprozeß durchgespielt, simulativ antizipiert werden. Die sinnliche Erfahrung einer offeneren, angstfreieren Zusammenarbeit vieler Menschen steht daher im Mittelpunkt vieler Erneuerungsbemühungen in der BRD, in den USA und nicht zuletzt in der Dritten Welt. Drastisch läßt sich das Ethos dieses neuen, politischen Humanismus in der Dritten Welt veranschaulichen am Beispiel der ›Nationalen Befreiungsarmee‹ (ELN) Kolumbiens, als deren Mitglied der Soziologieprofessor und Priester Camilo Torres im Februar 1966 getötet wurde. Von dieser revolutionären Gruppe wird berichtet: »Die ELN gibt ärztliche Hilfe, Schulunterricht, Landwirtschaftsunterricht. Die Nationale Befreiungsarmee tötet grundsätzlich keine Bauern. Auch Gefangene werden freigelassen, selbst auf die Gefahr des Verrats hin. Wie jede Befreiungsarmee muß die ELN das Äußerste riskieren, weil es gilt, sich grundsätzlich von den repressiven Militärs und den weiterhin hier und da operierenden Banditenbanden zu unterscheiden. Selbstverständlich wird von der Reaktion nichts unversucht gelassen, die Partisanen in den Augen der Bevölkerung zu diskriminieren. Raubüberfälle, Mord und Totschlag werden nicht selten in den Presseberichten auf das Konto der Guerilleros gebucht. Truppen wie die ELN suchen dem abzuwehren, indem sie jede ›militärische Aktion‹ öffentlich begründen und mit den Namen der dafür verantwortlichen Führer zeichnen. [. . .]«[22]

Es dürfte heute schon schwerfallen, das Ethos dieser Kleingruppen als romantisch irrelevant für die anstehenden Entwicklungsprozesse im Weltmaßstab hinzustellen, so als handele es sich noch immer um utopische Revolutionäre nach Art der antitechnischen Maschinenstürmer des 19. Jahrhunderts. Entstand nicht die cubanische soziale Revolution aus einer solchen revolutionären Kleingruppe, mit dem gleichen Ziel eines politischen Humanismus[23], wie ihn der Bericht über die ELN andeutungsweise erkennen läßt?

Damit kein Mißverständnis aufkommt, nicht die militärische Operationsstrategie dieser Gruppen steht zur Debatte, sondern deren politisches Ethos. Deren Strategie als abbildbares Modell für die eigene Taktik in den Industriemetropolen mißzuverstehen, wäre in der Tat eine neue Form von Maschinenstürmerei. Was aufhorchen läßt, ist vielmehr der fast verzweifelte Versuch jener lateinamerikanischer Gruppen junger Campesinos, Priester und Studenten, wenigstens regional[24] eine menschenfreundlichere Sozialstruktur aufzubauen, aber inhumane Methoden dabei entschieden zu meiden. Als Heinrich Böll zur Eröffnung der ›Woche der Brüderlichkeit 1970‹ diesen neuen politischen Humanismus als vorbildlich auch für Gesellschaften wie die unsrige erklärte[25], verstummten all diejenigen, die nur beflissen Blutrünstiges wahrzunehmen gewöhnt sind, sobald in den Abendnachrichten Befreiungsversuche der Lateinamerikaner gemeldet werden. Denn immer offenkundiger wird, trotz einer suggestiven Beschwichtigungsindustrie, wie sehr ein fundamentales Element gesellschaftlichen Friedens auch in den liberalistischen Demokratien des Westens den Massen der Bürger verwehrt bleibt, nämlich die reale Beteiligung an den öffentlichen Entscheidungsprozessen. Freilich, Partizipation gewinnt hier eine andere politisch-soziale Gestalt als dort, wo noch elementarer Pauperismus herrscht. Das Problem aber, wie die Erfahrung gesellschaftlicher Ohnmacht (Arbeitsplatzunsicherheit, undurchstoßbares Klassengefüge etc.) und die sozialen Ängste, wie also die wachsende Nichtzulassung zu den ausschlaggebenden Entscheidungsprozessen effektiv aufgehoben werden soll, dieses Problem stellt sich paradoxerweise auch hier, trotz errungener institutioneller Freiheitsräume.[26]

Die studentische Protestbewegung hat erfahren müssen, wie wenig das Bewußtsein von der Absurdität unserer jetzigen Situation bei der Majorität vorausgesetzt werden kann. Allerdings, dazu könnte es erst kommen, wenn die Mehrzahl der Menschen vom Druck sozialer Ängste, von der Erfahrung allgemeiner Ohnmacht befreit sein würde. Aber solche Befreiung beginnt unter den gegebenen Umständen nicht global und nicht als apokalyptischer Umschlag, sondern als Initiative von unten, mit kleinen Aktionen und — in angemessener Skepsis. Die Selbstbestimmung am Arbeitsplatz rangiert dabei so lange an erster Stelle, wie der Hauptwiderspruch unserer Gesellschaftsordnung im ökonomischen Bereich liegt. Aber von immer größerer Bedeutung wird die Selbsthilfe der Bürger aller Alters- und Berufsgruppen bei kommunalen Aktionen, also eine Politisierung des Alltags, die nicht nur punktuell und partikulär Reformen erstrebt, sondern Moment einer langfristigen Strategie zur Systemveränderung ist. In solchen Aktionen spontaner Solidarität verschiedenster Gruppen käme es wenigstens einmal zu Erfahrungen politischer Beteiligung und damit zu einer zeitweisen Durchbrechung der Ohnmacht. Wo die Betroffenen lernen, ihre bislang schicksalhaft hingenommenen Verhältnisse an einer einzigen Stelle (Schulfragen, Stadtteil-Planung etc.) selber einzurichten, ist — pars pro toto — der Bann möglicherweise ein für allemal gebrochen. Trotz, Bitterkeit und andere psychische Manifestationen sozialer Ohnmacht könnten einer neuen Leidenssensibilität weichen, die es nicht mehr aushält, andere Menschen leiden zu sehen. Fragen nach dem Leid der anderen, konstitutiv für humane Interaktion überhaupt, entstünden demnach erst in dem Maße, wie die in der Produktionssphäre erlittenen Beschädigungen und Rückschläge, die Frustrationen und Aggressionen nicht mehr nur umgelenkt (Wochenende/Urlaub und neue Zweierverhältnisse als Kompensat für die im Betrieb versagte Partizipation) oder nach unten weitergegeben werden (in der Betriebshierarchie, in der Familie, gegenüber der Frau, gegenüber den Kindern). Die angestaute Aggression, bislang gegen Partner und Kinder gerichtet, kann mithin nicht zulänglich im Individuum selbst, durch Bewußtmachung der Konfliktursachen allein gelöst werden. Auch ihre externen Bedingungen müssen beseitigt werden, die Droh- und Abschreckungssysteme, welche die Leistungsgesellschaft auf allen Ebenen als solche konstituieren.

Hier erheben sich Fragen an die Großorganisationen dieser Gesellschaft, an Gewerkschaften, Parteien, Verbände, vor allem an die Kirchen. Werden sie weiterhin angstvoll phantasielos an der Organisationsform des unverbindlichen, kommunikationslosen Großverbands festhalten, oder werden sie angesichts der Wechselbeziehung von Partizipationsverweigerung und Aggressionssteigerung, sich umorientieren, weg vom Vereinstyp permanenter, höriger Mitgliedschaft, hin zu kleineren, aus gegebenem Anlaß sich sammelnden Gruppen? Wo von der Welt als veränderbarer, als *laboratorium possibilis salutis* nicht nur gepredigt wird, ist die Einübung offenerer Lebensformen, die mikro-soziologische Vorwegnahme einer makro-soziologischen Gesellschaftsform der Zukunft nur zu natürlich. Aktionen spontaner Solidarität verschiedenster Gruppen auf nationaler (Moratorium-Day) oder kommunaler Ebene (Aktion Roter Punkt) sind allen Beteiligten zumindest durchschaubarer als die unkontrollierbaren Manöver der organisierten Massenparteien oder der Verwaltungsbürokratien. Sie jedenfalls bieten den Dazustoßenden die Chance, verselbständigte, durch lange Tradition zur zweiten Natur gewordene Aggressionsmechanismen als solche zu erkennen, sie sogar zeitweilig aufzulösen.

Offene Gruppen, konzentriert auf bestimmte Probleme, können die konkrete Negation schlechter Verhältnisse heute inszenieren in Form einer kommunalen Opposition mit begrenztem Ziel und dem Gemeinwohl so eher gerecht werden als die etablierte Administration. So entgehen solche Gruppen auch dem Kokettieren mit Globalstrategien oberhalb der unmittelbaren, lokalen oder nationalen Problemfelder, das allzuleicht entweder in bloße Suada ausartet oder in die hedonistische Subkultur.

Ist es abwegig, von solchen unspektakulären gesellschaftlichen Bedingungen des Weltfriedens zu reden? Von einer Friedenspraxis unterhalb der hypostatischen Ebene diplomatischer Konferenzen und sicherheitspolitischer Debatten? Auf nichts Geringeres kommt es an.

Anmerkungen

1 Vgl. zum Folgenden *International Herald Tribune*, 25. 12. 1967

2 Karl Marx: ›Zur Kritik der Hegelschen Rechtsphilosophie‹ nach S. Landshut (ed.): ›Frühschriften‹, Stuttgart 1953, 2. Aufl., S. 209.

3 Isidore Ziferstein: »Der nie erklärte Krieg. Zur psychologischen Gewöhnung an militärische Eskalation«, in H.-J. Benedict/H.-E. Bahr: »Kirchen als Träger der Revolution. Ein politisches Handlungsmodell am Beispiel der USA«, Hamburg 1968, Kap. B. 3. Vgl. ferner die Analyse H.-J. Benedicts im vorliegenden Band.

4 ›Ist der Weltfriede unvermeidlich?‹ Bergedorfer Protokolle, Bd. 18, Hamburg 1967, S. 43, 15.

5 Stuttgart 1967, S. 44.

6 ›Ist der Weltfriede unvermeidlich?‹, a. a. O., S. 17, 25.

7 Nur zögernd spricht v. Weizsäcker über diese ultima ratio seines Konzepts. Dem besorgten Einwand Professor Julien Freunds (Straßburg) aber, v. Weizsäcker habe ja einen polizeilichen Frieden ins Auge gefaßt, nicht einen politischen Frieden, welch letzterer sich gerade auf die Anerkennung des ›Feindes‹ gründet, auf diesen Einwand entgegnet v. Weizsäcker: »Ich habe mich in diesem Zusammenhang vorsichtig ausgedrückt, Herr Freund, bin aber bereit, die Vorsicht fallenzulassen. Mit meiner Formulierung der Bedingungen für eine stabile Ordnung, wie ich sie vorhin definiert habe, meine ich eine Ordnung, in der es nur noch Innenpolitik gibt und an Stelle von Außenpolitik nur Polizei. Das schreckt mich genauso wie Sie, Herr Freund. Dennoch halte ich es für absolut notwendig; einen anderen Weg gibt es nicht.« ›Ist der Weltfriede unvermeidlich?‹, a. a. O., S. 42 f. Vgl. im übrigen v. Weizsäckers Vortrag: ›Friedlosigkeit als seelische Krankheit‹ in: *Pastoraltheologie* 57 (1968), bes. S. 15.

8 Vgl. André Beaufre: ›Abschreckung und Strategie‹, Berlin, 1966. Dazu H. von Borch: ›Friede trotz Krieg. Spannungsfelder der Weltpolitik seit 1950‹, München 1966, S. 8 f., 348

9 ›Ist der Weltfriede unvermeidlich?‹, a. a. O., S. 17 u. ö.

10 Vgl. dazu Dieter Senghaas' Beitrag im vorliegenden Band.

11 Vgl. dazu Sven Papckes Beitrag im vorliegenden Band.

12 Eugen Rosenstock-Huessy: ›Dienst auf dem Planeten. Kurzweil und Langeweile im Dritten Jahrtausend‹, Stuttgart 1965, S. 18.

13 Vgl. dazu die Belege von Bayard Rustin in der Rowohlt-Paperback-Edition dieses Bandes.

14 Vgl. Martin Walser: ›Praktiker, Weltfremde und Vietnam‹, in Kursbuch 9 (1967), S. 34 f.

15 Rudolf Augstein: ›Vietnam und die Realpolitiker‹, in: Der Spiegel, Nr. 24 (1967), S. 168 ff.

16 Zitiert bei Hans Langerhans: ›Der Vietnamesische Krieg‹, in Frankfurter Hefte, 22. Jg., Heft 4 (1967), S. 226.

17 Wie es bei C. F. von Weizsäcker geschieht, zuletzt in seinem Vortrag ›Gedanken zur Zukunft der technischen Welt‹ in der Neuen Zürcher Zeitung vom 10. 10. 1967.

18 Nach Angaben von Senator Gore; zit. nach Deutsches Allgemeines Sonntagsblatt, 17. Mai 1970.

19 International Herald Tribune, 30./31. 5. 1970.

20 Zit. nach Noam Chomsky, ›Cambodia‹, in: The New York Review of Books, June 4, 1970, p. 39.

21 Zur Agnew-Rede vom 23. Mai 1970 vgl. Frankfurter Rundschau, 25. 5. 1970.

22 Vgl. ›Camilo Torres‹, Darstellung, Analyse, Dokumentation von Hildegard Lüning (Konkretionen, Bd. 6), Hamburg 1969, S. 150.

23 Vgl. etwa Che Guevaras politischen Humanismus an Hand der Textsammlung ›Brandstiftung oder neuer Friede?‹, Reinbek 1969, S. 9 ff.

24 Beispielsweise in den kolumbianischen ›Unabhängigen Republiken‹ Guayabero, El Pato in der Selva und Marquetalia ab 1959. Vgl. H. Lüning, Camilo Torres, a. a. O., S. 25 f. — Als Analogie bemerkenswert der ›Oranje-Freistaat‹ politisierter Provos in Amsterdam.

25 Wortlaut der Böll-Rede in: Frankfurter Allgemeine Zeitung, 10. 3. 1970, S. 21.

26 Die folgenden Überlegungen sind in Seminar-Diskussionen mit Hans-Jürgen Benedict entstanden.

Sven Papcke

Weltrevolution als Friede

1789 bis Vietnam

1. Die Französische Revolution

Liberale und Demokraten außerhalb Frankreichs entzweiten sich nach 1792 bei der Frage, ob eine gesellschaftliche Erneuerung noch mit Hilfe einer, wie es hieß, ›Reform von oben‹ oder nur mehr durch revolutionäre Spontaneität der Massen zu bewirken sei. Verunsichert von der Radikalisierung der Pariser Revolution, richteten speziell deutsche Liberale — ihren Kompromiß seit 1799 in der politischen Romantik signalisierend — alle Hoffnung erneut auf eine gutwillige Selbstbeschränkung der absolutistischen Elite. Anders der norddeutsche Demokrat A. G. F. Rebmann noch 1797 in der Zeitschrift *Die Schildwache*: »Um ein Volk moralisch besser zu machen, muß man erst seine Verfassung zu bessern suchen, wenn man nicht Wasser in einem Siebe tragen will.«[1] Denn allein von isolierten demokratischen Oppositionellen wurde im damaligen Europa die Dialektik von gewaltsamer Gesellschaftsänderung und individuell-befreiender Initiative durchschaut. In oft mystischer Form vertrat man das soziologisch Neue der Französischen Revolution, das in jenem unlösbaren Zusammenhang zwischen Befreiung und Freiheit besteht. Grenzen und Möglichkeiten von Freiheit sind nur in praxi zu testen. Vor allem aber wurde hier erfahren, daß ein Verzicht auf Aktivität in »Zeiten der Innovation« (Saint-Just) den Gesellschaftszustand um so reaktionärer beläßt. Wird der Augenblick der jeweils *erreichbaren* Freisetzung verpaßt, verschließen sich langfristig alle Machtalternativen, und einmal mobilisierte, nun ziellose Emotionen laufen Gefahr, konservativ besetzt zu werden. Darum forderte Rebmann auch 1798: »Die politische Veränderung der Gemeinschaften muß vor der moralischen kommen.«[2] Gleichermaßen folgerte der Radikalliberale Thomas Paine schon 1791: weil »der Mensch nicht als solcher der Menschen Feind ist, sondern durch das Medium einer falschen Regierungsform«, solle sich der demokratische Befreiungsversuch nicht darauf konzentrieren, »das Individuum zu reformieren«, sondern müsse »auf eine Reform des Systems« hinarbeiten[3].

Die Französische Revolution von 1789 war der erste einschneidende Versuch, gewaltsam politische Zustände zu schaffen, die den gesellschaftlichen Frieden einleiten sollten. In ihrem Selbstverständnis will diese Revolution einen staatlichen Zustand aufheben, der nicht nur Kabinettskriege zwischen den Staaten, sondern auch eine innere feudale Unterdrückung als normal hinnahm und ideologisch verewigte. Ein Epigramm Dulaures', das 1781 die Salons von Paris begeisterte, umschreibt den Inhalt jenes bestehenden »faulen Friedens« (F. Engels), den man entschieden bekämpfte: »Der König (sagt), ich fresse alles; / Der Adelige, ich plündere alles; / Der Geistliche, ich rechtfertige alles; / Der Arme aber, und ich muß alles bezahlen.«[4] Der ›Friede‹ des Ancien régime war, wie eine anonyme deutsche Flugschrift aus dem Jahre 1801 klagte, »der elendste Zustand, der sich denken läßt. (Er...) ist eine elende Sklaverei und verwandelt das Land in eine wüste Gegend, wo wilde Tiere miteinander kämpfen und elende Menschen ihr Leben hinschleppen, die weder Stärke noch Mut haben.«[5]

Die Revolution will diese ›friedlichen‹, aber unmenschlichen sozialen Verhältnisse ablösen. Was aber ist die Folge? »Könige werden Tyrannen«, drohte der englische Konservative Edmund Burke, »wenn Untertanen sich um ihrer Rechte willen erheben.«[6] Daher kann auf Dauer die Abschaffung des Ancien régime nicht örtlich oder durch Teilreformen, sondern nur als gewaltsame Gesamtumwälzung gelingen. Die Revolutionäre verstanden sich dabei als Retter eines anfangs einmal unverdorbenen Gesellschaftszustandes, in dem Gleichheit als Voraussetzung von Gerechtigkeit natürlich war. Im Sinne von J.-J. Rousseau verteidigte daher noch Saint-Just die Revolution gegen den von konservativer Seite wieder und wieder erhobenen Vorwurf, sie trage sinnlos gewaltsame Züge. Die Revolution werde ja umgekehrt der verletzten Menschlichkeit aufgezwungen! »Revolutionen verdeutlichen somit weniger ein Versagen der äußeren Ordnung«, erläuterte Saint-Just, »als vielmehr ein Versagen des positiven Rechts, weil es die Gerechtigkeit nicht mehr vertritt.«[7]

Entscheidend für diese Einsicht ist: In der Französischen Revolution erst wurde die herrschende Krieg-gleich-Schicksal-Anschauung durch ein neues Krieg-als-Mittel-Bewußtsein abgelöst. Nach innen führten die revoltierenden Volksmassen Krieg gegen die angestammten ›Oberherren‹, um eine Gesellschaft zu errichten, die — indem sie von menschlicher Solidarität ausgeht und versucht, diese gesellschaftspolitisch zu verankern — Frieden gewähren kann. »Nur ein solcher Friede eben kann wahren Wert haben«, heißt es in der zitierten Flugschrift süddeutscher Jakobiner, »der mit Gerechtigkeit verknüpft ist. Nur ein solcher Friede kann gerecht sein, so die Rechte der Menschheit respektiert werden und die Sklaverei verbannt ist, wo eine natürliche und vernünftige Freiheit, wo Sicherheit [...] des Lebens herrscht und, mit einem Wort, wo die allgemeinen Quellen zur Beförderung der größtmöglichen Nationalglückseligkeit eröffnet werden.«[8]

Nach außen aber sah sich die Revolution nur zu bald genötigt, einen Verteidigungskrieg zu führen, weil sich das anderswo in Europa regierende Ancien régime zu einer ›heiligen Allianz‹ gegen das System von 1789 verbündete. Die in Frankreich verkündete Politik der Freiheit, Gleichheit und Brüderlichkeit und die vollzogene Machtübernahme des Bürgertums mußten ja als revolutionärer Anreiz die innere Stabilität der umliegenden Feudalordnung dauernd bedrohen. Die Wirklichkeit der Revolution, ihr politisches Funktionieren und ihre ökonomischen Erfolge, die alle konservativen Unkenrufe Lügen straften, bedeuteten de facto für Europa eine politische Aggression, obzwar Paris am 22. Mai 1790 eine ›Déclaration de paix au monde‹ verkündet hatte; weil aber der Revolution ihrerseits diese äußere gegenrevolutionäre Bedrohung bewußt war, mußte auch sie bald versuchen, jenseits der französischen Grenzen die Revolution zu entfachen, um sich politisch zu sichern. Der externe ›Kreuzzug gegen die Tyrannen‹, den Anacharsis Cloots u. a. forderten, war jedoch keinesfalls mehr als militärisch im überlieferten Sinne der europäischen Gewaltgeschichte zu begreifen; er trug nur die Revolution nach außen, weil er – wie Jacques-Pierre Brissot am 20. Januar 1792 ausführte – so die Konterrevolution des Ancien régime überwinden helfen sollte, um dann jenseits bloßer Machtkriege eine menschlichere Gesellschaft errichten zu können. Weil die demokratische Revolution von 1789 also weltgeschichtlich die Selbstverständlichkeit des feudalen Regimes aufkündigt und ad absurdum führt, inszenierten die europäischen Monarchen einen »guerre sourde« (de Roederer), einen unmoralischen Krieg gegen Paris. Die Revolutionäre begriffen jetzt, daß unter den gegebenen Umständen Revolution – Krieg bedeutet! »Wir finden uns vor, feindlich und bedroht«, stellt Brissot erschrocken im Januar 1792 fest.[9] So fand sich tragischerweise das System, das den Krieg beenden will, gar nicht in der Lage, Frieden einzuhalten. Frieden wurde jetzt, nachdem eine revolutionäre Beschleunigung die gemeinsame europäische Kulturentwicklung zerbrach, synonym mit Krieg. Mit Notwendigkeit verlagerte sich die Revolution in expansive Gewalt, um allerorten dem gesellschaftlichen Unfrieden des Ancien régime entgegenzutreten.

Obschon vor allem Robespierre und Marat sich noch 1792 scharf gegen einen revolutionären Expansionismus aussprachen, war der Krieg unversehens schon Medium der Revolution in einer rückständigen Umwelt geworden. In der wichtigen ›Instruction de Lyon‹ vom 16. November 1793[10] finden sich alle entscheidenden Elemente, die der sozialen Absicht der Französischen Revolution – nach der Ära der bürgerlichen Gironde – und damit auch ihrer neuen Kriegslehre zugrunde lagen.

Die ›Instruction‹ führt aus: »Denen, die im Sinne der Revolution handeln, ist alles gestattet. [...] Denn solange es noch Unglückliche auf dieser Erde gibt, so lange ist der Weg der Freiheit nicht vollendet.« Vor allem dem *sozialen* Stimulus der Revolution kommt eine universale Bedeutung zu, da er der Vernünftigkeit vermenschlichter Natur entspricht. »Die Revolution geschah für das Volk, das Glück des Volkes ist ihr Ziel; die Liebe zum Volk ist der Prüfstein der revolutionären Gesinnung.« Das Allgemein-gültige revolutionärer Prinzipien überwindet daher absichtlich sämtliche angestammten Bindungen. Wie sonst hätte es sein können? »Die Revolution wäre ein politisches und moralisches Unding, wenn sie sich zum Ziel gesetzt hätte, das Wohlleben einiger Hundert zu sichern und das Elend von [. . .] Millionen [. . .] zu verewigen. Es wäre also eine unverschämte Verhöh-nung der Menschheit, immer wieder von Gleichheit zu sprechen, während unermeßliche Unterschiede im Glück den Menschen vom Menschen trennen [. . .], obschon eine völlige Gleichheit im Glück unter den Menschen leider unmöglich ist [. . .], und wenn man sähe, wie durch den Unterschied zwischen Überfluß und Armut [. . .] die Erklärung von Rechten unterdrückt wird, die keine andere Unterscheidung kennen als die nach Begabungen und Tugenden.« Die Revolution hat dies Bewußtsein laut ›In-struction‹ »in die Werkstätten, in die Dachstuben und Keller-löcher der Armut geführt; und an der Seite der Arbeit [. . .] sah es die Lumpen des Elends, die Blässe des Hungers, es hörte die schmerzlichen Klagen des Mangels, die schrillen Schreie der Krankheit«.

Eben diese Unmenschlichkeit habe die Revolution bisher zwar ge-mildert; aber das Erreichte sei keineswegs gesichert. Das revo-lutionäre Aufarbeiten aller Denkweisen und Zustände muß folgen. Wie rief Cloots aus? »Zusammenfinden aller Menschen! Das ist das Natürlichste der Welt.«[11] Erst das ›nivellement uni-versel‹ begründet Frieden. Die formelle Revolutionierung muß notwendig auch eine Änderung des menschlichen Verhaltens be-dingen. Denn die Revolution ist nicht etwa nur von außen, durch feudale Militärgewalt, sondern auch durch die Mentalität des Geldes bedroht, weil »der Reiche sich stets als von anderem Stoff als andere Menschen betrachtet«. Kann sich diese Mentalität be-haupten, so sind laut ›Instruction‹ »das Rad, der Kerker, die Fron, die Leibeigenschaft, Abgaben, Steuern [. . .] das Ende einer unvollständigen Revolution. [. . .] Die allgemeine Umkehrung aller Grundsätze, die Entwürdigung der Menschheit, die Demüti-gung der Tugend hat . . . eine Änderung erfahren, einen totalen Umsturz: denn revolutionäre Grundsätze lassen keine Halb-heiten zu. [. . .] Einen einzigen wesentlichen Übelstand beste-hen zu lassen heißt alle anderen zur Wiederkehr auffordern; dieser Hydra muß man alle Köpfe abschlagen, will man sie nicht wiedererstehen sehen; es ist wie mit dem Stumpf eines giftigen Baumes, der, wenn er seine ›Krone‹ wiedererlangt, von neuem Todeskeime um sich streut, die ihrerseits wieder neue hervorbringen.« Angesichts solch fundamentaler Bedrohung der Revolution von außen und innen fährt die ›Instruction‹ fort: »Täuscht euch nicht — um wahrhaft Republikaner zu sein, muß jeder Bürger *in sich selbst eine Revolution durchmachen.*«

»Ihr wart unterdrückt«, fügt die ›Instruction‹ deswegen hinzu, »nun müßt ihr eure Unterdrücker zerschmettern. [. . .] Militärische Funktionen waren euch fremd, von nun an sind alle Franzosen Soldaten!« Vor allem die außenpolitische Brisanz des gesellschaftlichen Ziels der Revolution tritt in diesen Zeilen klar zutage. Denn diese Revolution läßt sich nicht isoliert durchstehen. Eine Bewegung, die sich aus allgemeingültigen, institutionell noch ungesicherten, das Bestehende korrigierenden Menschenrechten herleitet, streitet automatisch für eine neue gesellschaftliche Ordnung der Menschheit — oder sie leugnet ihren politischen Anspruch. Deswegen werden zur Sicherung des Friedens nicht nur, wie schon gesagt, Krieg und Frieden, sondern auch Krieg und Revolution Synonyma. Dennoch bleibt der Krieg — und das ist für diese Politik entscheidend — immer nur *Mittel* revolutionärer Befreiung, soll sich also selbst wieder aufheben. In solcher Sicht wird gerade der Krieg mit Hilfe des revolutionären Krieges dialektisch beseitigt! Krieg dient nur als Motor der allgemeinen revolutionären Bewegung und wird nicht um Ziele geführt, die außerhalb der Revolution stehen. Die Revolution aber ist die allgemeinste Kampfform der Geschichte für menschliche Gleichheit in allen Zuständen, die allein — als sozial gerecht — Frieden ermöglichen kann. Sie zielt daher auch auf eine gesellschaftliche Aufhebung der Kriege. Krieg wird ihr zu einem Instrument, er ist nicht länger Zweck oder Grund politischer Macht.

Diese der Humanität verbundene militante Logik argumentiert noch weiter. Die Revolution wird hier auch dadurch legitim, daß sie überhaupt nur Verteidigungskriege kennen kann. Da ihr die Rechte des *Citoyen* Wahrheitspostulate sind, die für alle Menschen gelten, auch wenn sie sich noch nicht überall durchgesetzt haben, wird jeder Zustand, der sich seiner Revolutionierung widersetzt, direkt oder indirekt zum Angreifer. Der Auftrag der Revolution muß um des Friedens willen ausgeführt werden, so daß mit diesem Räsonnement der Frieden revolutionäre Kriege erfordern kann. Das Streben nach dem Gemeinwohl (*res publica*) stört eben den Wunsch nach nur privatem und damit angemaßtem Wohl (*res privata*) — und das erzeugt laut Saint-Just mangels Einsicht immer Schrecken. »Um die politische Gleichheit herzustellen und aufrechtzuerhalten, muß der Krieg ein Ende finden«[12], hat Robespierre betont. Das erfordert jedoch, den sozialen Frieden notfalls mit Gewalt zu sichern. Darin beruht die These Cloots': »Weil wir den Frieden wollen, brauchen wir den Krieg.«[13]

Der Elan für die Friedensoffensive in der frühen demokratischen Revolution zerbrach allerdings rasch an internen politischen

Zwisten. Denn bald, schon ab Ende 1792, tat sich eine Kluft in den Reihen der Revolutionierenden selbst auf, die eine weltgeschichtliche Dimension gewinnen sollte. Während nämlich die demokratische Gewalt gegen den Feudalismus objektiv fortschrittlich war, wurde sie nach und nach ihrer Gegnerschaft zu den kleinbürgerlich-proletarischen Friedensideen inne, die nicht nur einen theoretischen, sondern auch einen gesellschaftlichen Zugriff politischer Gerechtigkeit verlangten — und damit mehr forderten, als es Vertreter der bürgerlich-demokratischen Revolte zu gewähren bereit waren. Hier entsteht der noch heute akute Bruch zwischen einer Machteroberung des Staates durch das Bürgertum, das im Laufe des 19. Jahrhunderts in den industrialisierten Ländern den Feudalismus beseitigte, und der sozialen, später kommunistischen Revolution. Denn ebenso radikal, wie seinerzeit die demokratisch-kapitalistische Dynamik der feudalen Statik gegenübertrat, verneinte jetzt der Ordnungsgedanke des Sozialismus den kapitalistischen Vorstellungshorizont von Freiheit und Gerechtigkeit als zu partiell, damit aber auch als unfriedlich. Mit der Privatnützigkeit bürgerlicher Politik versank deren Aktivität schon in der Französischen Revolution: 1794 in der Reaktion und dann ab 1797 in den Napoleonischen Kriegen, die nur noch auswärts als Zerstörer feudaler Positionen fortschrittlich wirkten, die aber nicht mehr inhaltlich auf politische Gerechtigkeit und damit auf sozialen Frieden zielten. Nach Verlust des *moralischen Impulses der Gewalt* im bürgerlichen Denken formulierte sich daher bei Gracchus Babeuf und den utopischen Sozialisten zunächst in Ansätzen, bei Karl Marx später systematisiert der neue sozialistische Revolutionsbegriff.

2. Revolutionäre Gewaltlehre

Im Jahre 1895 meinte Gustave Le Bon in seiner ›Psychologie der Massen‹, daß im Zeitalter der Vergesellschaftung des Staates eine abgezirkelte Kabinettspolitik angestammter Autoritäten nicht mehr möglich sei. Durch einen von Alexis de Tocqueville prophezeiten Vormarsch der Gleichheit in allen politischen Gebilden heben sich die alten gesellschaftlichen Formen auf. Le Bon schreibt: »In der Seele der Massen, nicht mehr in den Fürstenberatungen (... werden) die Schicksale der Völker vorbereitet.«[14] Tocqueville seinerseits hatte schon 1856 auf die geschichtliche Konsolidierung des menschlichen Selbstbewußtseins hingewiesen und mit metaphysischem Schauder prophezeit, daß sich die Angleichung aller Lebensbedingungen und politischen Ansichten, daß sich also eine egalisierende Evolution über jede scheinbar noch so unüberwindliche Barriere hinwegsetzt.

Aber erst Karl Marx und Friedrich Engels verleihen 1848 diesem allgemeinen, verändernden und unaufhaltsamen Erfolg menschlicher Gleichheit die radikale und futurische Richtung. Mit Hilfe einer funktionalen Geschichtsbetrachtung teilen sie die Vergangenheit in eine Periode der Vorbereitung auf die ›eigentliche Geschichte‹, die sich als ›Vorgeschichte‹ durch ihre Entfernung von den beanspruchten ethischen Inhalten selbst negiert, und in die Zeit menschlicher Verfügbarkeit der Geschichte in einem kommenden sozialistischen Frieden. Erst Marx und Engels entwickelten auch einen, wie man sagen könnte ›Fahrplan der Revolution‹, in dem die Revolution aus dem Zustand bloß auflehnender Gewalt in die Disziplin einer Kanalisierung der Geschichte überführt wird. Revolutionen sind ab jetzt nicht mehr nur eruptive Gewaltausbrüche gegen politische Mißstände, erstreben also nicht mehr eine lokale und jeweilige Reparatur ehemalig ›goldener Zeiten‹, sondern Revolutionen erhalten die Aufgabe, das theoretisch angesprochene Ziel einer geplanten und humanen Gesellschaft mit instrumentaler Gewalt durchzusetzen. Die Revolution wird hier also prinzipiell ›militarisiert‹, ohne daß Marx allerdings – wie zur gleichen Zeit in Frankreich etwa Auguste Blanqui – die Revolution wie ein Verschwörerwerkzeug als Allheilmittel verordnet. Im Gegenteil, durch den wissenschaftlich sondierten ökonomischen Pro-zeß der Gesellschaft selbst, in einem transzendierenden Sinne sogar evolutionär, ist, wie Marx betont, die Revolution Thema der Geschichte geworden. Die Chronik aller ›bisherigen‹ Gesellschaft bildete daher nur einen grausamen, einen nur übergreifend als sinnvoll erkennbaren Kreis von Klassenkriegen — auch in Form von revoltierenden Erhebungen. Der sozialistische Schwanengesang der ›bisherigen‹ Geschichte klingt wie eine Verkündigung: nach Beendigung der Klassen- und Völkerkriege beginnt die Ära *menschlicher Geschichte.*

Dieser säkulare Entwurf einer revolutionären Umgestaltung der Erde, der — wie Marx 1845 schrieb[15] — »alle bisherigen Produktionsverhältnisse umwälzt und alle naturwüchsigen Voraussetzungen zum ersten Mal mit Bewußtsein als Geschöpf der bisherigen Menschen behandelt, ihrer Naturwüchsigkeit entkleidet und der Macht der vereinigten Individuen unterwirft« — dieser Entwurf war also seinerseits Ausdruck einer Bewegung, die revolutionär auf die Beseitigung aller gesellschaftlichen Bedingungen und politischen Vorstellungen des Ancien régime zielte. Daher gilt Marx' These: »Wir entwickeln der Welt aus den Prinzipien der Welt neue Prinzipien. [...] Die Welt besitzt nämlich«, wie Marx hinzufügt, »längst den Traum von einer Sache, von der sie nur das Bewußtsein besitzen muß, um sie wirklich zu besitzen.«[16] Diese revolutionäre Reform des Bewußtseins mußte unbedingt auch das Verhältnis von Krieg und Revolution neu durchdenken, mußte also die politische Rolle der Gewalt für ihre Zwecke auslegen.

In der Tradition der Kriegslehre hatte zuerst Carl von Clausewitz in seinem 1832 veröffentlichten Werk ›Über den Krieg‹ versucht, systematisch Folgerungen aus den umwälzenden Kriegen der Französischen Revolution zu ziehen. Schon vom deutschen Idealismus geprägt, durchschaute Clausewitz akkurat den Zusammenhang von Politik und Krieg und definierte das Kriegsphänomen neu: als Mittel der Politik. Er erweiterte damit die übliche Zweckvorstellung des Krieges um eine Nuance; denn während Krieg im Feudalismus als ›Schuld‹ oder als ›Fatum‹ entlastet wurde, wird bei Clausewitz der Krieg auch des monarchisch-restaurativen oder frühbürgerlichen Klassenstaates politischer Machtbehelf, allerdings für gesellschaftspolitisch unfriedliche Zwecke. Die Kriegslehre der Französischen Revolution wird auf diese Weise durch die Restauration, die nach 1815 überall in Europa triumphierte, rückschrittlich verfremdet.

Clausewitz führt aus, daß Kriege wohl eine eigene Grammatik, an sich aber keine eigene Logik besitzen! Zusammen mit Gneisenau, Boyen und Scharnhorst forderte er daher für Preußen eine ›verbürgerlichte‹ Armee, weil er die Eigenart des revolutionären Krieges als Folge einer veränderten gesellschaftlichen Struktur des Staates deutete. Insofern überwindet Clausewitz tatsächlich die überkommenen Kriegsmythen und ortet das Phänomen des Krieges als Teil der politischen Totalität. Der Krieg muß folglich in ein Netz sachlicher Abhängigkeiten gezwängt werden. Clausewitz' These, daß der Krieg kein isolierter Akt sei, beruht auf seiner Erkenntnis, daß Krieg nicht mehr als Fügung mißverstanden werden dürfe, sondern daß seine Gründe, Grenzen und Gefahren begriffen und reproduziert werden können.

Diese bürgerlich-radikale Entstaubung des Kriegsbildes durch Clausewitz wirkte weiter. Engels und vor allem W. I. Lenin verarbeiteten seine Deutung der revolutionären Kriegstheorie. Auf Clausewitz fußend, veränderte Lenin allerdings dessen politische Optik. Lenin stellte erneut Krieg und Frieden gleich — und rückte sie in ein dialektisches Verhältnis zur Revolution. Denn nachdem sich gezeigt hatte, daß die Krieg=Mittel-Auffassung aus der Französischen Revolution auch den Krieg der Heiligen Allianz bemäntelte, mußte das Ziel des neuen Krieges, eben der soziale Friede, wieder in den Mittelpunkt der Betrachtung gerückt werden. Zur Brücke zwischen Krieg und Frieden aber wird damit wieder die Revolution — und wenn es bisher nur eine Verkriegung der Revolution gab, wird jetzt der *Krieg selbst revolutionär.*

Im Gegensatz zu dem unsachlichen Bekenntnis Auguste Comtes, der 1842 verkündete, endlich sei das Zeitalter angebrochen, aus dem große Kriege ganz entfernt seien, erkannte Lenin, daß nur die Allgegenwart des revolutionären Krieges (Klassenkampf als Bürgerkrieg) gegen die alte Gesellschaft eine sozialistische Neuordnung ermöglichen kann. Allein die kriegerische Wendung der Revolution kann eine gewaltsame Revolutionierung herbeiführen, die dann erst Frieden gewährleisten könnte. Der noch vorrevolutionäre Friede, der Friede des üblichen ›machtmäßigen Gleichgewichts‹ (*balance of power*) zwischen profitorientierten Staatsgewalten, wird dabei Auslöser des revolutionären Krieges. Denn im arrangierten Frieden muß es ja weiter gesetzmäßig zu Kriegen kommen oder doch zumindest zur Übervorteilung durch die Mächtigen, weil das ›Wolfsgesetz‹ der kapitalistischen Gesellschaft lautet: »Entweder du raubst den anderen aus oder du raubst dich aus. [. . .] Entweder du bist Sklavenhalter — oder Sklave.«[17] Daher »sind wir keine Pazifisten«, wie Lenin schreibt. »Wir sind Gegner imperialistischer Kriege, die um die Verteilung der Beute unter den Kapitalisten geführt werden, aber wir haben es stets als Unsinn bezeichnet, daß das revolutionäre Proletariat den Kriegen abschwören sollte, die sich für den Sozialismus als notwendig erweisen können.«[18] Jetzt wird dieser zerbrechliche vorläufige Friede mit Konsequenz zur Herausforderung der Unterdrückten.

Wer sich nicht für die Revolution ausspricht, war für Lenin, im Rahmen der brutalen, historisch aber offensichtlichen Alternative von Revolution oder Konterrevolution, gegen sie. Das trifft gleichermaßen auf den bürgerlichen Pazifismus zu, der — so könnte man schlagwortartig formulieren — den Krieg nur als Biologicum versteht, das dem Menschen einen Sachzwang auferlegt, den man bändigen, aber nicht aufheben kann. Dieser Pazifismus begreift nicht die interessenverhaftete Natur der Kriege, ihre Abhängigkeit von gesellschaftlichen Mißständen oder ökonomischen Vorteilen. Dieser für Lenin einsichtige Zusammenhang von Revolution und Gegenrevolution, der schon den Verlauf der Französischen Revolution beeinflußte, ergibt sich in der Theorie von Engels auch aus dem Umstand, daß der Erhalt politischer Macht prinzipiell Machtbedürfnis erzeugt, ja einen Zuwachs von Macht bedingt! Dieser Zusammenhang löst einen Zwang zur Machtausübung aus, einen überpersonalen Behaviorismus, denn da »die Macht in jeder Gesellschaft nur einer Klasse gehört und [. . .] diese [. . .] in den antagonistischen Gesellschaftsordnungen ihre im wesentlichen in Heer und Polizei konzentrierte Macht zur Unterdrückung der ausgebeuteten Mehrheit des Volkes benutzt«[19], muß jeder Angehörige der machtbesitzenden Klasse Macht ausüben wollen. Dieser Zwang zu Verhaltensweisen, die gesellschaftlich die Menschen in ihr politisches Diktat bannen, fördert aber, wie die Geschichte zeigt, die Auflehnung, indem er mit Terror arbeitet. Die Tatsache, daß »der Mensch als gesellschaftliches Wesen in der Klassengesellschaft Angehöriger einer bestehenden Gruppe ist [. . .] und (deshalb) seine Haltung zur Macht von der Zugehörigkeit zu dieser Gruppe [. . .] bestimmt wird«[20], bewirkt darüber hinaus, daß Klassenfriktionen nicht durch Reformen vermieden werden können. Die einzig sinnvolle Aktivität sozialistischer Politik besteht demnach darin, mit allen Mitteln den machtpolitischen Krieg je eher je besser durch Revolutionen zu überwinden. Daraus folgt: Verteidiger der unfriedlichen Klassengesellschaft und Revolutionäre unterstehen gleichermaßen einer Logik — der Logik eines gesellschaftlich bedingten Zugzwanges.

Aus der diesermaßen allgemeingültigen Entmenschlichung des Ausbeutens muß also auch die politische Reaktion befreit werden. Mit einer Gewalt, die sich daher nicht terroristisch gegen die Person des Ausbeuters, sondern gegen die auch ihn bedingenden Zustände richtet. Mit anderen Worten: Nur revolutionär kann die Reaktion noch dem historischen Ziel der Entwicklung, dem befriedenden Sozialismus untergeordnet werden. In revolutionären Zeiten wird stimulierende Gewalt als innerer Krieg zur Hebamme der Geschichte, wie Marx es umschrieb, ohne daß die Gewalt allerdings mehr als diesen beschleunigenden Wert hätte. Denn Gewalt um der Gewalt willen einzusetzen, »verdirbt«, kantisch gesprochen, »unvermeidlich das freie Urteil der Vernunft«.[21]

Lenins These, daß »ohne Anwendung von Gewalt gegen Gewaltmenschen, in deren Händen die Organe und Werkzeuge der Macht sind, sich das Volk nicht von ihnen befreien kann«,[22] ist demnach eine gültige Erkenntnis, die schon bei Georg Büchner vorlag und im Laufe des 19. Jahrhunderts mehr und mehr an Gewicht gewonnen hatte. Rosa Luxemburgs Theorie einer ›spontanen Revolution‹, die im orthodoxen Verständnis an einem schlagartigen Aufbruch von Gewalt festhält, der zur Freiheit führt, mußte angesichts der Verzögerung, angesichts der historischen Mißerfolge politischer Revolutionen unaufhaltsam an Bedeutung verlieren. Zumal nachdem die Entwicklung in einigen Ländern gezeigt hatte, daß es möglich ist, den sozialen Anspruch der unterdrückten Schichten durch Teilzugeständnisse zu dämpfen. Schon im Laufe des 19. Jahrhunderts gelang es erwiesenermaßen der Elastizität des Kapitalismus, den revolutionären Impuls, der sich — noch wenig differenziert (Robert Owen, Charles Fourier, P. J. Proudhon, Saint-Simon) — allein auf das Elend stützte, durch ›soziale Gesetze‹ von oben einzulullen. Die Revolution mußte deshalb durch Lenin zum Schema eines disziplinierten und langwierigen Machtringens erhoben werden. Seine Theorie der militanten Partei entbehrt aber nur scheinbar aller Spontaneität. In Wirklichkeit paßte Lenin das Instrumentarium der Revolution, den inneren Krieg, den veränderten Methoden der kapitalistischen Gegenrevolution an.

Die Verzögerung der erwarteten Revolution rief gegen Ende des 19. Jahrhunderts in Europa den sozialdemokratischen Revisionismus und Reformismus hervor. Diese Richtung verzichtete nicht nur auf globalen, sondern auch auf inneren Revolutionarismus

— und riet zur politischen Einnahme des Staates durch Wahlen. Und das Ausbleiben von wirksamen Befreiungsakten vor 1917 bewies, daß das Pendel der Revolution zur Gewalt hin ausschlagen mußte. Lange vor Beginn revolutionärer Emanzipation der Dritten Welt mußten die Revolutionäre erkennen, daß sich in den Industrieländern die Hoffnung Robespierres nicht bewahrheitet hatte: »Durch den Zwang der Vernunft und nicht durch die Gewalt der Waffen sollen die Prinzipien der Revolution vertreten werden.«[23] Es ist daher nicht widersprüchlich, wie häufig betont wird, daß fast alle Revolutionen der Neuzeit Produkte von Kriegen waren. Denn Imperial-Kriege stellen die extreme Form der aus sich — zumindest voratomar — notwendig kriegerischen Antagonismen des kapitalistischen Systems dar. Die ständigen sinnlosen Kriege aber können für ein: Krieg den Kriegen! emotionalisieren und so die Revolution veranlassen.

Trotz unvermeidbarer Gewalt aber blieben Krieg und Revolution für die Entrechteten nur Mittel zur Erfüllung ihrer sozialen Forderungen, denn — wie Albert Camus einmal schrieb — »wenn die Revolte eine Revolution will, so will sie zugunsten des Lebens und nicht gegen es«.[24] Die Revolutionen und ihr Werkzeug, der Krieg, bleiben temporäre Formen der Reparatur gesellschaftlicher Versteinerungen. In diesem Sinne hat Clara Zetkin formuliert: »Nein, wir beten die Gewalt nicht an, jedoch, wir rechnen mit ihr [. . .]. Es fragt sich nur, wie wir sie kämpfend überwinden wollen.«[25] Auch jetzt soll der revolutionäre Kampf nur bis zur Entwaffnung des Gegners führen. Der Krieg soll nicht den Krieg ernähren.

Vor der politischen Allgemeingültigkeit dieses kriegerischen Revolutionarismus fielen alle nationalen Schranken. Oder, mit Rosa Luxemburg: »Die sozialistische Gesellschaftsordnung läßt sich nur international verwirklichen.«[26] Marx, Engels, G. W. Plechanow und Leo Trotzki hatten diesen Umstand mit Nachdruck betont. Erst J. W. Stalin veränderte diese Theorie für die Praxis; er änderte damit jedoch nicht grundsätzlich, wie man behauptet hat, das Ziel der sozialistischen Revolution, den Weltfrieden. Angepaßt an die neue weltpolitische Situation nach dem Ersten Weltkrieg, schlug Stalin andere Wege ein. Den Revolutionären seit 1789 war angesichts der stets drohenden Konterrevolution und angesichts der Tatsache, daß sie noch außerstande waren, die ökonomischen Grundlagen zur Sicherung der Revolution zu erstellen, schlechterdings nichts anderes übriggeblieben, als durch eine permanente Revolutionierung im Sinne einer restlosen Veröffentlichung im Inneren und durch eine prinzipiell unbegrenzte Kriegführung nach außen die Errungenschaften ihrer Revolutionen zu retten. Bei der zumindest lokal verwirklichten industriellen Revolution mußte die erfolgreiche soziale Revolution vor allem ihre ökonomische Sicherung zu erreichen trachten! Darüber hinaus hätte jede offen revolutionäre Aggressivität in diesem ungesicherten Stadium (1917–1924) den intervenierenden Staaten die erwünschte Legalität für einen umfassenden Gegenschlag geboten und damit den kommunistischen Parteien Europas, die durch ihr Handeln wesentlich zur Rettung der UdSSR beitrugen, jede Kampfberechtigung genommen.

Der ›Stillstand der Revolution‹ unter Stalin entspricht aber auch einer vielfach übersehenen Doktrin, daß nämlich Revolutionen autochthon ausbrechen müssen. Sicher, die objektiven Verhältnisse sprechen weltweit für Revolution; aber erst wenn dies dem jeweiligen nationalen Bewußtsein deutlich wird, und das tritt durch die Ungleichmäßigkeit der Entwicklung zu verschiedenen Zeitpunkten ein, kann der Zwang dieser Verhältnisse zur »materiellen Gewalt« (Marx) werden. Wenn aber die sozialistische Revolution voreilig über ihre Grenzen hinaus gar militärisch eingreift, muß jenseits der Grenzen ein noch naives Bewußtsein diese Revolutionierung zwangsläufig nicht als Befreiung, sondern als Unterjochung mißverstehen. Historisch bewiesen wird diese Deutung schon durch das Scheitern der napoleonischen Expansion, die in den eroberten Ländern (Spanien, Rußland, Deutschland) mit deren rückständigen Zuständen trotz liberaler Reformen einen eigensinnigen Pseudonationalismus hervorrief, der in konterrevolutionäre, antiinterventionistische Partisanenkriege mündete. Als napoleonisch expansiv suchte auch der sozialdemokratische ›Renegat‹ Karl Kautsky 1919 die UdSSR zu denunzieren: »Die Hauptaufgabe der Prediger der Weltrevolution [...] ist die Entfesselung des Bruderkampfes zwischen den Proletariern.«[27]

Die zeitgebundene und regionale Zurückhaltung des Sozialismus meint nicht die Entfernung vom Ziel einer Weltrevolution, sondern ergibt sich momentan aus seiner Materialisierung als Staat, sie bedeutet daher nur eine sachgemäße Strategie für seine weitere Durchsetzung. Schritte in dieser Richtung lassen sich schon aus dem Verdikt Lenins, Karl Radeks und Nikolai Bucharins gegen die Manie der »revolutionären Legionen« (L. B. Kamenew, Trotzki oder G. J. Sinowjew) und gegen einen ›Messianismus der Revolution‹ (Bucharin) ableiten. Aber schon Engels hatte betont: »Nur das eine ist sicher: das siegreiche Proletariat kann keinem fremden Volk irgendwelche Beglückung aufzwingen, ohne damit seinen eignen Sieg zu untergraben. Womit natürlich Verteidigungskriege [...] keineswegs ausgeschlossen sind.«[28]

Diese politische Logik der sozialen Revolution stellt freilich automatisch das Schema der bisherigen Außenpolitik in Frage. Krieg, revolutionärer Krieg, dient dem Sozialismus nicht mehr als Mittel eines *zwischenstaatlichen* Gewaltaktes. Der ›Sozialismus in einem Land‹ bedeutet dennoch keine weltrevolutionäre Ebbe! Das hat Stalin formuliert: »Als Land der Diktatur des Proletariats und des sozialistischen Aufbaus, als Land [...] einer neuen Kultur [...] wird die UdSSR das Zentrum der internationalen Revolution, der größte Faktor der Weltgeschichte. In der UdSSR gewinnt das Weltproletariat zum ersten Male ein Land, das ihm wirklich gehört, und für die koloniale Bewegung wird die UdSSR ein machtvoller Anziehungspunkt.«[29] Schon 1913 hatte der deutsche Historiker Max Lenz die internationale Wirkung dieser bislang vormilitärischen Revolution ablehnend beschrieben: »Es liegt in dieser Politik ein Moment der Gefahr für den Frieden [...] Die auflösende Tendenz, die im Inneren wühlt, sucht über die Grenzen hinwegzudringen, um dort Bundesgenossen zu werben.«[30] Durch Verwirklichung der ›Revolution in einem Land‹ wird in der Tat in allen Ländern das Ancien régime in Frage gestellt. Die Revolution stellt ja, wie Brissot es schon formulierte, das Modell der überkommenen Diplomatie auf den Kopf, »la Révolution [...] a bouleversé toute la diplomatie«. Die Diplomatie der Revolution operiert zwar noch mit den herkömmlichen Nationalstaaten. Aber der dieser Revolution zugrunde liegende Klassenkampf vereinigt prinzipiell die Bereiche von Außen- und Innenpolitik. Das ›Vaterland‹ ist für Lenin selbstverständlich nicht mehr als »das gegebene politische, kulturelle und soziale Milieu«.[31] So löst hier trotz Taumel des nationalen Empfindens jener Zeit das Bild einer revolutionären Weltinnenpolitik die Existenz der Nationen ab und ersetzt sie durch den Begriff der sozialen Klassen. Die neuen Grenzen verlaufen quer durch die Nationen; es wird, wie bereits der englische Historiker T. B. Macaulay schrieb, »jetzt eine Frage der Ehre, der Partei gegen sein Vaterland zu folgen«.[32]

Am genauesten hat Marx analysiert, daß nationale Ziele seit je nur Vehikel von Klasseninteressen waren und daß sie somit hinter dem materiellen Bedürfnis der Bourgeoisie zurücktreten mußten. Beabsichtigt also die sozialistische Taktik stets die nationale Kulturhegemonie zu durchbrechen, so war faktisch schon auf dem Höhepunkt des gesteuerten Chauvinismus die übernationale und vor allem die gegensozialistische Verbundenheit des Kapitals offenkundig: selbst im Geburtsakt des Deutschen Reiches verbündete sich Bismarck mit dem französischen ›Nationalfeind‹ gegen die neue gemeinsame Gefährdung einer ›Communistenverschwörung‹ in der Pariser Kommune von 1871. Und so kann auch der Imperialismus nichts anderes sein als Kapitalismus, der die Nationalstaaten (wie einst die feudalen Gemeinschaften) sprengt. Der staatenverfeindende Nationalismus entdeckt sich frühzeitig als Werkzeug aggressiver Absichten einer nachliberalen Wirtschaftshierarchie, auf Kosten sinnlos aufgeputschter Völker; Nationalismus wirkte also gleichzeitig als Appell gegen ›vaterlandsverräterische Rote‹ im Inneren und als Integrationsmittel (vor allem über den Militarismus) der sozialen

Opposition. Jederzeit abrufbare ›Zeiten der Gefahr‹ konnten einen ›Burgfrieden‹ sichern. Nebenher blieb der Nationalismus, ökonomisch kalkuliert, zweitrangig, wenn im Interesse des Kapitals die internationale ›Hydra der Revolution‹ bekämpft werden mußte. So vereinte die gegenbolschewistische Allianz seit 1917 die vormals konkurrierenden Verfechter außenwirtschaftlicher Expansion. Auch die Tatsache, daß der ›revolutionäre Bazillus‹ mit Hilfe des Reichsheeres nach Rußland eingeschleust wurde (um Petersburg aus der Liga gegen Deutschland herauszubrechen), ist nicht als Absage an die kapitalistisch-diplomatische Systemtreue zu deuten: zum einen machen die Quellen deutlich, daß Berlin — immer den Sieg vor Augen — dem revolutionär geschwächten Rußland seinen Willen aufzuzwingen hoffte (das machen die deutschen Friedensdiktate von Brest-Litowsk überdeutlich), und zum anderen beweist das nahtlose Einschwenken Deutschlands nach 1918 — trotz Reduzierung auf den Kolonialstatus — in die antibolschewistische Front (Freikorps) die Richtigkeit der These, daß bei aller wirtschaftlichen Rivalität das kapitalistische System gegenüber gesellschaftspolitischer Konkurrenz zumindest kurzfristig zusammenhält.

Wie also die Geschichte das durchgängig nationale Prinzip auch im Kapitalismus jederzeit widerlegt, so kann der soziale Revolutionarismus den scheinbaren Widerspruch eines ›Sozialismus nur in einem Land‹ schon aus dem Grund nicht kennen, weil er sich auf die *internationale proletarische Aufklärung* stützt. Seiner politischen Anthropologie entsprechend arbeitet er ausschließlich für ein allgemeinmenschliches, ein moralisches, nicht aber für ein machtpolitisches Interesse.

3. Zwischenlösung Koexistenz

Im Tibet-Vertrag zwischen China und Indien vom 29. April 1954 verwendete man zum ersten Mal nach 1945 die diplomatische Formel ›Koexistenz‹. Sie bezeichnet jetzt den neuen Zustand der auch auf lokaler Ebene atomar erzwungenen Abstinenz von kriegerischer Gewalt zwischen den Großmächten. Nikita Chruschtschow kommentierte allerdings, daß mit einer Politik der ›friedlichen Koexistenz‹ nicht das Ziel des Sozialismus, die Befreiung und Befriedung der Erde, aus den Augen verloren wird. Aber unter dem Damoklesschwert der atomaren Zerstörung sei eine gewaltsame Lösung des ›gordischen Knotens‹ der Weltpolitik nicht mehr denkbar. Dieses offene Einschwenken der UdSSR auf eine Koexistenzpolitik, von Chruschtschow schon auf dem XX. Parteitag im Jahre 1956 proklamiert, ist Ergebnis des gestiegenen Selbstgefühls der sowjetischen Politik. War doch in der Sicht Moskaus am 12. April 1945 mit dem Tode F. D. Roosevelts der

Schatten einer neuen interventionistischen Bedrohung aus dem Westen aufgetreten. Noch unter dem unmittelbaren Eindruck der Opfer des Zweiten Weltkrieges mußte sich die UdSSR durch die neue Gegenallianz der atlantischen Mächte, wie sie am 5. März 1946 von W. Churchill in Fulton/Missouri in Gegenwart von Präsident H. S. Truman gefordert wurde, erneut eingekreist fühlen. Das russische Trauma, aus den Erfahrungen der jungen Republik seit 1917 herrührend, bestimmte bis 1953 untergründig eine aggressive Verteidigungspolitik Moskaus. Aber die ständige Furcht der UdSSR, überrollt zu werden (*rollback*), war in dem Augenblick vermindert worden, wo Moskau selbst Kernwaffen besaß. Eine weltweite antisozialistische Offensive war seither nach Ansicht der UdSSR zumindest aller militärischen Mittel beraubt, und Moskau erhielt durch seine nukleare Defensivkraft nun die Chance, seine aggressive Politik der Verteidigung abzubauen. Trotz nachteiliger Erfahrungen seit 1941 nimmt die UdSSR ihr Angebot wieder auf, das der sowjetische Außenminister schon am 10. April 1922 in Genf der westlichen Welt unterbreitet hatte: »Ohne den Standpunkt der kommunistischen Grundsätze aufzugeben«, führte W. Tschitscherin damals aus, »erkennt die russische Delegation an, daß in der gegenwärtigen historischen Epoche, die das Nebeneinanderbestehen der alten und der im Werden begriffenen neuen sozialen Ordnung ermöglicht, die ökonomische Zusammenarbeit zwischen den Staaten [...] eine gebieterische Notwendigkeit für den allgemeinen wirtschaftlichen [...] Aufbau ist.«[33] Die aus Angst geborene militärische Form des internationalen Klassenkampfes als nahezu einzige Form der Außenpolitik Moskaus wurde also abgewandelt in das System einer diplomatisch-politischen Auseinandersetzung. »Eine schicksalhafte Unvermeidbarkeit der Kriege gibt es nicht«, erläuterte Chruschtschow[33a], an die Tradition der 20er Jahre anknüpfend. »Heute existieren mächtige gesellschaftliche und politische Kräfte, die über [...] Mittel verfügen, um die Entfesselung eines Krieges durch den Imperialismus zu verhindern.« Wie lautet das neue politische Stilgesetz? Der Klassenkampf soll als Wettbewerb geführt werden! Angesichts der zyklischen Krisen, angesichts einer hilflosen, weil militärischen Außenpolitik westlicher Demokratien (Algerien, Vietnam, Rhodesien, Aden) soll der sich zum Sozialismus liberalisierende Kommunismus attraktiv werden. Der erzwungene Belagerungszustand hatte bis dato lange genug das Aufspüren innerer Antagonismen in der sozialistischen Gesellschaft selbst verhindert. Der wirtschaftliche Rückstand, eines der Hauptargumente des gängigen ideologischen Kreuzzuges gegen den Kommunismus, konnte zudem in dieser gesicherten militärischen Balance durch Änderung der Produktionsprioritäten seit 1957 verringert werden. Während Rezessionen und wirtschaftliche Planlosigkeit, während eine fortschreitende Konzentration wirtschaftlicher und politischer Macht in wenigen Händen viele westliche Demokratien in Krisen treibt, soll sich der sozialistische Teil der Welt

1. in seinen Kerngebieten liberalisieren und
2. in seinen Randgebieten vorbildhaft auf die Dritte Welt auswirken.

Die Politik der ›friedlichen Koexistenz‹ entspricht folglich mehr und mehr einem pragmatischen Interesse des Kommunismus. Sie allein erlaubt, so will es diese Theorie, seine friktionslosere Entfaltung.

In Anbetracht der fortbestehenden Unterdrückung und Ausbeutung nicht nur in der abhängigen Welt kann die UdSSR allerdings nicht — ihrem Selbstverständnis entsprechend — auf ein weltrevolutionäres Programm verzichten. Aus atomarer Verantwortung um das Weltganze enthält sie sich jedoch kriegerischer oder kriegs-provozierender Schritte im Weltmaßstab. Abwägend beschrieb der amerikanische Außenminister Dean Rusk die Koexistenzpolitik Moskaus: »Das Programm der Erstrebung eines [...] Endsieges schließt nicht den Gebrauch von Gewalt [...] aus. Er schließt (aber...) den großen Krieg aus, der auch die Sowjetunion zerstören würde.«[34]

Die UdSSR setzt auch unter den Nachfolgern Chruschtschows die von Stalin eingeschlagene Linie einer parzellierten Weltrevolution fort. Entsprach ein militärischer Oktroi des Sozialismus nie dem nach-Marxschen Modell von Revolutionen, wäre er heute unter den Bedingungen der Kernwaffen vollends unverantwortlich. Die militärische Version einer Weltrevolution, etwa im Sinne von Proudhon, ist überholt. Auch heute bleiben jedoch kommunistische Theoretiker dabei, daß es Frieden, den solidarischen Frieden einer gerechten Gesellschaft, erst nach Aufhebung profitgebundener (und daher untergründig anarchischer) politischer Ordnungen geben kann. Folglich ist auch der scheinbar theoriewidrige militärische Einmarsch der Warschauer-Pakt-Staaten in die ČSSR allein im Sinne des Aufrechterhaltens proletarischer Ordnung zu erklären. »Nur nachdem das Proletariat die Bourgeoisie entwaffnet hat«, schrieb Lenin, »kann es, ohne an seiner weltgeschichtlichen Aufgabe Verrat zu üben, die Waffen zum alten Eisen werfen, was es auch ganz sicher dann — aber nicht früher — tun wird.«[35]

Der bestehende Friede eines atomaren Patt kann in den Worten Lenins schließlich nur eine »Atempause für den Krieg« sein, da er die gesellschaftliche und damit auch die psychologische Wurzel der kriegstreibenden Verfeindung bestehen läßt. Die Vorläufigkeit aller gleichgewichtigen Friedenszustände als *balance of horror* ergibt sich in sozialistischer Sicht aus der Tatsache, daß die kapitalistischen Staaten versuchen müssen, die Emanzipation als Sozialismus zu verhindern und daß sie daher — selbst bei Vermeidung eines ›großen Krieges‹ — Etappen der sozialen Selbstbestimmung mit Gewalt aufhalten oder ökonomisch verfälschen. Umgekehrt liegt die Forderung nach Beseitigung dieses kapitalistischen Systems aber in den unhaltbaren gesellschaftlichen Zuständen selbst, die der Kapitalismus zu seiner Sicherheit und als Objekt der wirtschaftlichen Ausbeute an einer Selbstentwicklung hindert. Deswegen auch wurde der Kalte Krieg, wie Mao Tse-tung ausführte, zur Fortsetzung, zur aufgezwungenen Fortsetzung sozialistischer Politik. »Das bedeutet, daß der Krieg Politik ist. Der Krieg als solcher stellt eine Handlung dar, die politischen Charakter trägt, und es hat [. . .] keinen Krieg gegeben, der nicht politischen Charakter getragen hätte. [. . .] Der Krieg hat aber auch seine Besonderheit. [. . .] Krieg ist nicht gleichbedeutend mit Politik schlechthin. [. . .] Wenn die Politik, nachdem sie ein bestimmtes Entwicklungsstadium erreicht hat, sich nicht mehr wie bisher weiterentwickeln kann, entsteht Krieg, um der Politik die Hindernisse aus dem Weg zu räumen. [. . .] Ist das Hindernis beseitigt und das politische Ziel erreicht, wird der Krieg zu Ende sein. Solange das Hindernis nicht restlos weggefegt ist, muß der Krieg fortgesetzt werden, um die Sache zu Ende zu führen. [. . .] Deswegen kann man sagen, daß Politik ein unblutiger Krieg, der Krieg aber blutige Politik ist!«[36] Diese ›blutige Politik‹ ist — aus sozialistischer Sicht — niemals Selbstzweck, sie entspringt keinem politisierten Privatinteresse, sondern sie ist Wille zum weltweiten sozialen Gemeinwohl *(quod omnes tangit)*, das sich nur noch gebietsweise sichern läßt.

Prinzipiell muß also die Revolution, welche die gesellschaftlichen Anlässe der Unterdrückung aufheben will, kriegerisch werden. »Von allen Kriegen«, führt Lenin aus, »ist der revolutionäre Krieg der einzig rechtmäßige [. . .] Der Krieg wird geführt nicht im eigennützigen Interesse eines Häufleins von Machthabern und Ausbeutern, sondern im Interesse der Volksmassen gegen die Tyrannen, [. . .] gegen Willkür und Vergewaltigung.«[37] Der politische Zustand, der einen revolutionären Krieg als Mittel der Politik notwendig macht, ist ja nur deshalb so lange unverändert geblieben, weil er — wie seit Marx' Analyse durchschaut wird — mit Gewalt zementiert wird.

Schon Arnold Ruge unterschied: Eine Gewalt ist nicht roh, welche die Roheit aufhebt. Aber die befreiende Gewalt wird sinnlos, wenn sie selbst ihr politisches Ziel gefährdet. »Daher wird die Sowjetunion gerade durch ihre militärische Stärke zu einer maßvollen Politik gezwungen [. . .], während die Chinesen es sich leisten können, [. . .] revolutionäre Parolen zu verbreiten, da (sie . . .) noch nicht ernst genommen werden.«[38]

Hier aber liegt die Wurzel der seit 1959 latenten, ab 1963 dann offenen Auseinandersetzung zwischen Moskau und Peking; sie wiederholt letztlich nur — durch die neue Situation der atomaren

Kriegswirklichkeit erzwungen — den schon historischen Hader zwischen sozialistischen Verfechtern einer automatischen und einer ausgelösten Revolution. Zu dieser Kontroverse treten allerdings theoretische Meinungsverschiedenheiten, die die Antagonismen (Bürokratismus, Ökonomismus) in der sozialistischen Gesellschaft selbst betreffen. Der Streit um die revolutionäre Strategie und ihr Verhältnis zum Krieg, der im Westen hoffnungsvoll überschätzt wird, entbrannte vor allem an drei Hauptfragen über den Weg zum Weltfrieden. Sie lauten:

1. Welches sind die Hauptwidersprüche in der gegenwärtigen kapitalistischen Ordnung?
2. Wo liegt das »schwächste Glied« (Stalin) in der Kette ihres weltweiten Machtsystems?
3. Welcher taktischen Methoden kann sich der Sozialismus bedienen, um die inhärenten Widersprüche des Kapitalismus bloßzulegen und ihn zur Zerstörung der ›Einheit seiner Gegensätze‹ zu veranlassen, ohne den atomaren Krieg zu provozieren?

4. Der Pentagonismus

Die imperialen Machtstaaten der Gegenwart üben nicht nur bei inneren Schwierigkeiten untereinander Druck aus, sondern sie versuchen auch mit allen Mitteln und gemeinsam, weitere Erfolge des Sozialismus wieder zu annullieren. Die Kernwaffen verhindern heute zwar ein direkt militärisches roll-back! Aber die mittelbare Eindämmungspolitik, wie sie der im Juli 1947 formulierten amerikanischen containment-Idee zugrunde lag, bleibt oberste Maxime der Aktionen Washingtons. Als nach dem Zweiten Weltkrieg die dritte Welle national-antikolonialer Revolutionen einsetzte [die erste begann 1776 in den USA und ab etwa 1810 auf dem Balkan und in Lateinamerika; die zweite Welle rollte ab 1870 über Japan, China (1911) und den Nahen Osten (1914)], die häufig schon soziale Züge trug (Malaya, Indochina, Philippinen, Indonesien, Jugoslawien, Griechenland, Persien), als vor allem seit 1949 mit China, Ägypten (1952 bis 1954), Kenia (ab 1952), Guatemala (1954), Vietnam (bis 1954, ab 1957), Algerien (ab 1956), Kuba (ab 1956), dem Irak (1958), Jemen (ab 1962) und der Dominikanischen Republik (ab 1964) der zweite Schub der Nationalrevolutionen mit offen sozialistischem Hintergrund losbrach — den ersten Schub verkörperte 1917 die Gründung der UdSSR —, wurde für die USA die Gefahr evident, vom Brand einer vorerst noch sporadischen, im Ansatz aber überörtlichen Revolution eingekreist zu werden. Denn, so konnten die Amerikaner bei Lenin nachlesen, »der Ausgang des Kampfes hängt in letzter Instanz davon ab, daß Rußland, Indien, China usw. die gigantische Mehrheit der Bevölkerung der Erde stellen. Gerade diese Mehrheit [. . .] wird in den Kampf um ihre Befreiung hineingerissen, so daß es (. . . keinen) Zweifel darüber geben kann, wie die endgültige Entscheidung des Weltkampfes ausfallen wird.«[39]

Vor dieser drohenden weltrevolutionären Umflankung hatte schon der Senator J. F. Kennedy als vor einer »globalen Herausforderung« wiederholt gewarnt. Er versuchte im Sinne G. F. Kennans und W. W. Rostows den bloß verteidigenden Immobilismus der Eisenhower-Administration, die — trotz der aggressiven Attitüde J. F. Dulles' — letztlich nur durch einen Wall von Verträgen mit über 40 Ländern die Revolution dämmen wollte, durch eine aktive Politik der Gegenrevolution zu überwinden. »Schließlich ist es nunmehr deutlich«, so erläuterte Kennedy am 20. April 1961, »daß wir uns einem unnachgiebigen Kampf in allen Teilen der Welt gegenübersehen, der weit über den bloßen Zusammenprall von Armeen oder selbst Atomwaffen hinausgeht. Die Armeen sind vorhanden. [. . .] Auch die Atomwaffen [. . .], sie dienen jedoch [. . .] als Schild, hinter dem Subversion und Infiltration [. . .] sich ständig entwickeln können. [. . .] Ein Teil der Welt nach dem anderen wird verschlungen. [. . .] Es sollte jetzt klar sein, daß militärische Schritte nicht mehr ausreichen — daß unsere Sicherheit verlorengehen kann, [. . .] ohne daß eine einzige Grenze überschritten wird.«

Als Präsident erneuerte Kennedy daher die am 6. und 12. 3. 1947 formulierte Truman-Doktrin einer globalen Militär- und Wirtschaftshilfe. Ihre Auswirkung hat Arnold Toynbee 1961 beschrieben: »In Verteidigung etablierter Interessen führt die USA heute überall die anti-revolutionäre Kampagne an. *Sie kopiert die historische Rolle Roms.* In allen Gebieten, die unter seine Herrschaft fielen, unterstützte Rom stets den Reichtum gegen die Armen. Weil nun — bisher jedenfalls — die Armen in der Überzahl sind, trat Rom immer für Ungleichheit, für Unrecht, eben für das kärglichste Glück der Mehrheit ein. Sollte ich mich nicht irren, hat Amerika zudem den Schritt, Rom zu imitieren, bewußt unternommen.«[40] Das von Truman entworfene Prinzip einer Allianz gegen die Revolution ruhte auf dem folgerichtigen Programm profitgebundener Politik: »Die ganze Welt müßte das amerikanische System übernehmen«, so führte Truman aus, »denn das amerikanische System kann selbst in Amerika nur überleben, wenn es das System der ganzen Welt wird.«[41] In einer Kongreßbotschaft definierte der Präsident diesen breitangelegten Interventionismus zur Sicherung des westlichen ›Lebensraumes‹ noch deutlicher: »Dies bedeutet nicht weniger, als daß wir offen zugeben, daß totalitäre Regimes [. . .] die Sicherheit der USA unterminieren.« Die in dieser Doktrin begründete Geopolitik Washingtons, etwa die Drohung gegen Moskau während der Laos-Krise im Frühjahr 1962, läßt erkennen, daß die USA Fortschritte auch der örtlichen Revolutionen als externe und militärisch gestützte Hegemoniebestrebungen Moskaus mißversteht —

und dementsprechend der UdSSR ›Vergeltung‹ androht. Weil sich die USA gleichzeitig im Besitz einer geschichtlich letztgültigen Freiheit dünken, wie es vor allem Kennedys Reden zeigten, besonders auch seine Botschaften an Moskau anläßlich der ersten Kuba-Krise nach dem 17. 4. 1961, müssen sie Erfolge der sozialen Revolution in allen Teilen der Welt, ob durch Krieg, Putsch oder auf parlamentarische Weise, nicht nur als existentielle Gefährdung ihrer politischen Sicherheit, also als »*a totalitarian counterrevolution*«[42], sondern geradezu als einen Fehler der Geschichte deuten. Durch diese hier willkürliche Gleichsetzung von Befreiung und Aggression wird es möglich, die Riesennation Amerika in eine Angstpsychose zu versetzen, die einen chinesischen Politiker oder vietnamesischen Revolutionär seinerseits unfaßbar erscheinen muß. Dieses Gefühl einer elementaren Bedrohung verführt — gemäß der Logik von Angstneurosen — zu unkontrollierten Reaktionen, zur Flucht nach vorne, zur Politik des Präventivschlages (*preemptive strike*). Denn selbst lokale Durchbrüche der sozialen Revolution wirken angesichts dieser provozierten Psychologismen schon als eine globale Bedrohung. Alle naive Unmittelbarkeit frührevolutionären Aufbruchs von seiten des Sozialismus (»freiwillig, in Tränen und Blut!«, wie Saint-Just ausrief) kann nur den politischen Spielraum subatomarer Toleranz verringern.

Unter anderem diese amerikanische ›Politik‹ veranlaßte Moskau, nahezu auf jegliche *direkte* Untersützung der Revolutionen in Afrika oder Lateinamerika zu verzichten.

»Wir Amerikaner [. . .] sind — vom Schicksal bestimmt — die Wächter auf den Wällen der Freiheit in der Welt«[43], so umriß Kennedy die Mission der USA. Im Strudel der um sich greifenden Gewalt, die man benötigt, um die soziale Revolutionalität der Dritten Welt wenigstens zu kanalisieren, »gibt es (aber) einen Punkt, von dem aus kein Zurück mehr möglich ist. Denn der Manichäismus der Kolonialherren erzeugt«, so befürchtet Frantz Fanon, »einen Manichäismus der Kolonisierten.«[44] Weil im »mobilen Faschismus«, wie der französische Konservative Maurice Duverger den US-Interventionismus benannte, Gewalt Rückgrat aller Politik wird, beeinflußt diese Außenpolitik unaufhaltsam auch die politische Theorie der USA. Vor allem: Krieg wird auf diese Weise wieder Ersatz für Politik. Der Kurzschluß solcher gewaltsamen Strategie birgt ständig die maßlose Gefahr einer Ausweitung in sich, da Washington gleichzeitig durch atomares Imponieren (etwa im Oktober 1962) weltpolitische Askese von Moskau verlangt. Aus diesem Grund ist es nicht verwunderlich, daß China der UdSSR heute vorwirft, sie lasse sich durch den ›Fetisch der Kernwaffe‹ ins Bockshorn jagen.

»Die Amerikaner sind gewohnt, bei ihren Kriegen im Recht zu sein«, resümierte *Time Magazine* im Jahre 1967.[45] In seiner

Analyse des amerikanischen Kampfes gegen »das im Kommunismus inkarnierte Böse« hat Theodor Draper herausgearbeitet, »daß (in den USA) militärische Argumente das politische Denken nicht nur in der Praxis, sondern letztlich auch in der Absicht [. . .] untergepflügt haben«[46]. Die offen betriebene Machtpolitik wird in den USA jetzt auch ideologisch abgesichert. Harlan Cleveland betont, die USA müßten »sich ihrer Macht bewußt werden« und dürften sich nicht etwa »den Folgen ihrer globalen Allgegenwart«[47] entziehen. R. C. Hottelet führt aus, daß den USA militärische Erfolge wieder als »unbedingte Voraussetzung politischer Erfolge«[48] gelten. Auch A. de Borchgrave ebenso wie R. McNamara — um nur einige Wortführer anzuführen — vertreten heute diese Ansicht. Umschreibt nicht der Slogan Theodore Roosevelts aus der Frühzeit des US-Expansionismus (1897) wieder akkurat die politischen Aspirationen Washingtons in der Dritten Welt: »*No triumph of peace is quite so great as the supreme triumphs of war!*«[49] Die Einsicht J. U. Nefs, daß angesichts eines totalen Krieges mit Kernwaffen politisch auf die überlieferte Siegvorstellung verzichtet werden müsse, diese Einsicht geht im Verlauf des Kampfes gegen die soziale Revolution verloren. Daher trägt dieser (noch) subatomare Krieg den allgemeinen Krieg ›im Tornister‹.

Schon seit Beginn der Koexistenzpolitik beschuldigt Peking die UdSSR, sie lasse sich — von der Kernwaffe hypnotisiert — einschüchtern und gestatte so den USA, praktische Errungenschaften der sozialen Revolution terroristisch zu behindern, obwohl allein diese Revolution den weltinnenpolitischen Frieden bringen könne. Daher wird Chruschtschows These: »Für das Vordringen der kommunistischen Ideen, für ihre Verbreitung und ihr Eindringen in das Bewußtsein der Menschen bedarf es keiner Armeen, sondern des Friedens«[50] von Moskau in dem Augenblick revidiert werden müssen, wo es dem westlichen System tatsächlich gelingt, eine Ausbreitung der Revolution zu verhindern.

Während die UdSSR heute außerhalb des Bereichs der Breschnew-Doktrin im allgemeinen eher Nehrus Auffassung folgt, daß Nationen nicht nur durch Waffen, sondern durch »eine besonnene Politik der Freundschaft«[51] geschützt werden, verläßt sich Washington mehr und mehr auf sein militärisches Potential. Es gefährdet dadurch dauernd das eingependelte ›Gleichgewicht des Schreckens‹. Diese westliche Politik wird, so nimmt Moskau an, die Entwicklung des Sozialismus in der Dritten Welt zwar möglicherweise bremsen. Doch die immanenten Widersprüche der westlichen Politik werden dabei um so schärfer hervortreten. »Die Revolutionäre sehen die Welt unter dem Aspekt der Dichotomie mit gegensätzlichen Attributen.«[52] Eine überscharfe Trennung in ›gut‹ und ›böse‹ aber kann den revolutionären Kampf nur unaufhaltsam verschärfen. Sie wird überdies alle ›sozialdemokratischen‹ Milderungsversuche der USA überstehen.

Völker schätzen keine Missionare in Kampfstiefeln (Robespierre). Auch Edmund Burke hatte schon während der amerikanischen Revolution zu bedenken gegeben, daß »Revolutionen nicht von Leuten gemacht werden, sondern aus unwiderstehlichen Bedürfnissen entspringen; wenn sie ausbrechen, sind sie unaufhaltbar!«[53] Je mehr man diese Erkenntnis in der jüngsten Militärstrategie der USA vergißt, um so unvermeidlicher wird die Revolution in eine Radikalität gezwungen, die jene fragile Koexistenz elementar gefährden kann, um so unvermeidlicher muß auch die Revolution als Totalguerilla auftreten. Mao Tse-tung hat seine revolutionären Erfahrungen in dem Satz zusammengefaßt: »Die Unterdrückung der Revolution mündet unweigerlich in eine umfassende Ausweitung der Revolution.«[54] Dadurch sehen sich die USA ihrerseits wieder gezwungen, mit Schritten besonderen Terrors zu antworten, wie es der Indochinakrieg zeigt. Die Dialektik der Gewalt aber erzwingt daraufhin nicht nur eine Steigerung der Gegenwehr, sondern auch ihre geographische Ausdehnung. Die objektiven Bedingungen des Ancien régime herrschen eben nicht nur (um das asiatische Terrain zu nennen) in Südvietnam, sondern auch in Laos, Kambodscha, Thailand, Burma, Malaysia oder Indien. Die unterwerfende Gewalt gegen die in Südvietnam aus lagebedingtem Anlaß 1957 erneut ausgebrochene Revolutionalität demonstriert den umliegenden, noch prä-revolutionären Völkern ihr zukünftiges Schicksal. Südostasien zeigt: Gewalt schürt die Revolution! Heute schwelt sie in Thailand, Burma und auf den Philippinen, ist sie in Laos und Kambodscha offen ausgebrochen. Gegengewalt begünstigt die Revolution, und größerer Zwang wird erforderlich.Das alles enthüllt die amerikanische ›Domino-Theorie‹, die eine kommunistische ›Salami-Taktik‹ der gewaltsamen Ausbreitung von Revolutionen beschuldigt. Doch verliert die Gewalt immer mehr ihre abschreckende Wirkung, und da sie diesen Schwund gleichwohl nicht sich selbst zuschreiben kann, wird sie sich immer drastischer steigern.

Mit der Abnutzung gegenrevolutionärer Gewalt rechnet heute die zurückhaltende Außenpolitik der UdSSR. Auch ohne ihr Eingreifen — so setzt sie voraus — wird der Widerspruch der US-Politik zwischen seiner ›Moral‹ und seiner Praxis, wird auch der Widerspruch zwischen Mittel und Wirkung letztlich diese Politik selbst in Frage stellen. »Wenn der Krieg in Südostasien in seiner jetzigen bitteren und zerstörerischen Form weitergeht«, schreibt Surindar Suri, »dann könnte das als Bestätigung [. . .] angesehen werden, daß eine Versöhnung und friedliche Koexistenz der nationalen Befreiungsbewegungen in Asien und Afrika mit dem Westen tatsächlich illusorisch ist.«[55]

In einer Welt, in der noch heute Saint-Justs Revolutionsthematik überhört wird: *Le pain est le droit du peuple,* in einer Welt, in der jährlich mehrere Millionen Mitmenschen verhungern, muß die politische Bonhomie der Satten dieser Erde zynisch wirken. Die demokratische Homiletik einer *family of man* verliert in Vietnam und Indien, verliert in Persien, Südafrika und Lateinamerika ihre Glaubwürdigkeit. Aus sozialistischer Sicht formuliert: »Die ganze Geschichte der bürgerlichen Demokratie entlarvt die Illusion, [. . .] das Aufstellen einer ›Losung‹ ändere etwas an der Sache [. . .]. Um das Volk zu betrügen, [. . .] geben die bürgerlichen Demokraten stets die beliebtesten ›Losungen‹ aus. Es handelt sich darum, ihre Aufrichtigkeit zu prüfen, die Worte mit den Taten zu vergleichen, sich nicht mit idealistischen [. . .] Phrasen zufriedenzustellen.«[56] Vergleicht man im Sinne Lenins etwa Eisenhowers Beteuerung vom 22. September 1960: »Wir sehen als Ziel unserer Politik nicht einen Superstaat über den Nationen, sondern eine Weltgemeinschaft, die alle umfaßt und die in Recht und Gerechtigkeit verwurzelt ist«[57] mit der wirklichen Politik des Westens, erscheint letztere in der Tat als die Suche nach der Weltdominanz der USA. Der ›*common purpose of all people*‹, den Kennedy konstant beschwor, verkehrt sich im Blickwinkel der Dritten Welt zur gewaltsamen Anmaßung eines weltweit verknüpften Kapitalismus. Einer Herrschaft, die keineswegs den Zustand eines *solidarischen* Friedens in Gleichberechtigung zustande bringt, sondern die essentielle Züge des Ancien régime zeigt. Hatte nicht schon 1762 J.-J. Rousseau geschrieben, daß sich nur der als Herr zu halten vermag, der aus seiner Gewalt ein Recht und aus dem Gehorsam eine Pflicht zu machen versteht? Wer heute, nach allem was geschehen ist, den Unterdrückten die Mittel zur Selbstbefreiung aus der Hand schlagen will, setzt sich doppelt ins Unrecht.

5. New Frontiers?

Kann eigentlich heute noch immer die Hoffnung bestehen, daß die kurze Regierungszeit J. F. Kennedys als außenpolitisches Vorbild die augenblickliche Dominanz des Militärs in der politischen Praxis Washingtons überdauern wird? Kennedy hatte zumindest erkannt, daß eine politische Chance in der durch die Kernwaffe bedingten weltpolitischen Isolierung der Konfliktbereiche lag. Er versuchte, in Verantwortung für den atomaren Frieden, der, auch im Zeitalter der limited wars, nur noch global erhalten werden kann, für die politische Reaktion des Gegners Haftung zu übernehmen. Kennedy akzeptierte daher für die USA im militärischen Bereich die Politik der Koexistenz.

Darüber hinaus gelang es erst Kennedys Politik, die übliche militärische Geheimhaltung mit ihren unkalkulierbaren Drohfolgen zu überwinden, die bis dahin alle diplomatischen Schritte verdunkelte. Er durchschaute die Regeln der Abschreckung: Ausmaße der möglichen Vergeltung können ihre militärische Rolle nur in einer zwischenstaatlichen Öffentlichkeit erfüllen. Denn auch im Atomzeitalter spielen in der Militärpolitik psychologische Faktoren (Furcht, Hast, Irrtum) eine wichtige Rolle. Eine Defensivpolitik also, die dennoch dauernd ›*methods short of war*‹ (F. D. Roosevelt) anwendet, würde an politischer Bedeutung verlieren, obschon man sich weiter auf ihre abschreckende Wirkung verläßt. Im Sinne der schon von M. D. Taylor empfohlenen konventionellen Beweglichkeit der amerikanischen Verteidigung beseitigte Kennedy die alternativlose Politik von ›Katastrophe oder Unterwerfung‹ (*holocaust or surrender*). Die neue Politik der ›*flexible response*‹ hatte in den USA die größte Aufrüstung seit dem Koreakrieg zur Folge; sie zwang aber andererseits dazu, die Probleme wenigstens politisch einzuordnen und sich nicht länger ausschließlich auf Totalwaffen zu verlassen.

Allerdings versperrte die Ausweitung des Vietnamkrieges schon ab 1962 eine generelle Konfliktregelung auch für Zonen außerhalb der direkten Ost-West-Konfrontation (Teststopp-Abkommen; Atomwaffensperrvertrag). Der wachsende Streß in Verfolgung der ›Interessenwahrung‹ in der Dritten Welt erforderte letztlich wieder die exklusive Ausspielung des Abschreckungseffektes.

Diese Psychologie der ›*massive retaliation*‹ bedingt indessen, daß im Laufe der Zeit die nukleare Drohung zur Gewohnheit wird, die politische Furcht aber ins Unerträgliche wächst. Dieses Spiel der Angst gefährdet täglich den Blockadefrieden der Atomwaffen. Es könnte den weltpolitischen Dialog, den Kennedy aufnahm, abrupt beenden. Kennedy war daher bemüht, aus F. D. Roosevelts Erkenntnis von 1933 Schlüsse zu ziehen, daß »*the only fear we have to fear — is fear itself*«.[58]

Es kam Kennedy darauf an, die änderungsfeindliche Defensivhaltung durch eine elastische Politik zu überwinden (*to convert retreat into advance*). In dieser neuen außenpolitischen Formel ist mögliche Aggressivität keineswegs ausgeschaltet. Das traditionelle isolationistische Denken, wie es die Politik Washingtons in H. Hoovers Bild einer ›*fortress of America*‹ oder in den Absichten Dulles' bestimmt hatte, einen weltweiten Limes gegen den Kommunismus zu errichten, führte in eine Sackgasse. Dieses Denken half ja, wie sich herausstellte, in Wirklichkeit dem Weltsozialismus, weil es die Sprengkraft unhaltbarer sozialer und politischer Verhältnisse in allen Teilen der Welt übersah, indem es den Status quo zementierte. Darüber hinaus war diese isolationistische Politik in höchstem Maße instabil, weil sie sich auf militärische Maßnahmen reduzierte.

Präsident Kennedy versuchte nun ab 1961, diese strategischen Widersprüche Washingtons zu berichten. Er stützte sich dabei auf reformerische Konzepte (W. W. Rostow) einer wenn möglich unmilitärischen *(civic action/peace corps)*, aber in jedem Fall sehr aktiven Politik der Eindämmung des Sozialismus in der Dritten Welt. Diese Theorien rieten den USA, sie sollten die unterentwickelten Länder wirtschaftlich unterstützen, weil dadurch deren bestehende Struktur gefestigt und ihre Affinität zu Plänen einer politischen oder gar sozialen Umwälzung im Keim erstickt würde. Aber unter den gegebenen Umständen mußte dieses großangelegte Programm amerikanischer Auslandshilfe objektiv neokolonial wirken. Denn da man sich dabei auf die alten Formen der Herrschaft in diesen oft vordemokratischen Ländern stützt, ja gerade deren Beseitigung verhindern will, erzielt dies Programm die gleiche Wirkung wie die starre Politik der Eisenhower-Zeit: es hilft, die negative Lage zu konservieren. Auch diese Politik stellt sich mithin selbst in Frage.

Das neue Verfahren versprach jedoch anfänglich Erfolge. Das Gelingen der sozialistischen Revolution auf Kuba (1959) konnte noch der Eisenhower-Administration zur Last gelegt werden. Auf die Wirksamkeit dieser politischen Offensive bauend und gezwungen, Spannungen mit der UdSSR abzutragen, um den Rücken freizuhalten, entwarf Kennedy eine One world-Theorie. Er argumentierte, daß infolge der Existenz von Atomwaffen der Welt die unteilbare politische Notwendigkeit von Frieden bewußt werden müsse. Der Zwang zur Vermeidung von Krieg könne dann der Freiheit des Friedens Platz machen. Kennedy ging so weit, westliche Zerrbilder des Kommunismus als anachronistische Hoffnungen auf dessen gewaltsame Beseitigung zu verwerfen und das Gespräch mit Moskau zu akzeptieren. Die Begrenzung dieses Dialoges lag aber schon in der bürgerlichen Friedensillusion Kennedys für die Dritte Welt. So hat bisher der Monolog der Gewalt einer amerikanischen, ursprünglich nicht in dieser Form beabsichtigten Gegenrevolution in der unterentwickelten Welt noch kein entscheidendes Signal dafür geliefert, daß Kennedys kühle Vision der weltpolitischen Gemeinsamkeit Wirklichkeit werden könnte.

Der Gedanke einer notwendigen Koexistenzpolitik tauchte schon in den frühen Reden Kennedys als Einsicht in die universale Verknüpfung heutiger Politik auf. Der Gedanke aber, daß im atomaren Zeitalter Politik derart betrieben werden muß, daß sie in keinem Fall aggressiv wirkt, hatte — wie gesagt — nur geringen Einfluß auf die faktische Machtpolitik Washingtons auch unter Kennedy. Die Kernwaffe, das hatte sich gezeigt, blockiert zwar Gewalt in Form des großen Krieges als *ultima ratio*. Eine militärisch unausweichliche Konfrontation, ein *show-down*, muß daher mit politischen Mitteln verhindert werden. Diese Notwendigkeit allein vereitelte bisher die wieder und wieder geforderten Schritte zur nuklearen Niederwerfung Chinas. Aus dem durch die militärische Balance ab 1949 garantierten internationalen Status quo zog Washington jedoch in der Weise Nutzen, daß es — den

Status quo örtlich durchbrechend — die politische und soziale Entwicklung der Dritten Welt gewaltsam auf einen *Status quo ante* niederdrückte. Es stellt sich die Frage, wie sich diese Praxis einer Erpressung der Dritten Welt mit dem von Kennedy vertretenen amerikanischen Freiheitsidealismus in Deckung bringen will. Vielleicht liegt eine Antwort in der merkwürdigen Unfähigkeit der Amerikaner, sich auch andere Freiheitsrealisationen als die in ihrer eigenen Geschichte zustande gebrachten vorstellen zu können. »Unser großer Vorteil ist die einfache Tatsache«, konnte daher Kennedy naiv das amerikanische Vorgehen kommentieren, »daß wir auf der Seite der Freiheit stehen; denn seit Beginn der Geschichte hat die Freiheit überall auf der Welt den Sieg davongetragen!«[59] Und: »Die große Revolution in der Geschichte der Menschheit [...] ist die Revolution derer, die entschlossen sind, frei zu sein.«[60]

Erst Kennedys Nachfolger müssen die Borniertheit dieser Sätze bezahlen. Denn ›Freiheit‹ bleibt für über 80 Prozent der Menschheit ein sozial leeres und damit politisch inhaltloses ›Vorbild‹, wenn sie nicht für eine grundlegende Revision der strukturellen Verhältnisse in der Dritten Welt streitet. »Wir haben eingesehen«, mahnte Adlai Stevenson zwar schon 1961, »daß in einigen Fällen politische Stabilität und wirtschaftliches Wachstum eine soziale Revolution voraussetzen.«[61] Bisher aber haben die USA alle erfolgreichen revolutionären Durchbrüche rückgängig zu machen versucht, sobald diese über eine bloß nationale Emanzipation (Ghana, Guatemala, Kuba, Kongo) hinausgingen. Washington hat darüber hinaus auf längere Sicht seine Reformhilfe zur Wirkungslosigkeit verurteilt, weil es sich zu ihrer Verteilung der überkommenen lokalen ›Kompradorenschichten‹ bedient. Vor die Alternative gestellt, ihre Hilfe entweder in eine unkontrollierbare sozialrevolutionäre Bewegung zu investieren oder sich auf die bestehenden pseudo-demokratischen Regimes zu stützen, haben die USA bislang immer den zweiten Weg eingeschlagen.

»Die Sicherheit der freien Welt kann nicht nur durch einen Atomangriff gefährdet werden«, schrieb Kennedy 1961, »sondern auch dadurch, daß sie [...] durch Kräfte der Subversion, der Infiltration, durch innere Revolutionen, diplomatische Erpressung, Partisanenkriegführung oder eine Reihe begrenzter Kriege von der Peripherie her langsam zerstört wird.«[62] Der amerikanische Präsident verlangte daher die Bereitstellung von Anti-Guerilla-Truppen *(green berets)* und anderen militärischen Spezialmitteln *(big lift)*, um mit Gewalt außerhalb der amerikanischen Grenzen einen dort politisch als äußeren und total negativ (›böse‹) angeprangerten Feind an seiner Ausdehnung zu hindern. Als typisches Beispiel der Methoden dieses Kampfes ging durch die Weltpresse: Seit 1965 besteht zwischen Thailand und den USA ein bilateraler Geheimvertrag, der in wiederholt aktualisierter Form

Washington verpflichtet, Thailand ›zu schützen‹. Außerdem übernahmen die USA bereits 1967 sämtliche Kosten für thailändische Hilfstruppen in Vietnam. Schon vordem gaben die Amerikaner zu, daß sie seit mehreren Jahren Angriffe auf Vietkong-Stützpunkte in Laos flögen, angeblich auf Betreiben der Regierung in Vientiane. Diese regelmäßigen Bombardierungen haben inzwischen die unvorstellbare Quantität der über Nordvietnam abgeladenen Bomben übertroffen. Ab Mai 1964 starten Maschinen von Südvietnam aus, um auf dem Ho Chi Minh-Pfad den Nachschub des Vietkong zu unterbrechen. Außerdem wurde bekannt, daß amerikanische ›Schlachtflieger‹ zur Unterstützung der in Laos und Thailand operierenden special forces eingesetzt würden. Zusammengefaßt: seit langen Jahren haben die USA aus taktischen Erwägungen eine Indochinesierung ihres Krieges in Vietnam betrieben; der Anfang 1970 manipulierte Sturz des Prinzen Sihanouk und der juristisch nicht zu deckende Einmarsch in Kambodscha sind kalkulierte Folgen dieses Vorgehens. Die angeblich allseitige ›Subversion‹ in Form sozialer Empörung sucht Washington durch einen ebenso universalen und militärischen Interventionismus abzublocken. Was von Hause aus als epochale Freiheitsbewegung mit Hilfe sozialer Revolutionalität aufbricht, kann eben mit diesem westlichen Vorverständnis gar nicht als autochthoner Bürgerkrieg identifiziert werden. Weil die sozialistische Spielart der Befreiung ihren wirtschaftlichen und damit auch geostrategischen Interessen entgegenwirkt, beschatten die USA die Selbstbefreiung à la 1917 seit 1917 mit einem formenreichen Kalten Krieg.

Rechnen wir aber noch einmal die positiven Ansätze der Kennedy-Politik auf: Kennedy hatte erkannt, daß der atomare Krieg die Koexistenz einfach erzwingt. Darum wird der antagonistische Friede zur aufgenötigten Lösung, weil heute der Krieg als Machtwerkzeug Ziele und mögliche Gewinne selbst in Frage stellt. Es gibt keine militärischen Sieger mehr! Der Präsident formulierte daher in einer Rede vom 25. September 1961 vor der UNO: »Der bedingungslose Krieg kann nicht mehr zum bedingungslosen Sieg führen. Er kann nicht länger zur Beilegung von Streitigkeiten dienen. Er kann auch nicht länger die Großmächte allein betreffen. [...] Die Menschheit muß dem Krieg ein Ende machen, sonst wird der Krieg der Menschheit ein Ende bereiten.« Das gewohnte Dogma, zwischen Krieg und Frieden gäbe es kein Drittes, hat damit endgültig seine Berechtigung verloren. Daher mahnte Chruschtschow etwa zur gleichen Zeit, daß »die brennendste Frage für die gesamte Menschheit heute die Frage von Krieg und Frieden ist. Kriege zwischen den Staaten haben stets zu zahllosen Opfern und Zerstörungen geführt. Ein künftiger Krieg jedoch, sollte er entgegen dem Willen der Völker ausbrechen, droht zum verheerendsten Kriege, zu einem Krieg mit Kernwaffen zu werden. [...] Er kann zur Vernichtung fast allen Lebens führen.«[63]

Insofern der Krieg nicht länger berechenbar ist, gehört er eigentlich nicht länger der Realpolitik an. Die realpolitische Gegenwart der ›friedlichen Koexistenz‹ aber ließe sich als labile Einheit disparater und konkurrierender Mächte bezeichnen, die unterschiedliche soziale Systeme besitzen. Die ›friedliche Koexistenz‹ wäre also überfordert, wollte sie versuchen, diese Differenz der weltpolitischen Formen aufzuheben. Umgekehrt gesagt: nur in der politischen Differenz kann ihre Existenzberechtigung liegen. Deshalb hat Kennedy Grenzen und Chancen der Koexistenznotwendigkeit, zumindest theoretisch, genau umschrieben. »Seien wir den Unterschieden gegenüber nicht blind, aber richten wir die Aufmerksamkeit auch auf unser gemeinsames Interesse. [. . .] Können wir unsere Differenzen jetzt nicht aufheben, so können wir doch zumindest die Welt für diese Vielheit sichern (*to make the world safe for diversity*).«[64] Diese Einsicht Kennedys durchbrach die autistische Mentalität Washingtons, indem sie auch andere Möglichkeiten als die amerikanische Art der Freiheitssicherung zumindest sah. W. Wilsons Amerika-zentriertes Programm: *make the world safe for democracy!* — wurde mit dieser Aussage Kennedys entschieden relativiert.

Revolutionäre Gegenwart

6. Revolutionsentwürfe

Die heutige Gefährdung des koexistenziellen, des sogenannten ›bewaffneten Friedens‹ entspringt einer paradoxen Situation. China und die Sowjetunion gehen von der Gewißheit aus, daß sich der Sozialismus durchsetzen wird, wenn auch nicht mehr als Sieg, so aber als sukzessive, unaufhaltsame Befreiung. Der Frieden kann sich ihrem Verständnis nach jedoch nur entwickeln, wenn auch der Kapitalismus mit seiner Abhängigkeit vom Gewinn beseitigt wird, der überdies nur einem Minimum der Erdbevölkerung nutzt. Dessen globale Überwindung kann aber von Moskau militärisch aus den dargelegten Gründen nicht mehr offen stimuliert werden, denn das würde unweigerlich zu einer atomaren Kollision führen. Moskau und Peking vertreten aber — trotz gegenseitiger Verdächtigungen — die Formel Edvard Kardeljs: »Ein Krieg der sozialistischen Länder, der zum Ziel hätte, anderen gewaltsam den Sozialismus aufzuzwingen, würde unbedingt auf eine bestimmte Zeit eine [. . .] politische Hegemonie und ein ideologisches Monopol [. . .] schaffen. Darum ist [. . .] ein solcher Krieg [. . .] vom Standpunkt der sozialistischen Entwicklung aus ein reaktionärer Faktor.«[65]
Der Weltrevolution bleiben somit nur zwei Wege offen. Zum ei-

nen kann sie versuchen, den autochthonen Befreiungsbewegungen in der Dritten Welt bei ihrer kriegerischen Emanzipation zu helfen. Zum anderen muß sie durch den Aufbau, durch die Auswertung des Sozialismus im eigenen Bereich endgültig auch hier wirkende Mängel abbauen und als Vorbild aktiv werden. Das erste Verfahren der direkten Unterstützung könnte der UdSSR jedoch immer noch als externe Grenzüberschreitung angekreidet werden. Moskau meint daher, davon Abstand nehmen zu müssen, um die Weltrevolution unter Erhalt des bestehenden ›gleichgewichtigen Friedens‹ zu sichern. Außerdem muß der Kreml gleichzeitig bemüht sein, auch Peking, das sich seit 1964 erfolgreich eine eigene Atomstreitkraft und Raketenflotte aufbaut, in die Linie der zwischenstaatlichen ›friedlichen Koexistenzpolitik‹ zu zwängen. Andernfalls könnte sich die UdSSR genötigt sehen, so argumentiert der Kreml, bei dem Verdacht eines offenen Vorprellens Chinas gemeinsam mit den USA gegen Peking vorgehen zu müssen. Diese atomar erzwungene Konkordanz mit dem Kapitalismus wirft Mao Tse-tung der UdSSR heute als kalkulierte Politik vor. China fürchtet deswegen, das belegt der IX. Parteitag vom April 1969, Moskau könne in Ausführung der angemaßten ›Breschnew-Doktrin‹ die innersozialistische Kontroverse über gesellschaftliche Deviationen zu einem ›bereinigenden‹ Präventivschlag gegen das konkurrierende ›neue Jerusalem‹ ausnutzen.

Darüber hinaus sind aber auch Erfolge als Vorbildwirkung der UdSSR riskant. Denn eine revolutionäre Ausbreitung des Sozialismus, sei sie ›friedlich‹ oder ›kriegerisch‹ begründet, gefährdet ja immer die Position des Westens. Gleichzeitig, und darauf verweist Peking, gilt die grundsätzliche Erfahrung bei allen sozialistischen Klassikern, daß die Macht schließlich nur durch eine politische Revolte in die Hand zu bekommen sei. Anzunehmen, die Eliten der kapitalistischen Staaten würden eine rechtmäßige Inbesitznahme durch den Sozialismus — beispielsweise mit Hilfe von Wahlen — dulden, scheint demnach blanke Utopie zu sein. Das westliche System würde jederzeit, so darf man schließen, eher in aggressive Gewalt flüchten, als seine Position räumen. Unter den heutigen Umständen heißt das Gewalt gegen sozialistische Länder.

Die Schwierigkeit revolutionärer Aktivität unter den gegebenen Bedingungen, wenn man nicht den vagen ›Frieden‹ ernstlich gefährden will, haben Moskau und Peking — und das ist nur natürlich — auf unterschiedliche Weise zu meistern versucht. Beide gehen allerdings auch in Zukunft davon aus, daß der solidarische Friede nur im Sozialismus erreicht werden kann. Deswegen beabsichtigen die politischen Pläne beider Länder eine universale Umwälzung, die sich aber diffus und vielgestaltig durchsetzen muß, um dem Kapitalismus keine Chance zu bieten, vor seinem epochalen Abtritt »die Tür so fest hinter sich zuzuschlagen, daß das ganze Gebäude zusammenbricht«.[66]

Moskau und Peking differieren entschieden in der Methode ihrer Politik, nämlich wie zum einen die Macht des amerikanischen Kapitalismus — als Spiritus rector der westlichen Staaten — geschwächt werden kann, wie also die Widersprüche seiner Politik derart deutlich gemacht werden können, daß sich die Völker der westlichen Industrienationen gegen seine heute faktisch faschistische Politik wenden. Und zum anderen differieren sie in ihrer Ansicht über das Maß an Aktivität, d. h. ob die revolutionären Aufbrüche allerorten direkt zu unterstützen sind oder ob man unter Ausnutzung der Gewaltakkumulation auf die Chance des Sozialismus warten soll. Hier stellt sich auch die Frage nach den Grenzen der Leidensfähigkeit der Menschen in der Dritten Welt und nach der Konsequenz ihrer wachsenden Verbitterung. Könnte nicht die schier endlose Gewalt einen Prozeß in Gang setzen, in dessen Verlauf — nach Veränderung der politischen Vorstellungen durch den Terror — möglicherweise auch Inhalte des angestrebten revolutionären Humanismus verblassen?

»Das Ungute an der Gewalt ist«, gab der schwarze Südafrikaner Can Themba zu bedenken, »daß sie mich selbst brutal macht und dabei gerade das verrotten läßt, was sie erreichen möchte. Sie hinterläßt eine blutige Erbschaft. Wenn wir [...] unsere Kinder in der Tradition der Gewalt aufziehen, so werden sie innerhalb eines Menschenalters [...] zu Urhebern neuer Gewalt. Sie wird es späteren Generationen schwerer machen, den tieferen Wert des Friedens anzuerkennen.«[67]

7. Moskau

Stalin erklärte am 25. September 1946, daß die Atombombe keine so überwältigende Macht darstelle, wie die Militärs meinten. »Die Atombomben sind zur Einschüchterung von Leuten mit schwachen Nerven bestimmt, sie können aber nicht die Geschichte des Krieges entscheiden.«[68] Betrachtet man auf subatomarer Ebene den Gang der Geschichte seit 1945, erweist sich Stalins Dementi als richtig: Sowohl die imperiale Gewalt als auch ihre sozialistische Überwindung haben sich neue Formen der Auseinandersetzung geschaffen. Aber für die Struktur der atomaren Weltpolitik ergeben sich daraus noch keine allgemein politischen Schlußfolgerungen: Die perfide Logik der ›Weltpolitik im Atomzeitalter‹ besteht doch darin, daß sich die Kernwaffenpolitik zwar partiell und abstrakt in ein perfektes Schema logischer Kalkulationen pressen läßt, dieses Gerüst steht jedoch im Dienst einer im ganzen irrationalen Profitpolitik, die die Skala ihrer Mittel auch irrational einsetzt.

Die heutige Politik der UdSSR stellt diese offensichtliche Unberechenbarkeit der westlichen Politik in Rechnung. »Friedliche Koexistenz«, so führte schon Chruschtschow aus, »das muß man richtig verstehen. Die Koexistenz ist die Fortsetzung des Kampfes zweier sozialer Systeme. Aber eines Kampfes mit friedlichen Mitteln, ohne Krieg [...] Man soll diesen Kampf nicht fürchten. Wir müssen entschieden und folgerichtig für unsere Ideen kämpfen [...] Die Verteidiger des Kapitalismus werden ihrer Lebensart selbstverständlich nicht abschwören und ihre Ideologie nicht aufgeben, sie werden kämpfen. Wir sind der Meinung, daß dies ein ökonomischer und ideologischer, aber kein militärischer Kampf ist.«[69] Demnach aber, erläuterte der russische Theoretiker P. N. Fedossejew, »darf man niemals außer acht lassen, daß zwischen den beiden gegensätzlichen Systemen ein unversöhnlicher Klassenantagonismus besteht«.[70] Der Sozialismus kann natürlich den Kampf gegen den Kapitalismus, der wesensbedingt unfriedliche Zustände bringt, nicht aufgeben, ohne damit sein Ziel, die Weltrevolution als solidarischen Frieden, aus den Augen zu verlieren. Fedossejew fährt fort: »Das Prinzip der friedlichen Koexistenz zwischen Staaten verschiedener Systeme bedeutet nicht Verzicht auf den internationalen Klassenkampf gegen den Kapitalismus, bedeutet nicht Verzicht auf den Kampf für nationale Befreiung der Völker.« Aber fixiert die weltrevolutionäre Idee ein für allemal eine bestimmte Form des Ringens um ihre Durchsetzung? Ist nicht die Form des Klassenkampfes vielmehr selber geschichtlichen Veränderungen unterworfen? »Die sozialistischen Länder«, beschreibt daher Kardelj den gegenwärtigen Stand des Klassenkampfes, »können die Welt nur durch ihr eigenes Vorbild, nicht aber durch Einschüchterung und Kriegsdrohung ›erobern‹.«[71] Und er fügt hinzu: »Die Politik der Koexistenz ist gleichzeitig [...] der einzige Weg, den sozialistischen Ländern zu ermöglichen, nicht nur in materieller Hinsicht sich rascher zu entwickeln, sondern auch die Entwicklung der gesellschaftlichen [...] Beziehungen in Richtung höherer sozialistischer Formen zu beschleunigen.«[72]

Die UdSSR erwartet heute, daß die immanenten Widersprüche im Kapitalismus unaufhaltsam Krisen erzeugen. Es ist nur konsequent, daß Moskau an einen flüssigen, aber nicht unbedingt gewaltlosen Übergang des Kapitalismus in den Sozialismus glaubt. Diese Krisen, die den Übergang unabwendbar herbeiführen sollen, werden aber auch die Emanzipation der Dritten Welt beschleunigen; sie lassen sich noch durch militärische Maßnahmen verlangsamen, aber nicht aufhalten. »Befreiungskriege wird es geben«, führt Chruschtschow aus, »solange der Imperialismus [...], solange der Kolonialismus existiert. Das sind revolutionäre Kriege (Vietnam, Algerien, Kuba). [...] Diese Aufstände darf man den Kriegen zwischen Staaten und den lokalen Kriegen aber nicht gleichsetzen, denn bei diesen Aufständen kämpft das Volk um sein Recht auf Selbstbestimmung, auf seine soziale und unabhängige nationale Entwicklung.«[73] Chruschtschow sagte daher solchen ›gerechten Kriegen‹ die volle Unterstützung des Kommunismus zu. Nur: nicht durch externe militärische Hilfe.

Moskau begreift auch nach Chruschtschow die Entwicklung der Geschichte zum sozialistischen Weltfrieden als gesetzmäßigen Prozeß — mit unzähligen Umwegen. Es meint daher auf jeden ›Export der Revolution‹ verzichten zu können, ohne den schon 1960 erhobenen Vorwurf des chinesischen Ministerpräsidenten Liu Ting-yi zu bestätigen, daß es zu den Mächten zu zählen sei, »bei denen aus der Kriegsfurcht die Revolutionsfurcht wird, und die daher, weil sie selbst keine Revolution wollen, dagegen sind, daß andere Völker revoltieren«.[74] Moskau ist seiner Sache so sicher, daß es sogar den Export der Konterrevolution hinnimmt, da auch dieser die Widersprüche des Kapitalismus nur aufdecken kann. In Fedossejews Worten ist ja »die zunehmende Möglichkeit einer friedlichen Entwicklung der Revolution in großem Maße durch den Einfluß des sozialistischen Systems auf die Entwicklung der internationalen revolutionären Kräfte und sozialistischen Bewegungen bedingt«.[75] Die Hoffnung der UdSSR auf einen friedlichen Übergang zum Sozialismus soll zur Hoffnung auf den sozialistischen Frieden überhaupt werden. Die Vorstufen eines allmählichen Übergangs hat schon Stalin beschrieben: »Die internationale proletarische Revolution stellt eine Verbindung von Prozessen dar, die zeitlich und ihrem Wesen nach variieren: rein proletarische Revolutionen; Revolutionen bürgerlich-demokratischen Typs, die sich zu einer proletarischen Revolution auswachsen; nationale Befreiungskriege; koloniale Revolutionen. Die Weltdiktatur des Proletariats tritt erst als Endergebnis des gesamten weltrevolutionären Prozesses ein.«[76]

Die Sowjetunion hat sich also angesichts des atomaren Embargos radikal-revolutionärer Schritte auf eine koexistenzielle Politik eingestellt, die einen Sieg des Friedens als ›peace without victory‹ (W. Wilson) konzipiert. Ihr revolutionäres Billett muß allerdings widersprüchlich wirken, wie Peking Moskau vorhält, erstens weil es möglicherweise die Beständigkeit der reaktionären Gewalt in der westlichen Welt falsch einschätzt. Und zweitens weil es auch die Möglichkeit von Erfolgen einer elastischen kapitalistischen Politik (Ökonomismus) außer acht läßt. Letztlich erhebt sich in Peking der Verdacht, Moskau verhalte sich entgegen aller sozialistischen Erfahrungen im bürgerlichen Sinne pazifistisch. Hier liegt in der Tat eine politische Schwäche des sowjetischen Vorgehens. Trägt es doch durch eine deutliche revolutionäre Passivität dazu bei, die Entfremdung dieser Welt in Form von Unterdrückung, Terror und Krieg zu verlängern. Moskau scheint, wie auch Guerillatheoretiker meinen, saturiert zu sein. Für die russische Perspektive ist jedoch ausschlaggebend: Angepaßt an die Schreckensvision eines möglichen atomaren Krieges und die Unberechenbarkeit der westlichen Politik berücksichtigend, soll auch heute die Politik Moskaus im Rahmen revolutionärer Dialektik weltgeschichtlich progressiv bleiben. Denn angesichts der bedrohlichen Attacken des Kapitalismus bewahrt Moskaus Politik einer Revolution als Wettbewerb den ›gleichgewichtigen Frieden‹ und arbeitet auf dessen Überwindung hin zugunsten einer revolutionären Weltbefreiung als epochale Befriedung.

Im Novemberheft 1968 der Londoner Monatszeitschrift *Encounter* wurde von dem amerikanischen Regierungsberater Z. Brzezinski eine Bestandsaufnahme sowjetisch-amerikanischer Beziehungen versucht. Er postuliert, daß auf der Ebene des Ost-West-Konfliktes nach Konsolidierung der ›friedlichen Koexistenz‹ eine relative diplomatische Symmetrie eingependelt sei. Doch wenngleich kooperativ im Bereich der direkten Konfrontation (seit 1963 wurden zwischen Moskau und Washington mehr Abkommen geschlossen als im vergangenen Jahrzehnt), sei die Dysfunktionalität auf globaler Machtebene nicht beseitigt worden. Befriedigt folgert Brzezinski: die Koexistenzpolitik, von Chruschtschow strategisch als langfristige Überwindung des Kapitalismus entworfen, habe sich kurzfristig für Moskau negativ ausgewirkt.

Indem Moskau sich, verleitet durch rein militärische Logik, auf eine zwischenstaatliche Fixierung des Kampfes gegen den Kapitalismus eingelassen habe (Vorbildpolitik), könnte man sagen, mußte es den neuen Faktor der Weltpolitik, den *Nord-Süd-Konflikt*, als Störung des sensitiven Gleichgewichts des Schreckens einordnen. Befangen in einer orthodoxen Schematisierung der gesellschaftlichen Entwicklung, wurde in Moskau die Politik des *Abwartens* auf eine ›proletarische Revolution‹ in den teils noch feudalen Entwicklungsregionen vereinfacht zu einer Politik unverbindlicher Volksfrontvorschläge für die unterentwickelten Länder im Rahmen einer ›nationalen Revolution‹ (à la Ägypten). Aber evident wird die mehr als nur taktische Absage an den ›proletarischen Internationalismus‹, wenn die UdSSR das ›Schicksal‹ der sozialen Revolutionen in der Dritten Welt allein im Wettbewerb mit dem Spätkapitalismus realisieren will. Die Unterentwickelten werden bei dieser Politik zu neuen Objekten eines *zwischenstaatlichen* sozialistisch-kapitalistischen Machtkampfes um Einflußsphären. Entgegen sozialistischer Tradition wird hier der soziale Kampf wenn nicht gar ersetzt, so doch durch bloß diplomatische Manöver aufgeschoben.

Am Beispiel Brzezinski läßt sich zeigen, daß der Kapitalismus die Sozialrevolution in der Dritten Welt neuerdings ungleich akkurater geortet hat: er bekämpft sie als Teil einer zumindest intentional umfassenden Infragestellung des gesellschaftlichen

Horizontes des kapitalistischen Systems. So rechnet Washington spätestens seit 1960 hier mit einem Konflikt, der parallel zum Diadochenstreit antagonistischer Großmächte abläuft, der aber doch — offensichtlich gegen den Willen des Kreml — vom Sozialismus provoziert wird. Der Pentagonismus wird also durch interne Sozialintervention (counterinsurgency) diese Revolution in den ›gefährdeten Ländern‹ zu stoppen versuchen. Das Fazit? Verpflichtet auf die Diplomatie des Kalten Krieges (qua Koexistenz), eingeschworen auf einen nur bedingt abgesicherten Glauben an die Selbstdestruktion des Kapitalismus, ermöglicht die passive Haltung Moskaus für Washington ein freies Aktionsfeld in der Dritten Welt. Erst spät, erst 1968 auf der Märztagung des internationalen Kommunismus in Budapest, kommentiert M. A. Suslow die Ereignisse in Brasilien, der Dominikanischen Republik oder Griechenland als Teil einer ›neuen kapitalistischen Offensive‹, ohne allerdings eine entsprechende Antwort in Form von nunmehr offener Unterstützung der Sozialrebellen in der Dritten Welt auch nur anzudeuten.

Während also die Abstinenz der UdSSR gegenüber der Mairevolution 1968 in Frankreich noch verständlich ist — Paris liegt eben im neuralgischen Bereich des Ost-West-Konfliktes —, bleibt, so muß es scheinen, die weltrevolutionäre Abseitsstellung Moskaus Zeichen einer Machtpolitik, die sich an die Spielregeln der kapitalistischen Diplomatie hält.

Allein in dieser Konstellation: der ›neuerlichen‹ Aggressivität des Westens und der korrespondierenden Immobilität sozialer Revolutionalität, kann die over-reaction Moskaus in der CSSR verständlich werden als Furcht vor einer Liberalisierung als Rückschritt. Der westliche Vorwurf verfehlt das Problem, wenn hier die Breschnew-Doktrin als militaristisch oder gar anti-sozialistisch angeprangert wird. Denn zum ›diplomatischen‹ Fundus des proletarischen Internationalismus gehört zweifellos, daß das Bestehen ›nationaler Grenzen‹ im Sinne bürgerlicher Herrschaftsgebiete nicht anerkannt wird. Wenn aber, und das schien seit Januar 1968 offensichtlich, im sozialistischen Lager selbst bürgerliche Bestrebungen an Einfluß gewinnen, so ist innerhalb des Blocks die Nichtachtung der Ländergrenzen und die Durchführung gemeinsamer Manöver nur eine diplomatische *Form*frage, aber kein politisches Problem. Jeder Sozialist müßte die Erklärung einsehen, die die *Prawda* am 22. 8. 1968 druckte: »Die Weltreaktion läßt keinen Versuch ungenützt, die Schwächung der Einheit [. . .] auszubeuten.«

Innersozialistisch bleibt allerdings die Frage offen, ob nicht der unrevolutionäre Immobilismus der UdSSR, der strukturell Formen eines Drohstaates bedingt und mit der Angst vor einer militärischen Totalgefahr sämtliche örtlichen Liberalisierungsversuche unterbindet (auch jene, die durch den Neuentwurf einer sozia-

listischen Weltrevolution gerade diese Gefahr abbauen wollen),
ob nicht dieser Immobilismus direkt revisionistische Tendenzen
hervorruft, indem er beim sozialistischen Aufbau über die machtpolitische Taktik die kulturrevolutionäre verhindert.

8. Peking

Aus den Schriften Mao Tse-tungs hat Sebastian Haffner zwei politische Thesen herausgefiltert. Zum einen, so führt er aus, bilde
der revolutionäre Volkskrieg zwar eine Methode, die den klassischen, zwischenstaatlichen Krieg grundsätzlich ausschaltet.
Gleichzeitig aber betont Haffner auch, daß der Volkskrieg bestimmte sozio-psychologische Vorbedingungen kenne, die nicht
generell bestehen können und die noch dazu zumindest begrenzt
durch eine geschickte Reformpolitik ›von oben‹ einzuschränken
oder gar zu beseitigen sind. Entscheidend stellt auch Haffners
Darstellung heraus: der Volkskrieg als solcher bleibt nur ein militärisches Hilfsmittel. Er kann nicht doktrinär zum politischen
Dauerzustand des Sozialismus werden, er kann vor allem nicht
eine sozialistische Gesellschaftspraxis ersetzen. Der Volkskrieg
kann nur unter bestimmten Voraussetzungen Mittel zur Entwicklung des Weltfriedens sein. Auch Haffner folgert in seiner
Darstellung, daß — da die Atombombe politische Macht sichtlich
in Ohnmacht verwandelt — der Siegfriede im Sinne eines brutalen ›gallia pacata est‹ undenkbar geworden sei. Vielleicht könne
daher, so versucht Haffner zu verallgemeinern, das »Unmöglich-
werden der Weltherrschaft [...] der wahre Schlüssel zum Weltfrieden« werden.[77] Wird in Haffners Darstellung aber die soziale
Dynamik dieser Revolution erfaßt? Bedeutet etwa für die Chinesen die einfache Abwesenheit einer Hegemonialmacht tatsächlich
schon Frieden? Haffner stellt, von bürgerlich-pazifistischen Vorstellungen ausgehend, mit seiner These nur das Bild des tradierten ›gleichgewichtigen Friedens‹ auf den Kopf. Wäre dies wirklich
die Absicht des Volkskrieges, dann bliebe die Revolutionalität
ohne ihr universales Ziel, dann gäbe es einmal mehr Putsch um
des Putsches willen. Haffners abstrakte Revolution würde, ebenso wie aus anderen Gründen die Revolution der ›Ultrarevolutio-
näre‹ in der Französischen Revolution, in einem Krieg um des
Krieges willen enden.
Mao Tse-tung hat jedenfalls die Dialektik von Krieg und Revolution, hat den Krieg als Mittel der Revolution und diese als
Werkzeug eines solidarischen Friedens komplexer verstanden.
Thematisch gehört seine Regieanweisung für den Krieg daher zu
den klassischen Texten der Friedensliteratur, weil hier der Krieg
eine neue soziale Rolle erhält: »Die Entwicklung der menschlichen Gesellschaft wird letzten Endes [...] zur Aufhebung des
Krieges — dieser ungeheuren gegenseitigen Vernichtung der

Menschheit — führen«, schrieb der Revolutionär Mao Tse-tung 1936. »Aber es gibt nur ein Mittel zur Aufhebung des Krieges; es besteht darin, mit Krieg gegen den Krieg zu kämpfen: mit dem revolutionären Krieg gegen den konterrevolutionären Krieg. [...] Alle konterrevolutionären Kriege sind ungerechte Kriege, alle revolutionären gerechte. Der Epoche der Kriege in der Geschichte der Menschheit wird durch unsere Hände ein Ende gemacht werden, und der Krieg, den wir führen, ist [...] ein Teil des letzten Krieges. Aber der Krieg, der uns bevorsteht, [...] wird ein Teil des größten und erbittertsten aller Kriege sein. [...] Das Banner des gerechten Krieges der Menschheit ist [...] die Rettung der Menschheit. [...] Der Krieg wird die Brücke werden, über die die Menschheit in eine neue historische Epoche schreiten wird. Wenn die menschliche Gesellschaft im Verlauf ihrer Entwicklung zur Aufhebung der Klassen, zur Aufhebung des Staates gelangt, dann wird es keinerlei Kriege mehr geben — weder konterrevolutionäre noch revolutionäre. [...] Das wird die Epoche des ewigen Friedens für die Menschheit sein. Beim Studium der Gesetze des revolutionären Krieges gehen wir von dem Bestreben aus, alle Kriege aufzuheben.«[78]

Peking wirft Moskau bekanntlich vor, seit 1957 durch seine Politik dazu beizutragen, die Leiden der unterdrückten Völker zu verlängern. Darüber hinaus werde durch Koexistenz noch nicht einmal die eminente Gefährdung Moskaus durch den Kapitalismus beseitigt. Ein Erfolg des Westens im Kampf gegen die soziale Revolution der Dritten Welt müsse auch das System von 1917 gefährden. Aber ein Fortschritt dieser sozialen Emanzipation, ob die UdSSR nun passiv bleibt oder nicht, geht in jedem Fall Risiken ein, weil er den nuklearen Gegenzug der kapitalistischen Seite heraufbeschwören kann. Scheint überdies nicht der ökonomische Akzent der Gesellschaftspolitik Moskaus, der eine verungleichende Leistungsgesellschaft bürokratisch verfestigt, auf ein Embourgeoisement der UdSSR hinzuweisen, das die chinesischen Vorwürfe einer herrschaftsbetonten Klassengesellschaft erhärtet? Moskau zeigt sich diesen Vorwürfen gegenüber hilflos, denn sie decken — nicht nur in den Augen der Dritten Welt — tatsächlich einen immanenten Mangel der russischen Politik auf. China aber hat es vorläufig geschafft, Ansätze einer Parteihierarchie durch die Kulturrevolution zu ersticken.

Ein Blick auf die politische Praxis jedoch zeigt, daß Peking hinter den eigenen revolutionären Thesen zurückbleibt. Nicht nur, daß es bisher kaum in der Lage war, den vielfältigen revolutionären Lagern wirksame internationale Hilfe zu gewähren. Nicht nur, daß viele seiner revolutionären Schritte (Ghana, Indonesien) an seiner starren Politik scheiterten. Auch das chinesische Verhalten im Vietnamkrieg zeigt, daß Peking nicht gewillt ist, im Sinne eines unbedingt kriegstreibenden Revolutionarismus seinen eigenen Aufbau und seine Zukunft aufs Spiel zu setzen. China hat — wie im Koreakrieg, so auch heute — keineswegs die Absicht, einen expansiven Volkskrieg zu starten, der unweigerlich den Krieg atomar eskalieren würde, so daß alle Völker die Unterlegenen wären. Auch China weiß sehr genau, daß die Kernwaffe keinen Klassenbegriff kennt.

Als fester Kern der Auseinandersetzung zwischen Moskau und Peking bleiben daher:

1. eine ernste theoretische Kontroverse über die Schwerpunkte, die zur Unterstützung des weltweiten Sozialismus zu setzen sind;

2. eine daraus resultierende und sich darin steigernde Rivalität über die Rolle eines Lehrmeisters der Weltrevolution;

3. eine Differenz über die Methoden der politischen Kontrolle vergesellschafteter Produktionsmittel, also eine unterschiedliche Auffassung über Widersprüche im Sozialismus selbst; und

4. ein verschiedener Grad der gesellschaftlichen Liberalität, der der jeweils spezifischen Fortentwicklung der ›Diktatur des Proletariats‹ zur Demokratie des Volkes entspringt.

Darüber hinaus ist China heute noch bereit, außenpolitisch größere Risiken als Moskau einzugehen. Peking argumentiert nicht ganz zu Unrecht, daß, wenn sich die UdSSR durch die Atombombe zum Stillhalten zwingen lasse, die Kernwaffe doch die gleiche hemmende Wirkung auf die USA haben müsse. Außerdem hat Peking erkannt, daß die Nuklearwaffe an sich nicht imstande ist, die sozialistische Emanzipation der Dritten Welt direkt zu behindern. Deshalb gilt die Atombombe als ›Papiertiger‹, gerade weil man sich klargemacht hat, daß ihre Vernichtungskraft uneinsetzbar ist. »Alle Reaktionäre sind Papiertiger«, so hatte Mao Tse-tung schon 1946 betont, »sie sehen furchterregend aus, aber in Wirklichkeit besitzen sie keine besondere Kraft. Auf längere Sicht betrachtet, gehören die wirklich gewaltigen Kräfte dem Volk, nicht aber den Reaktionären.«[79] Weil auf der subatomaren Ebene die Atomwaffen politisch hilflos wirken, kann Liu Ting-yi 1960 ausrufen: »Alle Mittel der Revolution, alle Formen des Kampfes, die illegalen wie die legalen, die blutigen wie die unblutigen, die wirtschaftlichen, politischen, militärischen wie ideologischen — sie alle dienen dem Zweck, beständig die revolutionäre Inbrunst des Volkes zu schüren und die Massen zu mobilisieren [. . .]«[80] Da sich dieser revolutionäre Befreiungskampf auf der unteren Ebene einer ansonsten atomaren Diplomatie abspielt, erweist sich die Atomwaffe als »ein Papiertiger, mit dem die amerikanischen Reaktionäre die Menschen einschüchtern. Er sieht furchterregend aus, aber in Wirklichkeit ist er es nicht. Natürlich ist die Atombombe eine Waffe des Massenmordes. Aber über Sieg und Niederlage der Revolution entscheidet das Volk.«[81]

Wie immer man dieses Konzept beurteilt, die chinesische Ansicht unterschätzt jedenfalls in den Augen Moskaus die Irrationalität eines atomaren Gleichgewichts des Schreckens, das jederzeit aus der Labilität in die Fragilität abgleiten kann.

Zusammenfassend läßt sich sagen: Auch Pekings weltrevolutionäres Modell will den Weltfrieden ohne den ›großen Krieg‹ sichern. Es kann auch keine Welteroberungspläne kennen, da es sich — wie Mao Tse-tung wiederholt versicherte — im Sinne der von ihm erfolgreich geführten chinesischen Revolution nur auf das Volk stützen kann. Peking erkennt jedoch deutlicher als Moskau, daß die unaufhaltbar drängende Emanzipation der Dritten Welt eine rasche Lösung fordert. Dort liegt daher aus seiner Perspektive nicht nur der schwächste Punkt in der Kette der kapitalistischen Macht, dort auch wächst vor allem bei einer weiteren Verschleppung der Befreiung und Befriedung die schwerwiegendste Gefährdung des ›gleichgewichtigen Friedens‹. Dort liegt also auch der wirkliche Hebel zur Überwindung des Kapitalismus! »Gegenwärtig ist das Hauptkampfgebiet des erbitterten Ringens der Völker der ganzen Welt [. . .] der weite Raum von Asien, Afrika und Lateinamerika«, betonte Lin Piao. »Der Widerspruch zwischen den revolutionären Völkern [. . .] auf der einen und dem Imperialismus [. . .] auf der anderen Seite ist in der heutigen Welt der Hauptwiderspruch.«[82] In dieser Auseinandersetzung gehört ›den Waffen‹ nicht mehr unbedingt das Hauptgewicht, da — im übertragenen Sinne — die revolutionäre Mobilität der Völker selbst zur Waffe der Geschichte geworden ist. Für diese Revolution lehnt Mao Tse-tung Kriege im tradierten Sinne, nämlich als zwischenstaatliche Eroberungen, prinzipiell ab. »Genosse Mao Tse-tung«, versicherte Dung Ming, »[. . .] ist der Ansicht, daß Waffen eine wichtige, aber nicht die entscheidende Rolle im Krieg spielen und daß der fundamentale Faktor, der den Ausgang des Krieges bestimmt, der Mensch ist und nicht die Waffe.«[83] Die revolutionierten Massen werden, wie Lin Piao in einer seiner zentralen Reden am 3. 9. 1965 voraussetzt, die Basen der kapitalistischen Macht mit der Zeit einkreisen und sie damit von ihren Regenerationsgebieten abschneiden. Die Massen in den kapitalistischen Ländern selbst müssen dann inmitten einer revolutionären Welt, so sieht es diese Theorie vor, ihre Herren stürzen — wie die Bourgeoisie im 18. Jahrhundert den Adel ablöste, als er politisch obsolet und sozial hemmend geworden war. Die Völker werden endlich die bourgeoisen Eliten aus der Macht entfernen und die Neuverteilung des gesellschaftlichen Vermögens sozialistisch vornehmen. Sie werden keine Kriege mehr zulassen.

In der Kritik der Koexistenzpolitik Moskaus berührt Peking offene Punkte der russischen Argumentation. Besagt doch die Definition des Kapitalismus, wie sie seit Marx gebräuchlich ist, daß der Kapitalismus seinem Wesen gemäß dynamisch und aggressiv sein muß. Alle Anstrengungen des Sozialismus müssen folglich darauf gerichtet sein, zur Sicherung des Weltfriedens die gesellschaftlichen Zustände zu überwinden, die den Kapitalismus stützen. Aber da im Zeitalter der atomaren Angst Kriege keine »Schnellzüge der Weltgeschichte« (Marx) mehr sein können, muß der Frieden zwar nicht ohne Gewaltanwendung, aber ohne Kriege im tradierten Sinne aufgebaut werden. Die endgültige Beseitigung der gesellschaftlichen Anlässe zum Krieg kann erst eine sozialistische Weltgesellschaft einleiten, während der koexistenzielle Zustand eines ›Friede trotz Krieg‹ (H. von Borch) jederzeit zerbrechlich ist. Außerdem existiert vorerst Gewalt in Form lokaler Feldzüge gegen alle Arten der freiheitlichen Emanzipationsbewegungen unbehindert fort. Weswegen Mao Tse-tungs dynamisches Konzept der Weltrevolution die Taktik ihres notwendigen Vorgehens umschreibt: »Die [. . .] Verteidigung der Revolution entbehrt jeden Sinnes, wenn sie den Angriff nicht direkt oder indirekt fördert.« Man muß daher den Weltsozialismus »festigen und dabei erweitern«.[84]

In chinesischer Sicht jedenfalls ist deutlich: Angesichts der Ausbeutung, des Elends und der fortschreitenden Verfeindung auf dieser Erde wäre es Zynismus, keine aktive Strategie zu entwickeln, die eindeutig diesen Zustand überwinden hilft. Wer passiv auf eine revolutionäre Reifung des Sozialismus in der Welt wartet, wer dem Kampf um Frieden nicht mit allen Kräften hilft, wirkt nicht vorbildhaft, achtet den mitreißenden Schwung, das Pathos der menschlichen Tat gering. Schon heute verliert die UdSSR deswegen an Ansehen in der Dritten Welt, schon heute zählt sie zu den verbürgerlichten Industrieländern, die im Sinne Lin Piaos ›eingekreist‹ werden müssen.

Hier ist der Ussuri-Konflikt vom Frühjahr 1969 politisch anzusiedeln. Er kennzeichnet einen Kulminationspunkt der Auseinandersetzung zwischen Moskau und Peking. Wie Lin Piao am 1. April vor dem IX. Parteitag der KPCh darstellte, handelt es sich in dieser Frage nicht primär, sondern politisch nur in zweiter Linie um die Revision ›ungleicher Verträge‹, deren Neuregelung schon am 27. 12. 1920 von der Sowjetregierung unter Lenin versprochen worden war. Es war also keineswegs eine machtpolitisch-militärische Konfrontation mit dem Ziel kriegerischer Gewinne, wie die westliche Presse den Konflikt ausgedeutet hat. Vielmehr inszenierte dieser Eklat gewaltsam und endgültig das Abstandnehmen Pekings vom ›Sowjetrevisionismus‹, ist also als Auseinandersetzung über die Politik der ›friedlichen Koexistenz‹ zu interpretieren. Peking durchschaut die verheerenden Folgen sowjetischer Zurückhaltung gegenüber der revolutionären Dritten Welt und prangert mit ihr gemeinsam, artikuliert schon 1964 in Genf durch Che Guevara, Moskaus Anerkennungspolitik kapitalistischer ›Tauschverhältnisse‹ auf dem Weltmarkt an. Und Peking weist wohl auch nicht zu Unrecht darauf hin, daß Moskaus Kooperation mit dem Westen (als Folge waffentechnischer Drohrealität) Züge einer Konvergenz an den Kapitalismus trage. Denn indem Moskau sich aus dem Dilemma sozialistischer Außenpolitik, nämlich einerseits mit dem Gegner verhandeln, andererseits ihn aber doch bekämpfen zu müssen, spätestens seit dem II. Weltkrieg in der Weise löste, den revolutionären Kampf als objektiven Verfallsprozeß des Kapitalismus zu diagnostizieren (den man allein durch den Vorbildcharakter des sozialistischen Gesellschaftsmodells zu beschleunigen hofft), sichert die Sowjetunion zwar momentan den *Frieden für sich*, verlängert aber das Elend in der unterentwickelten Welt. Moskaus Immobilismus, so mutmaßt Peking, ist dialektisch der Ausdruck seines eigenen gesicherten Sozialstatus. *Politik betreiben nur die Reichen, die Armen müssen revolutionieren.* Der Zusammenprall am Ussuri soll deshalb nicht allein für die Völker der Dritten Welt das Fanal sein, daß Peking als opinion-leader der Entrechteten dieser Erde den ›sozialistischen Verrat‹ (Tschou En-lai) an der Revolution nicht mehr duldet. Die sozialistischen Bürokraten sollen lernen, so will es die KPCh, daß konterrevolutionäre Verhärtungen überall mit Gewalt zu beseitigen sind, damit sich der Sozialismus in einer noch-reaktionären Umwelt durchsetzen kann. Das weltrevolutionäre Friedenskonzept Pekings lautet unterdessen: »Betroffene aller Länder, vereinigt euch mit den Unglücklichen und mit den unterdrückten Nationen, tretet entgegen jener westlichen Aggression aus Gier und Angst. Ringt nach Weltfrieden, nach nationaler Selbstbestimmung und nach Volksdemokratie. Festigt und stärkt den Fortschritt der Gerechtigkeit. Realisiert schrittweise den vollen Sieg der [. . .] Weltrevolution und errichtet eine neue Welt [. . .] ohne Ausbeutung!«[85] »In der Entwicklung der internationalen Lage wird es zwar unvermeidlich verschiedene Zickzackwege und Umkehrungen geben, die allgemeine Tendenz zur Weltrevolution [. . .] ist jedoch unabänderlich.«[86]

9. Süd versus Nord

»Es wird einen wundersamen Reiz gewähren, wenn die Weltgeschichte einmal von dem Sohn einer farbigen Rasse geschrieben werden sollte. Dann wird mit den Europäern Abrechnung gehalten werden, die auf ihren Wegen durch ein Meer von Blut gewatet sind.« Seit der Historiker Heinrich Friedjung[87] 1919 diese Abrechnung imaginierte, ist sie in immer neuen Anläufen versucht worden. Doch war sie bisher durchschlagend? Schon die oberflächliche Sichtung vorliegender Sozialdaten verneint diese Frage. Bedingt durch politische Differenzen und Veränderungen im Kapitalismus selbst hat sich auch die diplomatische Form der Herrschaft über schwache Weltregionen gewandelt. Die Selbstregierung als äußere Form hat sich allgemein durchgesetzt, Restkolonien Portugals oder Hollands werden allerseits im Westen nur geduldet. Dennoch bestätigt die trostlose ökonomische Situation fast sämtlicher Länder der ›Dritten Welt‹ (die 80 Prozent der Menschheit umfassen) soziologische Analysen, daß die entschiedene Politik wirtschaftlicher Dominanz jene Zonen nach wie vor hilflos dem Fatum fremder Habsucht ausliefert. Die Korrelate einer von US-Staatssekretär John Hay 1900 artikulierten Politik: »We must take what we can and give nothing«[88] zwingen die armen Nationen, sich militant der negativen Realität anzupassen. Insofern sind beide Strategien, sowohl die Moskaus als auch die Pekings, für die anti-imperialistische Befreiung politisch nahezu irrelevant; insoweit spielt die Streitfrage ›Moskau oder Peking‹ in Afrika, Lateinamerika und Asien nicht bezüglich historischer Taktiken, sondern nur auf dem Gebiet benötigter auswärtiger Hilfe eine Rolle.

»Die Schwachen sind eine ebenso große Gefahr für die Starken wie Treibsand für den Elefanten«, dieser Analogieschluß Indira Gandhis von 1968[89] allerdings vermag kaum eine entscheidende Verunsicherung imperialer Profitpolitik zu leisten. An den common sense der Industrienationen appellierend mag Indira Gandhi zwar eine realpolitische Warnung aussprechen: die Bedrohung von Sicherheit und Ordnung des kapitalistischen Westens durch den Fortschritt des Elends in der Welt. Aber unter Aussparung gerade des privatnützigen Charakters westlicher Politik (per Entwicklungshilfe / Militärhilfe / Kapitalexport) wird hier verschleiert, daß kapitalistische Politik ›naturgemäß‹ irrational agiert, daß sie um kurzfristiger Gewinne willen langfristig Chaos in Kauf nimmt. Übersehen wird von Ministerpräsidentin Gandhi ebenfalls, daß sich westliche Wirtschaftspolitik auch vorrational motiviert, so daß die Selbstrechtfertigung der eigenen Politik nicht allein für den interior circle eine egoistische Frage der Effizienz ist, sondern auch für die mitlaufenden Massen. Die politische Ontologie des Kapitalismus geht sozialdarwinistisch von der Natürlichkeit des Ausnutzens (über den ›freien‹ Tauschverkehr) eines zum Warenanhang reduzierten ›Partners‹ aus.

Die Dritte Welt trifft bei ihrem zeitgemäßen Emanzipationskampf heute auf strukturelle Hindernisse, die zwar regional variieren (so daß gesellschaftspolitisch der Kampf örtlich unterschiedlich motiviert werden muß), die aber gleichermaßen dadurch bedingt sind, daß

— global ein atomares Patt herrscht,
— der Kapitalismus heute weltweit und elastisch reagiert,
— keine externe Schwächung (Nachkriegssituation) des kapitalistischen Systems vorliegt.

Insofern scheint jede reformerische Haltung, sobald sie freiheitliche Tendenzen vertritt, durch den expansiven Kapitalismus von vornherein zum Scheitern verurteilt; wohingegen das revolutionäre Modell gesellschaftspolitischer Freisetzung wie eh und je darauf angewiesen ist, undoktrinär erfolgversprechende Strategien zu entwickeln und taktische Verbündete zu finden.

Entsprechend der politischen Machtverteilung in den Ländern der Dritten Welt stimmen Gruppen dieser Nationen für Reform oder Revolution. Die Patrioten der Dritten Welt unterscheiden sich durchaus in bezug auf den Praxisbegriff: Wie kann die weitgehend gleichlautende *Analyse* der sozialen Deklassierung — wie sie der liberale Generalsekretär der *United Nations Conference on Trade and Development*, Raúl Prebisch, seit Jahren propagiert — durch eine *Praxis* abgelöst werden, die Ursache und Wirkung der wirtschaftlichen Deformation dieser Gebiete aufhebt? Die Antworten lassen sich nach dem Grad ihrer Komplexität klassifizieren:

Die *Reformer* schätzen die externe (historische und akute) Verschuldung wirtschaftlicher Fehlentwicklung gering oder verschweigen sie; ihre Analyse umgeht außerdem den gesamtgesellschaftlichen Aspekt, für Änderungen rechnen sie mit der Gutwilligkeit der Herrschenden, die Kooperation von Interesse und Status verschwimmt. So sind ihre Vorschläge, wie sie sich in den Konferenzprotokollen von Genf (1964) und Neu-Delhi (1968) finden, doppelt vage. Einerseits kann ihnen keine Neustrukturierung gesellschaftlicher Investitionen gelingen, weil die politische Machtverteilung unbedacht bleibt; zum anderen setzt sich ihre Argumentation abstrakt den handelspolitischen Druckmitteln der bestehenden Weltwirtschaftsverhältnisse aus. So enthalten ihre Vorschläge zwar für sich genommen sinnvolle Punkte, die reformerisch aber unrealisierbar bleiben:

— Vergrößerung des Warenumsatzes der Dritten Welt;
— Abschluß *langfristiger* Verträge über den Ankauf von Rohstoffen, um die Preise und den Warenumsatz zu stabilisieren;
— Möglichkeiten für die Entwicklungsländer, ihr aktives Handelssaldo in einem sozialistischen Land für Warenkäufe zu verwenden;
— Aufhebung der Zölle für Fertigerzeugnisse und Halbfabrikate;
— Bevorzugung des Warenimports aus den Entwicklungsländern;
— Verkauf von Maschinen und Ausrüstung auf Kredit, der durch Eigenerzeugnisse der Entwicklungsländer zu tilgen ist;
— Abstoppen des *brain drain* dieser Länder.

Viele Delegierte in Neu-Delhi (wie schon Guevara 1964 in Genf) bezeichneten dieses rein ökonomische Minimalprogramm so lange als undurchführbar, als nicht Hand in Hand damit eine soziale und gesellschaftspolitische Reform eingeleitet wird, die heute nur noch revolutionär realisierbar scheint.

Die ›Revolutionäre‹, zwar untereinander uneinig, halten die Komplexität der Praxisfrage aufrecht. Bei aller Differenz findet sich eine gemeinsame Basis: Es wird (a) die externe Abhängigkeit lokaler Gewaltregierungen hervorgehoben, so daß die Interdependenz von punktueller Auflehnung und überregionaler Konterrevolution erkannt wird; gleichzeitig wird (b) durchschaut, daß die bestehende Wirklichkeit durch einen vielschichtigen Prozeß der Verdummung auch für die verelendeten Massen nicht nur undurchschaubar, sondern vor allem unaufhebbar ist. Daher wird Voraussetzung jeder Strategie, daß das Bestehende nicht mehr nur argumentativ aufzubrechen ist, sondern hauptsächlich durch Kampf in Frage gestellt werden kann, wobei diese contestation gleichzeitig neue, menschliche Organisationsstrukturen erstellt.

Der anstehende Kampf der Dritten Welt nimmt insofern inhaltlich das liberale Versprechen europäischer Provenienz auf, das nach der eigenen Sättigung Brüderlichkeit versprach. Kampf wird zum Entrée-Billett in eine neue Gesellschaft.

Anmerkungen

1 *Die Schildwache*, Altona 1796/1797, 1. Stück, S. 73.

2 ›Obskuranten-Almanach auf das Jahr 1798‹, Paris 1798, S. 286.

3 ›The Rights of Man‹, in: ›The Basic Writings of Thomas Paine‹, New York 1942, p. 130.

4 Zit. Maxime Leroy: ›Histoire des idées sociales en France‹, 3 Bde., Paris 1947/1954/1962, Bd. I, p. 44.

5 *Über die Folgen des Friedens in Bayern*, Flugblatt, wahrscheinlich aus dem Jahre 1801 in der Bayrischen Staatsbibliothek (München), zit. Heinrich Scheel: ›Jakobinische Flugschriften aus dem deutschen Süden Ende des XVIII. Jahrhunderts‹, Berlin 1965 (Quellenedition), S. 461–489, a. a. O., S. 473.

6 ›Reflections on the Revolution in France‹ (1790) (ed. Grieve), London 1960, p. 75.

7 ›L'esprit de la Révolution‹ (1791) (ed. Mandrou), Paris 1963, p. 15.

8 Zit. Scheel (Anm. 5), S. 473.

9 »Nous sommes dans le circonstances hostiles, offensives«, Rede vom 20. 1. 1792 (Sonderdruck), p. 2 f.

10 In: ›Die Sansculotten von Paris, Dokumente zur Geschichte der Volksbewegung 1793–1794‹, ed. W. Markov/A. Souboul, Berlin 1957, S. 218–237.

11 ›La République universelle ou Adresse aux Tyrannicides, Paris L'an quatre de la République‹ (1793), p. 20.

12 »Pour fonder et consolider la démocratie, il faut terminer la guerre« (7. 2. 1794), zit. Georges Michon: ›Robespierre et la guerre révolutionnaire‹, Paris 1937, p. 134.

13 »C'est parce qu'on veut la paix, qu'on demande la guerre«, am 1. Januar 1793 (Bibliothèque Nationale, Lb. 40/p. 669).

14 ›Psychologie der Massen‹, Stuttgart 1961, S. 2.

15 ›Frühschriften‹, (ed. Landshut), Stuttgart ²1953, S. 399.

16 a. a. O., S. 170.

17 Lenin: ›Ausgewählte Werke‹, Moskau 1947, Bd. II, S. 791.

18 ›Ausgewählte Werke in 12 Bänden‹, Wien/Berlin, Bd. VI, S. 18.

19 H. Engelmann: ›Vom Wesen und Mythos des Krieges‹, in: ›Beiträge zur Kritik der gegenwärtigen bürgerlichen Geschichtsphilosophie‹ (ed. R. Schulz) Berlin 1951, S. 424.

20 a. a. O. Vgl. F. Engels: ›Der Ursprung der Familie, des Privateigentums und des Staates‹, (¹1884) Berlin 1951, S. 169.

21 ›Kleinere Schriften zur Geschichtsphilosophie, Ethik und Politik‹, Hamburg 1959 (ed. Vorländer), S. 149.

22 ›Sämtliche Werke‹, Wien/Berlin, Bd. XXV, S. 548.

23 Zit. Michon (Anm. 12), p. 134 (18. 11. 1793).

24 ›Der Mensch in der Revolte‹, Reinbek 1964, S. 320.

25 ›Gegen Faschismus und imperialen Krieg‹, Berlin 1955, S. 13.

26 Zit. S. Leonhard: ›Gestohlenes Leben‹, Stuttgart 1959, S. 666.

27 ›Terrorismus und Kommunismus‹, Berlin 1919, S. 147.

28 ›Engels an K. Kautsky‹ (›Brief über koloniale Fragen‹), 12. September 1882, in MEW XXXV, S. 358.

29 Zit. Bochenski/Niemeyer: ›Handbuch des Weltkommunismus‹, Tübingen/Freiburg 1958, S. 566.

30 ›Kleine historische Schriften‹, München 1913, S. 566.

31 ›Über den Kampf um den Frieden‹, Berlin 1950, S. 17.

32 ›Critical and Historical Essays‹, 3 Bde. (London 1852), Vol. I, p. 198.

33 Zit. W. P. Potjomkin (ed.): ›Geschichte der Diplomatie‹, 3 Bde., Moskau 1947, Bd. III, S. 209 f.

33 a ›Rechenschaftsbericht an den XX. Parteitag‹, Berlin 1956, S. 41

34 Zit. Die Welt, 29. 11. 1961, S. 4.

35 ›Werke XXIII‹, Berlin 1960, S. 76.

36 ›Ausgewählte Schriften in 4 Bänden‹, Berlin 1957, S. 191 f.

37 Der Plan der Petersburger Schlacht (31. 1. 1905), Lenin: ›Sämtliche Werke‹, Wien/Berlin 1929, Bd. VII, S. 122.

38 Surindar Suri: ›Der Kommunismus in Südostasien‹, Hildesheim 1965, S. 36.

39 ›Lieber weniger, aber besser!‹ (4. 3. 1923), in: ›Über Krieg, Armee und Militärwissenschaft‹, Berlin 1959, Bd. II/2., S. 832 f.

40 ›America and the World Revolution‹, London 1962, p. 16.

41 Congress Record, 80th Congress, 1st session, 1951.

42 Walter Lippmann: ›The Public Philosophy‹, London 1955, p. 57 ff.

43 ›Glanz und Bürde‹, Düsseldorf 1964, S. 465.

44 ›Die Verdammten dieser Erde‹, Frankfurt a. M. 1966, S. 71.

45 Time Essay: ›The Morality of War‹, 20. 1. 1967, p. 40 ff. hier p. 40.

46 ›The American Crisis‹, Commentary 1 (1967), p. 31 f; 41.

47 ›The Obligations of Power‹, New York 1966, p. 14 f; p. 135.

48 The Reporter, 3. 11. 1966, p. 20.

49 Zit. Richard Hofstadter: ›The American Political Tradition‹, New York 1960, p. 213.

50 Interview mit I. McDonald vom 31. 1. 1958.

51 ›India's Foreign Policy, in Selected Speeches, 1946–1961‹, New Delhi 1961, p. 79 (Rede vom Dezember 1958).

52 Stanislaw Ossowski: ›Klassenstruktur im sozialen Bewußtsein‹, Neuwied/Berlin 1962, S. 213.

53 Burke (Anm. 6), zit. S. IX.

54 Zit. Hsinhua, Selected News Items, Nr. 16 (17. 4. 1967), p. 12.

55 Suri (Anm. 38), S. 38.

56 Lenin: ›Die proletarische Revolution und der Renegat Kautsky‹, in: ›Ausgewählte Werke‹ (Berlin), Bd. II, S. 461.

57 New York Times, 23. 9. 1960, p. 2.

58 F. D. Roosevelt's First Inaugural Address (4. 3. 1933), zit. nach H. S. Commager: ›Documents of American History‹, New York ³1943 (2 Bde. in einem Bd.), Teil II, p. 420.

59 ›Der Weg zum Frieden‹, Düsseldorf 1961, S. 24 f (25. 6. 1961).

60 Rede vom 19. 4. 1961, Frankfurter Allgemeine Zeitung, Nr. 92 (1961), und Die Welt vom 20. 4. 1961.

61 New York Times, 17. 10. 1961, p. 1.

62 Die Welt, 12. 4. 1961.

63 ›Für den Sieg im friedlichen Wettbewerb mit dem Kapitalismus‹, Berlin 1960, S. 154.

64 Rede Kennedys vor der Universität in Washington (10. 6. 1963) (zit. in Klaus Schoenthal: ›Der Neue Kurs. Amerikas Außenpolitik unter Kennedy 1961–1963‹, München 1964, S. 143–151, hier S. 147).

65 Edvard Kardelj: ›Vermeidbarkeit oder Unvermeidbarkeit des Krieges‹, Reinbek 1961, S. 133.

66 P. A. Baran: ›Unterdrückung und Fortschritt‹, Frankfurt a. M. 1966, S. 69.

67 ›Zwielicht‹, in F. Duve (ed.): ›Kap ohne Hoffnung oder Die Politik der Apartheid‹, Reinbek 1965, S. 150.

68 25. 9. 1946, zit. René Ahlberg: ›Weltrevolution durch Koexistenz‹, Berlin 1962, S. 46.

69 10. 10. 1959, zit. Ahlberg (Anm. 68), S. 53.

70 Zit. Ostprobleme (1966), S. 255 (aus Prawda vom 16. 3. 1966).

71 Kardelj (Anm. 65), S. 98.

72 a. a. O., S. 97.

73 Zit. Probleme des Friedens und des Sozialismus, Heft 1 (1961), S. 14.

74 Rede vom 22. 4. 1960, News China Agency, 23. 4. 1960.

75 Fedossejew: ›Die Dialektik der gegenwärtigen gesellschaftlichen Entwicklung‹; in: Ostprobleme (1966), S. 359.

76 Zit. Bochenski/Niemeyer: ›Handbuch des Weltkommunismus‹, Tübingen/Freiburg 1958, S. 104.

77 Vorwort zu Mao Tse-Tung: ›Theorie des Guerillakrieges‹ (ed. S. Haffner), Reinbek 1966, S. 5–34, a. a. O. S. 34.

78 ›Strategische Fragen des revolutionären Krieges in China‹, Berlin 1955, S. 9 f.

79 Zit. Peking Rundschau, Nr. 37 (1966), S. 10.

80 Rede vom 22. 4. 1960, zit. News China Agency vom 23. 4. 1960.

81 ›Proletarier aller Länder, vereinigt euch gegen den gemeinsamen Feind‹, Peking 1963, S. 51.

82 ›Es lebe der Sieg im Volkskrieg!‹, Peking Rundschau, Nr. 37 (1965), S. 28

83 ›Die revolutionäre Strategie des Volkes wird sicherlich über die konterrevolutionäre Strategie des US-Imperialismus triumphieren‹, Peking Rundschau, Nr. 37 (1966), S. 9.

84 ›Ausgewählte Schriften in 4 Bänden‹, Berlin 1957, Bd. II, S. 101 und S. 116 f.

85 Ein Vorschlag zur Generallinie der internationalen kommunistischen Bewegung, in: ›Die Polemik über die Generallinie der internationalen kommunistischen Bewegung‹, Peking 1965, S. 37.

86 Kommuniqué der 11. Plenartagung des 8. ZK der KPdCh (12. 8. 1966), Peking Rundschau (1966), S. 7.

87 ›Das Zeitalter des Imperialismus‹, Leipzig 1919, S. 15.

88 W. R. Thayer: ›The Life & Letters of John Hay‹, Boston/New York 1915, 2 Bde., II, p. 247

89 Bulletin der indischen Botschaft Bonn, März 1968, Bd. 18, S. 3.

Dokumente

Die hier vorgelegten Quellentexte sind nicht nur zur revolutionären Erbauung gedacht. Sie sollen vielmehr die Gewißheit beleuchten, die sich als roter Faden durch die Revolutionen der Neuzeit zieht, die Gewißheit, die den revolutionären Aufbruch nicht einmalig und vorübergehend sein läßt, sondern Indiz eines neuen Bewußtseins, sichtbares Zeichen der Überzeugung ist, daß die Befreiung des Menschen aus unwürdigen Zuständen vom Menschen selbst verlangt wird.

Der Bogen reicht von Kant bis Havemann und spiegelt mithin den Facettenreichtum revolutionärer Geistesgeschichte. Vom idealistischen Anfang bis zur sozialistischen Taktik zeigen alle Stimmen, daß die selbstverschuldete Unmündigkeit der Menschen in allen Gesellschaften nur dominiert, solange überwältigende Macht, pessimistisches Menschenbild und eine gesteuerte Verdummung als natürlich hingenommen werden.

Die Chronik der Revolution läßt drei Etappen erkennen. Die Texte 1 bis 7 feiern die neue Menschheitsstufe, die mit der Französischen Revolution erreicht wurde. Die Verelendung der Massen in der Zeit des Frühkapitalismus und damit die Voraussetzung der proletarischen Revolution ist Thema der Texte 8 bis 11. Unter Ausklammerung der Errungenschaften der europäischen Arbeiterbewegung und der Oktoberrevolution dann der Sprung ins 20. Jahrhundert mit seiner Wiederholung der frühkapitalistischen Verhältnisse in kontinentalen Dimensionen: die Texte 12 bis 21 spiegeln die revolutionären Erfahrungen der Dritten Welt, deren glückliche Wendung heute wie lange vor Vietnam noch aussteht, obwohl Erfolge und Entschlossenheit einer weltweiten Guerilla eine sozialistische Epoche anzukündigen scheinen.

1 Kant	(1794)	Die Revolution eines geistreichen Volks
2 Paine	(1791)	Eine neue Ära der Menschheit
3 Robespierre	(1793)	Herrschaft der Gerechtigkeit
4 Sansculotten	(1793)	Völlige Rechtsgleichheit aller Bürger
5 Babeuf	(1795)	Daher muß man sie fortsetzen, diese Revolution
6 Aufruf	(1794)	Die Reize der Freiheit
7 Hegel	(1837)	Ein herrlicher Sonnenaufgang
8 Büchner	(1834)	Friede den Hütten! Krieg den Palästen!
9 Marx	(1867)	Was ist ein Arbeitstag?
10 Marx	(1844)	Das Proletariat vollzieht das Urteil
11 Heine	(1855)	Die alte Gesellschaft ist gerichtet
12 Trotzki	(1930)	Glied einer internationalen Kette
13 Castro	(1953)	Die Unglücklichen sind mutig
14 Moscoso	(1967)	Mit Waffengewalt und Gefängnis
15 Guevara	(1960)	Die jahrhundertealte Sehnsucht
16 Puente	(1964)	Eine neue Sprache
17 Nkrumah	(1956)	Schlachten gegen die alten Ideen

18 Fanon	(1961)	Jedesmal, wenn von westlichen Werten die Rede ist
19 Mandela	(1964)	Ich leugne nicht
20 Malcolm X	(1963)	Es gibt keine gewaltlose Revolution
21 Havemann	(1964)	Hier auf der Erde

IMMANUEL KANT · (1794)

Die Revolution eines geistreichen Volks

Die Revolution eines geistreichen Volkes, die wir in unseren Tagen haben vor sich gehen sehen, mag gelingen oder scheitern; sie mag mit Elend und Greueltaten angefüllt sein – diese Revolution, sage ich, findet doch in den Gemütern aller Zuschauer [...] eine Teilnehmung dem Wunsche nach, die nahe an Enthusiasmus grenzt [...], die also keine andere als eine moralische Anlage im Menschengeschlechte zur Ursache haben kann.

Diese moralische einfließende Ursache ist zwiefach: erstens die des Rechts, daß ein Volk von anderen Mächten nicht gehindert werden müsse, sich eine bürgerliche Verfassung zu geben [...]; zweitens die des Zwecks (der zugleich Pflicht ist), daß diejenige Verfassung eines Volks allein an sich rechtlich und moralisch-gut sei, welche ihrer Natur nach so beschaffen ist, den Angriffskrieg nach Grundsätzen zu meiden, welche keine andere als die republikanische Verfassung [...] sein kann, mithin in die Bedingung einzutreten, wodurch der Krieg [...] abgehalten und so dem Menschengeschlechte [...] der Fortschritt [...] negativ gesichert wird. [...]

Diese Begebenheit ist das Phänomen nicht einer Revolution, sondern [...] der Evolution einer naturrechtlichen Verfassung, die zwar unter wilden Kämpfen noch nicht selbst errungen wird – indem der Krieg von innen und außen alle bisher bestandene statuarische zerstört –, die aber doch dahin führt, zu einer Verfassung hinzustreben, welche nicht kriegssüchtig sein kann, nämlich die der republikanischen [...].

Nun behaupte ich dem Menschengeschlechte nach den [...] Vorzeichen unserer Tage die Erreichung dieses Zwecks und hiemit zugleich das von da an nicht mehr gänzlich rückgängig werdende Fortschreiten desselben zum Besseren auch ohne Sehergeist vorhersagen zu können. Denn ein solches Phänomen in der Menschengeschichte *vergißt sich nicht mehr*, weil es eine Anlage und ein Vermögen in der menschlichen Natur zum Besseren aufgedeckt hat, dergleichen kein Politiker aus dem bisherigen Lauf der Dinge herausgeklügelt hätte, und welches allein Natur und Freiheit, nach inneren Rechtsprinzipien im Menschengeschlechte vereinigt, aber, was die Zeit betrifft, nur [...] aus Zufall verheißen konnte.

Aber wenn der bei dieser Begebenheit beabsichtigte Zweck auch jetzt nicht erreicht würde, wenn die Revolution oder Reform der Verfassung eines Volks gegen das Ende doch fehlschlüge [...] so verliert jene philosophische Vorhersagung doch nichts von ihrer Kraft. – Denn jene Begebenheit ist zu groß, zu sehr mit dem Interesse der Menschheit verwebt [...], als daß sie nicht den Völkern bei irgendeiner Veranlassung günstiger Umstände in Erinnerung gebracht und zu Wiederholung neuer Versuche dieser Art erweckt werden sollte.

Immanuel Kant: ›*Der Streit der Fakultäten*‹ (1794) in: ›*I. Kants populäre Schriften*‹ (ed. E. v. Aster), Berlin o. J., S. 239 ff.

Thomas Paine (1791)

Eine neue Ära der Menschheit

Alle früheren Revolutionen berührten im Grunde die Interessen der Massen nicht. Sie bewirkten vielleicht das Verschwinden dieser oder jener Personen und Vorschriften, aber sie tasteten die Basis der gesellschaftlichen Zustände nicht an; und so versanken sie wieder im Strom der alltäglichen Geschäfte. Doch was wir jetzt erleben, kann zu Recht als eine Art ›Gegen-Revolution‹ bezeichnet werden. Gewalt und Unterdrückung raubten vor Zeiten der Menschheit ihre natürlichen Rechte; jetzt erkämpft sie diese zurück. Wie Ebbe und Flut wechselt auch diese Revolution, gleich allen menschlichen Unterfangen, ihre Richtung. Die auf Gerechtigkeit, universalem Frieden und auf den unveräußerbar ererbten Rechten des Menschen basierende Regierung kehrt nun aus dem Westen (wo die Revolution 1776 stattfand, d. Verf.) in die alte Welt zurück; sie wird dabei von einem stärkeren Impuls bewegt als einst das Regime des Schwertes auf seinem Weg nach Westen. Denn diese Revolution betrifft nicht einige Individuen, sondern beschleunigt den Fortschritt der Nationen. Diese Revolution kennzeichnet eine neue Ära für die Menschheit.
> Thomas Paine: ›*The Rights of Man*‹ (1791/1792) (ed. A. Seldon), London 1963, p. 154.

Maximilien Robespierre (1793)

Herrschaft der Gerechtigkeit

Die Theorie der revolutionären Regierung ist — wie die Revolution selbst — ohne Beispiel. Es ist zwecklos, über sie etwas in den Werken der politischen Schriftsteller suchen zu wollen; sie haben diese Revolution überhaupt nicht kommen sehen. Man findet aber auch nichts in den Anordnungen der Tyrannen; zufrieden im Mißbrauch ihrer Macht, scherten sie sich einen Deut um deren Rechtfertigung [. . .]
Die revolutionäre Regierung will die moralischen Kräfte der Nation [. . .] im Sinne ihrer politischen Institutionen realisieren. Das Ziel einer konstitutionellen Regierung heißt: die Republik zu erhalten. Das revolutionäre Regiment muß diese aber erst schaffen und sichern. Denn Revolution bedingt ja Krieg gegen die Feinde der Freiheit. Und ihre Verfassung, ihre institutionelle Sicherung erst bedeutet den Anbruch einer friedlichen Freiheit. Die revolutionäre Regierung unternimmt enorme Anstrengungen, denn sie befindet sich ja noch im Krieg. [. . .] Während sich so bloß konstitutionelle Regierungen hauptsächlich um begrenzte bürgerliche Freiheit kümmern, zielt die Revolution auf eine allseitige Veröffentlichung politischer Freiheit. [. . .] Die revolutionäre Regierung schuldet dem engagierten Bürger umfassende Sicherheit; den Feinden des Volksfreiheit bringt sie den Tod. [. . .] Tritt nun das revolutionäre Regiment rigoroser und totaler in seinen Unternehmen auf als das Ancien régime — würde es dadurch etwa weniger gerecht oder legitim? Auf keinen Fall. Denn es basiert auf dem solidesten politischen Boden: der Wohlfahrt aller. Es handelt im Namen der Notwendigkeit!

Sicher, auch das revolutionäre Regiment kennt Grenzen, beachtet Regeln, die sich aus der Gerechtigkeit und dem öffentlichen Interesse herleiten. Hier herrscht nicht etwa Anarchie oder Chaos. Im Gegenteil, die Revolution hebt die gesellschaftliche Anarchie auf, weil sie eine Herrschaft der Gerechtigkeit ist. Deswegen handelt die revolutionäre Regierung auch keineswegs willkürlich, sie wird nicht etwa von privaten Wünschen, sondern vom Wohl des Volkes geleitet.

> Maximilien Robespierre: ›Rapport sur les principes du gouvernement révolutionnaire‹ (25. 12. 1793), zit. nach J. Godechot: ›La pensée révolutionnaire 1780—1799‹, Paris 1964, p. 191 ff.

ADRESSE AN DEN NATIONALKONVENT (1793)

Völlige Rechtsgleichheit aller Bürger

Auch wir wollen diese Herren [Konterrevolutionäre] aufreiben. Wenn sie uns hätten unterwerfen können, so hätten das Feuer, der Galgen, das Schafott und die Dolche von ihrer Rache Kunde gegeben; sie haben Proben davon abgelegt. Wir Sansculotten werden uns dazuhalten, die Herren vom Recht, in unseren Versammlungen mitzubestimmen, bis zur völligen Wiederherstellung des Friedens zu entbinden. Wir sind es müde, zu dulden, daß die Feinde der Freiheit weiter ihr Heiligtum schänden.

Wir haben geschworen, bis zum Tode frei zu leben; wir haben die Einheit und Unteilbarkeit der Republik geschworen; wir haben allen Königen und Despoten unversöhnlichen Haß geschworen, geschworen, jeden Tollkühnen auszulöschen, der einfallen sollte, nach der Herrschaft zu streben, unter welchem Titel auch immer; wir haben geschworen, keine andere Souveränität anzuerkennen als die des gesamten Volkes der französischen Republik und nichts anderes als die völlige Rechtsgleichheit aller Bürger ohne Unterschied; wir haben geschworen, kein Gesetz anzuerkennen, das dem Naturrecht zuwiderliefe, weil es damit gegen die Verfassung verstieße, die der Ausdruck des Naturrechtes ist und die wir bis zum letzten Atemzug verteidigen werden; wir haben geschworen, keine andere Vertretung der Nation anzuerkennen, die Gesetze machen und dem souveränen Volk zur Annahme vorlegen darf, als die Versammlung der durch eben dieses Volk ernannten Abgeordneten; [...] ebenso die Freiheit des Volkes zu behaupten, sich zu Volksgesellschaften zusammenzuschließen; das Recht jeder Versammlung, aus ihrer Mitte alle schlechten Bürger zu verweisen, die [...] einen beständigen Hang zum Aristokratismus, zum Royalismus, zum Föderalismus oder zum Partikularismus offenbaren [...]

Wir erheben zum Prinzip, daß jeder Abgeordnete [...], der sich einer solchen Tat schuldig macht, abgesetzt werden muß; mit einem Wort, daß alle Feinde der Freiheit des Volkes, alle Feinde der Gleichheit und der republikanischen Volksverfassung der Franzosen für unwürdig erklärt werden müssen, irgendein öffentliches Amt auszuüben [...]

> ›Adresse an den Nationalkonvent, vorgelegt von der erneuerten Sektion, ‚Beaurepaire‘‹ (10. 11. 1793). Zit. nach Markov/Soboul: ›Die Sansculotten von Paris‹, Berlin 1957, S. 211 f.

François Noël Babeuf (1795)

Daher muß man sie fortsetzen, diese Revolution

Revolutionieren [. . .] heißt: gegen einen verderbten Zustand ankämpfen; dieser soll paralysiert werden, an seine Stelle soll Gerechtigkeit treten. Das heißt: solange das, was entleert ist, nicht stürzt, und das Angemessene nicht grundiert wird — kann ich nicht finden, man habe in Hinblick auf das Volk genug revolutioniert.

Ich weiß, daß der Egoismus der Menschen in dem Moment sagt: halt!, genug revolutioniert, wo die Revolution einen Punkt erreicht, an dem es ihm trefflich geht; an dem Punkt, wo der Einzelne — für sich — nichts mehr zu wünschen hat. Sicher, es wurde Revolution gemacht, aber doch nur für diese Menschen. [. . .] Für das Volk aber hat die Revolution doch überhaupt noch nicht begonnen.

Dennoch, so sagt man, wurde sie nur für das Volk unternommen. Und selbst das Volk schwor, entweder die Revolution zu vollenden oder lieber zu sterben. Die Revolution ist aber keineswegs durchgeführt, denn nichts wurde unternommen, um die Lage des Volkes zu verbessern. Im Gegenteil, letztlich wurde alles versucht, um das Volk auszubeuten, um auf ewig seinen Schweiß und sein Blut in die goldenen Geschirre einer Handvoll verhaßter Reicher zu leiten. Daher muß man sie fortsetzen, diese Revolution, so lange bis sie die Lage des Volkes wirklich revolutioniert. Deswegen aber können die, welche die Revolution in Permanenz setzen, gerechterweise nicht als Feinde des Volkes gelten.

> François Noël (Gracchus) Babeuf: ›La Révolution c'est l'ordre!‹, *Le Tribun du peuple* (10. 12. 1795), p. 115 f.

Aufruf an die deutsche Nation (1794)

Die Reize der Freiheit

Das Volk hat bereits seine Rechte kennengelernt; es ist nicht mehr unwissend. Das Volk hat bereits die Reize der Freiheit erblickt; seine Denkungsart ist nicht mehr sklavisch — ist frei!

Endigt den Krieg, ihr Tyrannen! Macht Frieden, ihr Despoten! Das Volk will Friede haben und wird Friede machen, wenn ihr nicht Frieden macht [. . .]

> Aus dem wiederholten ›Aufruf an die deutsche Nation‹ (1794). Zit. nach H. Voegt: ›Die deutsche jakobinische Literatur und Publizistik‹, Berlin 1955, S. 200 ff, hier S. 204.

Georg Wilhelm Friedrich Hegel (1837)

Ein herrlicher Sonnenaufgang

Der Gedanke, der Begriff des Rechts machte sich [in der Französischen Revolution] mit einemmal geltend, und dagegen konnte das alte Gerüst des Unrechts keinen Widerstand leisten. Im Gedanken des Rechts ist also jetzt eine Verfassung errichtet worden, und auf diesem Grunde sollte nunmehr Alles basiert sein. Solange die Sonne am Firmamente steht und die Planeten um sie herumkreisen, war das nicht gesehen worden, daß der Mensch sich auf den Kopf, das ist auf den Gedanken stellt, und die Wirklichkeit nach diesem erbaut. Anaxagoras hatte zuerst gesagt, daß der Nous die Welt regiert; nun aber erst ist der Mensch dazu gekommen, zu erkennen, daß der Gedanke die geistige Wirklichkeit regieren solle. Es war dies somit ein herrlicher Sonnenaufgang. Alle denkenden Wesen haben diese Epoche mitgefeiert. Eine erhabene Rührung hat in jener Zeit geherrscht, ein Enthusiasmus des Geistes hat die Welt durchschauert, als sei es zur wirklichen Versöhnung des Göttlichen mit der Welt nun erst gekommen.

Georg Wilhelm Friedrich Hegel: ›Vorlesungen über die Philosophie der Geschichte‹ (1837), in: ›Sämtliche Werke‹, Stuttgart ³1949, Bd. XI, S. 557 f.

Georg Büchner (1834)

Friede den Hütten! Krieg den Palästen!

Friede den Hütten! Krieg den Palästen! Im Jahre 1834 sieht es aus, als würde die Bibel Lügen gestraft. Es sieht aus, als hätte Gott die Bauern und Handwerker am 5. Tag und die Fürsten und Vornehmen am 6. Tag gemacht, und als hätte der Herr zu diesen gesagt: ›Herrschet über alles Getier, das auf Erden kriecht‹, und hätte die Bauern und Bürger zum Gewürm gezählt. Das Leben der Vornehmen ist ein langer Sonntag: [...] sie haben feiste Gesichter und reden eine eigne Sprache; das Volk aber liegt vor ihnen wie Dünger auf dem Acker. Der Bauer geht hinter dem Pflug, der Vornehme aber geht hinter ihm [...] und treibt ihn an [...], er nimmt das Korn und läßt ihm die Stoppeln. Das Leben der Bauern ist ein langer Werktag; Fremde verzehren seine Äcker [...], sein Leib ist eine Schwiele, sein Schweiß ist das Salz auf dem Tische der Vornehmen. [...] Das alles duldet ihr, weil euch Schurken sagen: diese Regierung sei von Gott. Diese Regierung ist nicht von Gott, sondern vom Vater der Lügen [...] Ihr lästert Gott, wenn ihr einen dieser Fürsten einen Gesalbten [...] nennt, d. h. Gott habe die Teufel gesalbt.

Georg Büchner: ›Der Hessische Landbote‹ (1834), in: ›Werke und Briefe‹, Wiesbaden 1958, S. 333–345, hier S. 333 f und S. 339.

Karl Marx (1867)

Was ist ein Arbeitstag?

›Was ist ein Arbeitstag?‹ Wie groß ist die Zeit, während deren das Kapital die Arbeitskraft [...] konsumieren darf? Wie weit kann der Arbeitstag verlängert werden über die zur Reproduktion der Arbeitskraft selbst notwendige Arbeitszeit? Auf diese Fragen [...] antwortet das Kapital: der Arbeitstag zählt täglich volle 24 Stunden nach Abzug der wenigen Ruhestunden, ohne welche die Arbeitskraft ihren erneuerten Dienst absolut versagt. Es versteht sich zunächst von selbst, daß der Arbeiter seinen ganzen Lebenstag durch nichts ist außer Arbeitskraft, daß daher alle seine disponible Zeit von Natur und Rechts wegen Arbeitszeit ist, also der Selbstverwertung des Kapitals angehört. Zeit zu menschlicher Bildung, zu gesetlligem Verkehr, zum freien Spiel der physischen und geistigen Kräfte, selbst die Feierzeit des Sonntags [...] — reiner Firlefanz. In seinem maßlos blinden Trieb, seinem Werwolfsheißhunger nach Mehrarbeit, überrennt das Kapital nicht nur die moralischen, sondern auch die rein physischen Maximalschranken des Arbeitstages. Er usurpiert die Zeit für Wachstum, Entwicklung und gesunde Erhaltung des Körpers. Es raubt die Zeit, [...] es knickert ab an der Mahlzeit und einverleibt sie womöglich dem Produktionsprozeß selbst, so daß dem Arbeiter als bloßem Produktionsmittel Speisen zugesetzt werden, wie dem Dampfkessel Kohle [...] Das Kapital fragt nicht nach der Lebensdauer der Arbeitskraft. Was es interessiert, ist einzig und allein das Maximum von Arbeitskraft [...] Die kapitalistische Produktion, die wesentlich [...] Einsaugung von Mehrarbeit ist, produziert also mit der Verlängerung des Arbeitstages nicht nur die Verkümmerung der menschlichen Arbeitskraft [...] Sie produziert die vorzeitige Erschöpfung und Abtötung der Arbeitskraft selbst.

Karl Marx: ›Das Kapital‹ (1867), Band 1, 3. Abschnitt, 5 (ed. K. Kautsky), Stuttgart 1914, S. 213 f.

KARL MARX (1844)

Das Proletariat vollzieht das Urteil

Das Privateigentum treibt allerdings sich selbst in seiner nationalökonomischen Bewegung zu seiner eigenen Auflösung fort, aber nur durch eine von ihm unabhängige, bewußtlose, wider seinen Willen stattfindende, durch die Natur der Sache bedingte Entwicklung, nur indem es das Proletariat als Proletariat erzeugt, das seines geistigen und physischen Elends bewußte Elend, die ihrer Entmenschung bewußte und darum sich selbst aufhebende Entmenschung. Das Proletariat vollzieht das Urteil, welches das [Kapital] durch die Erzeugung des Proletariats über sich selbst verhängt [...] Wenn die sozialistischen Schriftsteller dem Proletariat diese weltgeschichtliche Rolle zuschreiben, so geschieht dies keineswegs, weil sie die Proletarier für Götter halten. Vielmehr umgekehrt. Weil die Abstraktion von aller Menschlichkeit, selbst von dem Schein der Menschlichkeit, im ausgebildeten Proletariat praktisch vollendet ist, weil in den Lebensbedingungen des Proletariats alle Lebensbedingungen der heutigen Gesellschaft in ihrer unmenschlichsten Spitze zusammengefaßt sind, weil der Mensch in ihm sich selbst verloren, aber zugleich nicht nur das theoretische Bewußtsein dieses Verlustes gewonnen hat, sondern auch unmittelbar durch die nicht mehr abzuweisende, nicht mehr zu beschönigende, absolut gebieterische Not — den praktischen Ausdruck der Notwendigkeit — zur Empörung gegen diese Unmenschlichkeit gezwungen ist, darum kann und muß das Proletariat sich selbst befreien. Es kann sich aber nicht selbst befreien, ohne seine eigenen Lebensbedingungen aufzuheben, ohne alle unmenschlichen Lebensbedingungen der heutigen Gesellschaft, die sich in seiner Situation zusammenfassen, aufzuheben. Es macht nicht vergebens die harte, aber stählende Schule der Arbeit durch.

Karl Marx: ›Die Heilige Familie‹ (1844/45), in: ›Die Frühschriften‹ (ed. Landshut), Stuttgart ²1953, S. 318.

HEINRICH HEINE (1855)

Die alte Gesellschaft ist gerichtet!

Dieses Bekenntnis, daß die Zukunft den Kommunisten gehört, dieses Bekenntnis machte ich in einem Ton der Besorgnis und äußersten Furcht ... Nur mit Schaudern und Schrecken denke ich an die Zeit, da diese finsteren Bilderstürmer zur Herrschaft gelangen werden; mit ihren schwieligen Händen werden sie erbarmungslos alle Marmorstatuen der Schönheit zerbrechen [...] Ach! ich sehe all dies voraus, und ich bin von einer unaussprechlichen Traurigkeit ergriffen [...] Und dennoch, ich bekenne es mit Freimut, übt eben dieser Kommunismus [...] auf meine Seele einen Reiz aus, dem ich mich nicht entziehen kann; [...] Denn [...] ein fürchterlicher Syllogismus hält mich umstrickt, und wenn ich diesen ersten Satz nicht widerlegen kann: »daß alle Menschen das Recht haben zu essen«, so bin ich gezwungen, mich auch allen anderen Forderungen zu unterwerfen. [...] Ich sehe alle Dämonen der Wahrheit im Triumph mich umtanzen, und schließlich bemächtigt sich meines Herzens eine großmütige Verzweiflung, und ich rufe aus: Sie ist schon seit langem gerichtet, verurteilt, diese alte Gesellschaft. Möge die Gerechtigkeit ihren Lauf nehmen! Möge sie zerbrochen werden, diese alte Welt, wo die Unschuld zugrunde ging, wo die Selbstsucht gedieh, wo der Mensch vom Menschen ausgebeutet wurde.

> Heinrich Heine: Aus der Vorrede zur französischen Ausgabe der ›Lutetia‹ (30. 3. 1855), zit. nach: ›*Zur Literatur des Vormärz, 1830—1848*‹, Berlin [8]1962, 368 f.

LEO TROTZKI (1930)

Glied einer internationalen Kette

Der internationale Charakter der sozialistischen Revolution [...] ergibt sich aus dem heutigen Zustande der Ökonomik und der sozialen Struktur der Menschheit. Der Internationalismus ist kein abstraktes Prinzip, sondern ein theoretisches und politisches Abbild des Charakters der Weltwirtschaft, der Weiterentwicklung der Produktivkräfte und des Weltmaßstabes des Klassenkampfes. Die sozialistische Revolution beginnt auf nationalem Boden. Sie kann aber nicht auf diesem Boden vollendet werden. [Ihre nationale] Aufrechterhaltung [...] kann nur ein provisorischer Zustand sein, wenn auch [...] einer von langer Dauer. Bei einer isolierten proletarischen Diktatur wachsen die inneren und äußeren Widersprüche unvermeidlich zusammen mit den wachsenden Erfolgen. Isoliert bleibend, muß der proletarische Staat schließlich ein Opfer seiner Widersprüche werden. [...] Von diesem Standpunkt aus gesehen, ist eine nationale Revolution [...] nur ein Glied einer internationalen Kette. Die internationale Revolution stellt einen permanenten Prozeß dar.

> Leo Trotzki: ›*Die permanente Revolution*‹ (1930), Frankfurt a. M. [2]1970, S. 29 (Fischer Bücherei, Band 1095).

Die Unglücklichen sind mutig

Die Chancen [der kubanischen Revolution —] beruhten unserer Meinung nach auf Überlegungen technischer, militärischer und sozialer Art. Wir waren uns nämlich der Unterstützung des Volkes sicher. Die Menschen, die wir in unseren Kampf mit einberechneten, waren diese: 700 000 Kubaner ohne Arbeit, die nichts mehr wünschen, als auf anständige Weise ihr täglich Brot zu verdienen, ohne der ständigen Sorge um den Lebensunterhalt ausgesetzt zu sein. 500 000 Landarbeiter, die in miserablen Löchern hausen, die nur 4 Monate im Jahr arbeiten und die restliche Zeit hungernd ihr Elend mit ihren Kindern teilen; Landarbeiter, die nicht einen Zentimeter Boden zu bebauen haben und deren erbarmungswürdiges Dasein Mitleid in jedem Herzen erregt, das nicht aus Stein ist. 400 000 Industriearbeiter, die man um ihren Lohn betrügt, deren Heime Elendsquartiere sind, deren Verdienst durch die Hände von Betrügern wandert, deren Zukunft Lohnrückgang und Verschlechterung, deren Leben ewige Arbeit heißt und deren einzige Ruhe das Grab ist. 100 000 Kleinbauern, die leben und sterben, während sie den Boden bearbeiten, der ihnen nicht gehört. Die ihn mit Trauer betrachten wie Moses das gelobte Land. Die sterben, ohne es zu besitzen. Die, wie feudale Sklaven, für den Gebrauch ihres winzigen Stückchens Land damit zahlen müssen, daß sie einen Teil ihrer Produkte abgeben. Die ihren Boden nicht lieben können, ihn nicht verbessern [...], weil sie nicht wissen, wann ein Sheriff mit der Landgarde kommt und sie verjagt. 30 000 Lehrer und Professoren, die so bitter notwendig sind für ein besseres Schicksal kommender Generationen, und die so miserabel behandelt und bezahlt werden. [...]
Das sind die Menschen, die das Unglück kennen und die deswegen in der Lage sind, mit grenzenlosem Mut zu kämpfen. Diesen Menschen, deren aussichtslose Straßen durch das Leben mit den Steinen des Verrats und der falschen Versprechungen gepflastert sind, ihnen wollen wir nicht sagen: Wir werden euch eventuell geben, was ihr braucht, sondern: Hier habt ihr es, kämpft darum mit all eurer Kraft, so daß Freiheit und Glück euer sein mögen. [...]
Die Zukunft dieses Landes und die Lösung seiner Probleme kann nicht weiterhin abhängen von den selbstsüchtigen Interessen eines Dutzends Finanziers, sie kann auch nicht abhängen von den eiskalten Profitberechnungen, die zehn oder zwölf Magnaten in ihren luftgekühlten Büros anstellen. Das Land kann nicht weiter kniend und betend auf Wunder warten, die von einigen goldenen Kälbern kommen, ähnlich dem biblischen, das durch den Groll eines Propheten zerstört wurde. Goldene Kälber können keine Wunder vollbringen. [...]
In unserer Welt werden soziale Probleme nicht durch spontane Auflehnung gelöst. Eine revolutionäre Regierung, die vom Volk unterstützt wird und von der Nation respektiert wird, würde nach der Reinigung aller Institutionen von käuflichen und korrupten Beamten unverzüglich die Industrialisierung des Landes beginnen, sie würde alles inaktive Kapital mobilisieren ... Sie würde diese Mammutaufgabe Experten und Männern von absoluter Zuständigkeit übergeben, die [...] die wirtschaftlichen Aufgaben leiten, planen und realisieren [...]

Fidel Castro: ›*Verteidigungsrede vom September 1953*‹, zit. nach Ingeborg Küster: ›*José Marti und seine Söhne*‹, Hannover 1967, S. 37 f.

HUGO GONZALES MOSCOSO (1967)

Mit Waffengewalt und Gefängnis

Der Beschluß, zum bewaffneten Kampf überzugehen, reifte langsam im Bewußtsein der Arbeiter und des Volkes. [...] Diese letzten fünfzehn Jahre zeigen, wie die Arbeiter, Bauern, Intellektuellen, die Arbeiter- und Volksparteien und das ganze bolivianische Volk einen Kampf darum führten, ihre Lebensverhältnisse zu verbessern und das Land aus der Abhängigkeit und Zurückgebliebenheit herauszuführen. [...] Die Massen waren aufgeputscht worden, um der einen oder anderen bürgerlichen Führung zur Macht zu verhelfen, im guten Glauben, daß diese – einmal an der Macht – die Wünsche der Massen erfüllen würden. Aber immer wurden sie verraten. Die sozialen und politischen Errungenschaften, die mit soviel Opfern erkauft wurden, verwandelten sich im Augenblick ihrer Realisierung in eine Seifenblase. Weder verbesserte die Agrarreform die Lage der Bauern, die mit dem niedrigsten Pro-Kopf-Verdienst in ganz Lateinamerika im Elend verharren, noch brachte die Verstaatlichung der Bergwerke jemand anderen etwas ein als jener Kaste, die sich daran bereicherte, mit dem nicht beabsichtigten Ergebnis, eine ›gestärkte Bourgeoisie‹ zu schaffen. [...]
Nachdem die Massen sich verraten fühlten, wurden sie ungeduldig und forderten radikale Veränderungen ihrer Lebensverhältnisse. Ihre früheren Idole wurden nun ihre Scharfrichter! Jede Forderung und jedes Aufbegehren wurde jetzt mit offener militärischer Unterdrückung beantwortet; doch diese [...] ließ die Arbeitslosigkeit nicht verschwinden und gab dem Volk nichts zu essen. [...]
Die Guerillas wurden geschaffen, um mit diesen Mißständen aufzuräumen und – diesmal wirklich – einen neuen Weg zum Wohl des Landes einzuschlagen. Die normalen und legalen Kampfmethoden haben sich angesichts der Diktatur als unwirksam erwiesen. Der bewaffnete Kampf [...] ist von den vorgefundenen Bedingungen diktiert worden. [...] Diese Tatsache kann nicht wegdiskutiert werden. Wenn man die Gewerkschaften zerschlägt und Blut vergießt, wenn man [...] auf jede Forderung und jedes Ersuchen der Arbeiter mit Waffengewalt und Gefängnis antwortet, gibt es keinen Raum mehr für Methoden des [...] demokratischen Kampfes.

Hugo Gonzales Moscoso: (Bolivien, Mai 1967), zit. nach: *Die IV. Internationale* Heft 4, 1967, S. 81 f.

ERNESTO (CHE) GUEVARA (1960)

Die jahrhundertealte Sehnsucht

Wir haben den Partisanen als einen Menschen bezeichnet, dessen Ziel es ist, den Willen des Volkes nach Befreiung von seinen Unterdrückern zu vollstrecken. Wenn die friedlichen Mittel zur Erreichung dieses Zieles erschöpft sind, beginnt er seine Aktionen und wird zum bewaffneten Vorkämpfer des Volkes. Er beginnt diesen Kampf mit dem hohen Ziel, die ungerechte Gesellschaftsordnung zu beseitigen. In seinem ganzen Handeln und in seinem Umgang mit der Bevölkerung wird mehr oder weniger klar zum Ausdruck kommen, daß er eine neue, gerechte Gesellschaftsordnung anstrebt.

Wir haben bereits darüber gesprochen, daß unter den derzeitigen Bedingungen in den lateinamerikanischen Ländern, wie überhaupt in allen unterentwickelten Ländern, dieser Kampf am besten auf dem Lande entfaltet werden kann. Deshalb muß die hauptsächliche soziale Forderung, die der Partisan stellt, die Forderung nach Veränderung der Besitzverhältnisse an Grund und Boden sein. [...] In dieser Losung drückt sich die jahrhundertealte Sehnsucht [...] nach eigenem Grund und Boden aus.

Ernesto ›Che‹ Guevara: ›*Der Partisanenkrieg*‹ (1960), Berlin 1962, S. 45 f.

LUIS DE LA PUENTE (1964)

Eine neue Sprache

Die Revolution ist eine historische Tatsache und nichts oder niemand könnte sie hemmen. Wir sind überzeugt, daß das Volk alleiniger Impuls ihrer verändernden Theorie und Praxis ist. Wir begreifen auch, daß nicht mehr das Bürgertum Bannerträger einer gesellschaftspolitischen Verbesserung sein kann. Nur eine revolutionäre Avantgarde, die ein proletarisches Bewußtsein besitzt, kann den Prozeß der Befreiung noch lenken. Die üblichen politischen Schritte, etwa Wahlkämpfe, haben wir fallenlassen. Wir sprechen eine neue Sprache: wir zwingen unsere Herrscher in den offenen Kampf! Dabei wissen wir, daß nur eine Volksfront aller durch die Oligarchie Ausgebeuteter und Entmündigter — unter der Führung einer Bauern-Arbeiter-Allianz — unser Volk mit Erfolg aus dem Abgrund seines Elends wird führen können.

Luis de la Puente: Discours (7. 2. 1964, Lima), zit. nach: ›*Mouvement de la Gauche Révolutionnaire — La révolution Peruvienne*‹, Paris 1967, p. 3.

KWAME NKRUMAH (1956)

Schlachten gegen die alten Ideen

Was unsere Vorfahren im Rahmen der gesellschaftlichen Bedingungen ihrer Zeit erreicht haben, läßt uns darauf vertrauen, daß auch wir aus jener Vergangenheit heraus eine glorreiche Zukunft gestalten können, und zwar nicht etwa im Zeichen wilder Kriege, sondern im Zeichen des sozialen Fortschritts und Friedens. Denn wir lehnen den Krieg und die Gewaltanwendung ab. Unsere Schlachten werden gegen die alten Ideen geführt werden, die die Menschen in den Netzen der eigenen Habgier gefangenhalten, sowie gegen die grobe Dummheit, in der man Haß, Furcht und inhumanes Handeln ausbrütet. Diejenigen werden die Helden unserer Zukunft sein, die imstande sind, unser Volk aus dem dumpfen Nebel innerer Zerrissenheit in das Tal des Lichts zu führen, wo unser bewußtes, entschlossenes Streben jene Brüderlichkeit schaffen wird, wie sie uns Christus [...] verkündete, eine Brüderlichkeit, über die bisher soviel geredet und für die sowenig getan wurde.

Die geforderte Selbstregierung ist das Mittel, wodurch wir das Klima schaffen werden, in dem unser Volk seine Eigenschaften entwickeln und seine Fähigkeiten in vollem Umfang realisieren kann. Solange wir unter der Herrschaft einer fremden Macht stehen, wird zuviel von unserer Energie von der eigentlichen konstruktiven Tätigkeit abgelenkt. Die Kräfte der Unterdrückung brüten die Kräfte der Sabotage aus. Imperialismus und Kolonialismus sind ein zweifaches Übel. [...] Dieses Übel beleidigt nicht nur das unterworfene Volk, sondern es schädigt auch das herrschende Volk, denn auch bei ihm werden die feineren Gefühle durch Anmaßung und Habgier fehlgeleitet. Imperialismus und Kolonialismus bilden eine Schranke gegenüber jeder wahren Freundschaft.

> Kwame Nkrumah: ›Schwarze Fanfare. Meine Lebensgeschichte‹, München 1958, S. 183, S. 188.

FRANTZ FANON (1961)

Jedesmal, wenn von westlichen Werten die Rede ist

Sobald der Kolonisierte anfängt, an seinen Fesseln zu zerren, den Kolonialherren zu beunruhigen, schickt man ihm gute Seelen, die ihm auf ›Kulturkongressen‹ das Wesen [...] der westlichen Werte darlegen. Aber jedesmal, wenn von westlichen Werten die Rede ist, zeigt sich beim Kolonisierten eine Art Anspannung, ein Starrkrampf der Muskeln. In der Dekolonisationsperiode wird plötzlich an die Vernunft der Kolonisierten appelliert. Man bietet ihnen sichere Werte an, man erklärt ihnen [...], daß die Dekolonisation nicht Regression bedeuten dürfe. [...] Es geschieht aber, daß der Kolonisierte, wenn er eine Rede über die westliche Kultur hört, seine Machete zieht. [...] Die Gewalt, mit der sich die Überlegenheit der weißen Werte behauptet hat, [...] führt durch eine legitime Umkehr der Dinge dazu, daß der Kolonisierte grinst, wenn man diese Werte vor ihm heraufbeschwört. [...] Wenn die kolonialistische Bourgeoisie feststellt, daß es für sie unmöglich ist, ihre Herrschaft über die Kolonialländer aufrechtzuerhalten, beschließt sie, ein Rückzugsgefecht zu führen; auf dem Gebiet der Kultur, der Werte, der Techniken usw. Man darf jedoch niemals aus den Augen verlieren, daß die überwältigende Mehrheit der kolonisierten Völker für diese Probleme unerreichbar ist. Für das kolonisierte Volk ist der wichtigste, weil konkreteste Wert zuerst das Land: das Land, das das Brot und natürlich die Würde sichern muß. Aber diese Würde hat nichts mit der ›Menschenwürde‹ zu tun. Von jenem idealen Menschen hat der Kolonisierte niemals gehört. Was er auf seinem Boden gesehen hat, ist, daß man ihn ungestraft festnehmen, schlagen, aushungern kann. Und niemals ist irgendein [...] Pfarrer gekommen, um an seiner Stelle die Schläge zu empfangen oder sein Brot mit ihm zu teilen. Moralist sein heißt für den Kolonisierten etwas Handfestes: es heißt, den Dünkel des Kolonialherrn zum Schweigen bringen, seine offene Gewalt brechen, mit einem Wort: ihn rundweg von der Bildfläche vertreiben. Der berühmte Grundsatz, daß alle Menschen gleich seien, läßt in den Kolonien nur eine Anwendung zu: der Kolonisierte wird behaupten, daß er dem Kolonialherren gleich sei. Ein Schritt weiter, und er wird kämpfen wollen, um mehr zu sein als der Kolonialherr. Tatsächlich hat er schon beschlossen, den Kolonialherren abzulösen, seinen Platz einzunehmen.

Frantz Fanon: ›Die Verdammten dieser Erde‹ (1961), Frankfurt a. M. 1966, S. 33 f.

NELSON MANDELA (1964)

Ich leugne nicht

Während meiner Jugendjahre in der Transkei lauschte ich den Geschichten und Sagen, die die Alten [...] zu berichten wußten. Dazu gehörten auch die Erzählungen über die Kriege, die unsere Vorfahren zur Verteidigung unserer Heimat geführt hatten. [...] Ich hoffte [...] ebenfalls einen bescheidenen Teil in dem Kampf um seine Freiheit beitragen zu können. [...]

[Deswegen] muß ich [...] auf den gegen mich erhobenen Vorwurf, Gewalt angewendet zu haben, eingehen. [...] Ich leugne nicht, Sabotageakte geplant zu haben. Ich habe sie allerdings nicht aus Verantwortungslosigkeit geplant, und auch nicht, weil ich ein Anhänger von Gewaltakten bin. Diese [...] Pläne entsprangen einer nüchternen [...] Beurteilung der politischen Lage, wie sie sich nach vielen Jahren der Tyrannei, der Ausbeutung und Unterdrückung meines Volkes durch die Weißen ergeben hatte. [...]

[Wir] riefen aus zwei Gründen die UMKONTO ins Leben: erstens, weil wir glaubten, daß die Regierungspolitik unvermeidbar mit Gewaltakten der afrikanischen Bevölkerung beantwortet werden würde, auch waren wir davon überzeugt, daß ohne die Lenkung verantwortungsbewußter Führer diese Volkswut zu Terrorausbrüchen führen mußte, die [...] mehr Bitterkeit und Haß säen würden als ein offener Krieg; und zweitens glaubten wir, daß dem afrikanischen Volk in seinem Kampf gegen die Vorherrschaft der weißen Rasse nur noch ein einziges Mittel verblieben war, um sich durchzusetzen: die Anwendung von Gewalt. Die Gesetze hatten es unmöglich gemacht, mit legalen Mitteln gegen die Vorherrschaft zu kämpfen und hatten uns vor eine Alternative gestellt: sich endgültig damit abzufinden, nur ein Mensch zweiter Klasse zu sein, oder [...] das Gesetz zu bekämpfen. Erst nachdem die Regierung dazu übergegangen war, alle Opposition gegen ihre Politik gewaltsam zu unterdrücken, entschlossen auch wir uns, Gewalt gegen Gewalt zu setzen.

Nelson Mandela: ›Ich bin bereit zu sterben‹ (Juni 1964), zit. nach Freimut Duve: ›Kap ohne Hoffnung‹, Reinbek 1965, S. 128 f.

MALCOLM X (1963)

Es gibt keine gewaltlose Revolution

Also wir sind alle Schwarze, sogenannte Neger, Bürger zweiter Klasse, Exsklaven. Ihr seid im Grunde nichts weiter als Exsklaven. Ihr laßt euch nicht gerne so nennen. Aber was stellt ihr denn schon anderes dar? Ihr seid Exsklaven. Ihr kamt nicht auf der ›Mayflower‹. Ihr kamt auf Sklavenschiffen. In Ketten, verfrachtet wie Pferde oder Kühe oder Hühner. [...]

Wir alle haben einen Feind. Uns eint: daß wir einen gemeinsamen Unterdrücker, einen gemeinsamen Ausbeuter haben und daß wir gleichermaßen rassisch abgewertet werden. Aber wenn wir erst einmal alle diesen Feind erkennen, dann schließen wir uns zusammen. [...] Welchen Feind haben wir aber gemeinsam? Den Weißen. Er ist unser aller Feind. [...]

Wenn Gewalt in den USA verwerflich ist, darf Gewalt auch außerhalb der USA nicht angewandt werden. Wenn es böse sein soll, schwarze Frauen und schwarze Kinder mit Hilfe von Gewalt zu verteidigen [...], kann man uns auch nicht einziehen, um draußen mit Gewalt die USA zu verteidigen. Hat Amerika aber das Recht, uns einzuziehen und uns zu lehren, es mit Gewalt zu verteidigen, ist es auch für euch und mich rechtmäßig, alle notwendigen Schritte zu unternehmen, um in Amerika unser Volk zu verteidigen. [...]

Es gibt keine Revolution, in der man ›die andere Wange hinhält‹. Es gibt überhaupt keine gewaltlose Revolution [...] Nur die Negerrevolte scheint — ihre Feinde zu lieben. Es ist die einzige Revolution, die sich zum Ziel gesetzt hat, im Schnellimbiß, im Theater, im Park und in öffentlichen Toiletten die Rassenschranken aufzuheben. Ihr könnt dann direkt neben Weißen sitzen — aber nur auf der Toilette. Das bedeutet aber noch keine Revolution. Die Revolution zielt in Wirklichkeit auf Erwerb von Land. Land ist die Basis wirklicher Unabhängigkeit. Land ist das Wesen der Freiheit, Gerechtigkeit und Gleichheit.

Die Weißen kennen die Revolution. Sie wissen, daß heute die Revolution ein globales Ausmaß angenommen hat. Die farbige Revolution fegt durch Asien, durch Afrika und sie wächst in Lateinamerika. Die Kubanische Revolution — das ist eine Revolution. Dort beseitigten sie das bestehende System. Die Revolution kämpft in Asien, in Afrika, und die Weißen sehen mit Schrecken die Revolution jetzt auch in Lateinamerika. Was meint ihr, wie die Weißen reagieren werden, wenn IHR jetzt lernt, was es heißt, eine richtige Revolution zu machen? [...]

Revolutionen sind blutig, Revolutionen sind haßerfüllt, Revolutionen kennen keine Kompromisse, Revolutionen stürzen und vernichten alles, was ihnen in die Quere kommt. Und ihr, ihr sitzt hier in Haufen zusammen und sagt: ›Ich schätze die Weißen — ganz egal wie sehr sie mich hassen.‹ Ich sage euch: ihr braucht eine Revolution. Wer hat denn schon mal von einer Revolution gehört, wo man die Arme verschränkt, wie Hochwürden Cleage so schön meinte, und singt: ›We shall overcome‹? In einer Revolution geschieht so etwas nicht. Ihr singt nicht mehr, ihr seid zu beschäftigt. Die Revolution kämpft um Land. Der Revolutionär kämpft um Land, damit er seine eigene unabhängige Nation aufbauen kann. Die Neger aber, die nur singen, wollen gar keine Nation; sie versuchen, auf die Plantagen zurückzukriechen.

Malcolm X: ›Message to the Grass Roots‹ (1963), in: ›Malcolm X speaks‹ (ed. G. Breitman) New York 1966, p. 4—10.

ROBERT HAVEMANN (1964)

Hier auf der Erde

Die Funktion der alten Moral war die Aufrechterhaltung der alten Gesellschaftsverhältnisse. [...] Die sozialistische Moral hat eine entgegengesetzte Aufgabe. Sie hat die Aufgabe, diese alte Gesellschaft aufzulösen, umzuwandeln, zu transformieren und umzuwälzen. Die Grundlage der alten Moral war die Demut, die Ergebenheit in das Schicksal. Die Grundlage der sozialistischen Moral ist die *Solidarität*, ist die Ungeduld, das Unzufriedensein mit dem Bestehenden. Die sozialistische Moral ist die Moral der Verwandlung, der Transformation, der Revolution aller gesellschaftlichen Beziehungen, und zwar auf der Grundlage einer immer breiteren Solidarität der Menschen. Natürlich [...] entstehen [auch im Sozialismus —] zeitweilig Normen der Moral, die zwar neu sind, aber doch nicht sozialistisch ... Sie gehen aus der ungenügenden Einsicht in die gesellschaftlichen Notwendigkeiten aus der sozialistischen Entwicklung hervor. Auch [im Sozialismus] erscheint manche vorübergehende Notwendigkeit, die man schwer einsehen kann, im Mantel der Moral. Denn auch der Sozialismus ist keine Sache, die man einfach nach Programm machen kann. Er ist eine Bewegung in der Menschheit, deren Fortschritt davon abhängt, in welchem Maße immer mehr Menschen Einsicht in den gesellschaftlichen Zusammenhang gewinnen und dadurch entschlossen werden, aktiv an der Umwandlung der Gesellschaft mitzuwirken. Es ist nicht möglich, den Sozialismus rein technisch-ökonomisch aufzubauen. Der Aufbau des Sozialismus ist mehr als ein industrieller und ökonomischer Prozeß, er ist im höchsten Maße auch ein Prozeß, der in unseren Köpfen vor sich geht, ein Prozeß der wachsenden Bewußtheit.

[...] Weil aber unsere Bewußtheit stets unvollkommen ist, bedürfen wir der Spontaneität unseres Handelns. [...] Die Welt zu verändern ist [eben] kein Unternehmen mit Sicherheitsgarantie, sondern mit ungewissem Ausgang. Auch unsere Geschichte wird von den Menschen selbst gemacht, obwohl wir wissen, daß wir nicht alles wissen, was eigentlich dafür notwendig ist. Wir schreiten immer weiter voran in der Umwandlung der Gesellschaft und bemühen uns dabei, Schritt um Schritt die inneren Beziehungen dieses Prozesses aufzudecken. Wir verwandeln die unmoralische Welt, in der wir leben, von Stufe zu Stufe in eine moralischere, die der alten Moralgesetze nicht mehr bedarf. [Aber] die moralische Gesellschaft wird noch lange mit den unmoralischen Erinnerungen und Vorstellungen in uns zu kämpfen haben. Bis wir wirklich in unseren Köpfen klar sein werden, werden wir hier auf der Erde unter uns viel klargemacht haben müssen. Wir müssen zuerst einmal die materiellen Voraussetzungen für das Moralisch-sein-Können schaffen. Die Auseinandersetzung mit den alten in uns festgewachsenen Grundsätzen und Prinzipien [...] wird dann in der zukünftigen Gesellschaft nicht mehr die Form bösartigen Streites haben. [...] Wir werden miteinander ruhig reden und sachlich diskutieren in der Erkenntnis, daß in jedem von uns auch so ein Stück Überlebtes steckt, entstanden vor Jahrtausenden, tiefe Weisheit, aber vergangene, und alte und neue Irrtümer, nichts anderes als das so wunderbar Vollkommene und Unvollkommene des Menschlichen.

Robert Havemann: ›*Dialektik ohne Dogma? Naturwissenschaft und Weltanschauung*‹, Reinbek 1964, S. 125 ff.

Dieter Senghaas

Zur Pathologie organisierter Friedlosigkeit

Einleitung

Die Sicherung des Friedens zwischen Staaten und Völkern gehört zu den brennendsten praktischen Problemen der Gegenwart. Die Staatenwelt hat sich in den letzten Jahrzehnten derart entwickelt, daß die Friedensproblematik nicht nur als eine außenpolitische, sondern als weltpolitische Aufgabe verstanden werden muß. Zum erstenmal in der Geschichte der Menschheit bezeichnet auch der Begriff der Weltöffentlichkeit nicht nur die Fiktion; so vage und amorph er im einzelnen sein mag, so entspricht ihm doch eine gewisse, wenn auch beschränkte Realität, insofern nämlich offensichtlich eine wachsende Zahl von Menschen, bei allen gegebenen und bleibenden Unterschieden, das gemeinsame Interesse empfindet, ihr Leben frei vom Terror sich perpetuierender Friedlosigkeit und frei von der Brutalität des Krieges gestalten zu können. Die Sicherung des Friedens ließe sich somit als Inhalt dieses sich erst in Ansätzen entfaltenden »Weltinteresses« bestimmen.

Doch ist Vorsicht bei der Analyse geboten: die Verwechselung von Regel und Ausnahme könnte zu einer leichtfertigen und trügerischen Beschönigung der wirklichen Situation verleiten, denn Tatsache ist, daß ein permanenter latenter oder offener Ausnahmezustand, in dem sich internationale Politik mehr oder weniger seit Aufkommen des Nationalstaates abspielte, immer noch die Regel darstellt und gegenläufige Tendenzen die Ausnahme bilden. Integrationsbewegungen haben zur Überwindung leidvoller nationaler Konfliktfronten geführt, aber offensichtlich bisher in der Mehrzahl der Fälle nur, um alte Konflikte gegen neue auf höherer Ebene (beispielsweise zwischen Blöcken und Wirtschaftsgruppierungen) einzutauschen. Internationale Organisationen haben seit dem Zweiten Weltkrieg eine bemerkenswerte, vielfach unbekannte und noch mehr verkannte Aktivität entwickelt, deren Grenze allerdings immer noch, empirisch nachweisbar, durch die nationale Interessenpolitik ihrer Mitglieder bestimmt wird. Die Verlagerungen von politischen Loyalitäten, weg von einem engstirnigen Nationalismus und hin zu einer Art von Internationalismus, lassen sich zwar empirisch für verschiedene Bevölkerungsgruppen belegen (beispielsweise für Austauschstudenten, für Geschäftsleute mit häufigen Auslandserfahrungen, für Beamte internationaler Organisationen), so erfreulich sie sind, so darf ihre Bedeutung im Rahmen des gegenwärtigen internationalen Systems nicht überbewertet werden. Die Problematik der »Kontakt-Theorie«, also der Annahme, durch vermehrte

Kontakte zwischen Personen und Gruppen verschiedener Nationen ließe sich der Weltfriede fördern, ist bekannt; Menschen lernen sich offensichtlich durch Begegnungen lieben wie hassen: die empirischen Untersuchungen über den Tourismus der vergangenen Jahre enthüllen deutlich die Zweischneidigkeit vermehrter Kontakte. Stereotype werden durch zwischenstaatliche und -kulturelle Erfahrungen möglicherweise ebensosehr neu gebildet wie aufgelockert und überwunden. Die Mischung von Konflikt und Kooperation im internationalen System ist also keine gleichgewichtige: latente und akute Konflikte wiegen um ein Vielfaches schwerer als selbstbewußte Kooperation; möglichen Veränderungen stehen immer noch erhebliche Hindernisse im Wege; jene ansatzweise feststellbaren Lernprozesse, die in letzter Konsequenz das überkommene Konfliktsystem sprengen und es in ein Kooperationssystem verwandeln würden, haben kaum ein embryonales Stadium durchlaufen — und dies, wie zu zeigen sein wird, aus angebbaren Gründen. Darüber können auch die wenigen Oasen des gegenwärtigen internationalen Systems (wie beispielsweise die Zusammenarbeit zwischen den nordischen Staaten), die modellhaft eine friedliche Welt antizipieren, nicht hinwegtäuschen.

A

1. Die Lähmung von Gewaltpolitik

Nun besagt eine beharrlich propagierte These, das überkommene internationale System, das sich als Gewalt- oder Drohsystem charakterisieren lasse, habe sich mit der beispiellosen Entwicklung der nuklearen Vernichtungskapazitäten selbst überlebt. Mit dem Aufkommen der Nuklearwaffen sei nicht nur der Nationalstaat als Element des internationalen Systems veraltet, vielmehr habe das die internationale Politik kennzeichnende Prinzip, der Rekurs auf Gewalt als Mittel subjektiver staatlicher Interessenpolitik, seine Rationalität verloren; erkenne man beide Entwicklungen in ihrer vollen Tragweite, das exponentiale Anwachsen des destruktiven Potentials moderner Waffensysteme und den damit verbundenen Verlust eines rational verfügbaren Gewaltinstrumentariums, so lasse sich der tiefgreifende Wandel in der internationalen Politik nicht leugnen.

Wir wollen im folgenden diese These diskutieren. Denn nicht nur stellt sich die Frage, *wie* tiefgreifend die Entwicklung der Waffentechnologie das internationale System verwandelt hat, sondern *wie jene Politik, die, angesichts der erwähnten Entwicklung, einer ihrer traditionell zugehörigen, wesentlichen Dimensionen beraubt wurde, auf eine solche Herausforderung reagierte.* Was widerfährt Gewaltpolitik, so wäre zu fragen, angesichts drohender Lähmung und Erstarrung, dann nämlich, wenn die Initiative, zur Gewalt zu greifen, durch deren Ungeheuerlichkeit bezwungen und bezähmt wird?

Die gängigen Antworten auf diese Fragen verweisen auf das *Prinzip der Abschreckung*. Abschreckung als ein Regulativ zwischenstaatlichen Handelns soll brennpunktartig die veränderte Situation beleuchten und die neuen, erst seit der Existenz von Nuklearwaffen möglichen Erfahrungen in sich zusammenfassen. Abschreckung wird damit in Theorie und Praxis als eine Schlüsselkonzeption verstanden, und in der Tat hat sie wie keine zweite die Geschichte der internationalen Politik in den vergangenen zwanzig Jahren bestimmt.

Was wird dabei unter Abschreckung vor allem verstanden? Man könnte die vielfältigen Versuche einer Definition von Abschreckung auf ein bestimmtes Kosten-Gewinn-Kalkül außenpolitischen Handelns reduzieren. Übersteigen nämlich die möglichen, antizipierbaren Kosten militärischer Aktionen den möglichen Gewinn auf Grund angedrohter Vergeltungsaktionen des Gegenspielers, so soll ein solches Kalkül abschreckend wirken: es wird angenommen, daß politische Instanzen sich gewaltsamer militärischer Aktionen in dem Maße enthalten, in dem der Gegner ein intaktes Vergeltungspotential besitzt. Abschreckung wäre also, formaler Definition und herrschender Meinung zufolge, dasjenige neue staatengesellschaftliche Prinzip, mit dessen Hilfe der zwischenstaatliche Verkehr über eine geschickte Manipulation von Gewaltinstrumentarien derart sich regulieren ließe, daß offene Gewaltanwendung in der Tendenz eliminiert würde.

In der Tat geben die meisten Theoretiker internationaler Politik sich mit dieser Beobachtung zufrieden. Das überkommene internationale System und die dieses System charakterisierende Politik hätten, so wird behauptet, mit dem Aufkommen der Abschreckungspolitik ihre Identität eingebüßt: die Voraussetzungen traditioneller internationaler Politik seien mit der Entwicklung des Abschreckungssystems, wenn nicht überhaupt hinfällig, so doch wesentlich korrigiert worden. Doch der Hinweis auf Abschreckungspolitik und das System der Abschreckung ist keine zureichende Antwort auf unsere Fragen, *denn Abschreckung ist ihrerseits eine Erscheinung, die einer differenzierten Erklärung und nicht nur einer ihre Existenz einfach konstatierenden Beobachtung bedarf.*

Wir wollen versuchen, einige das System der Abschreckung bestimmenden Merkmale zu diskutieren.[1] Als Gegenstand unserer Betrachtung wählen wir jene strategischen Doktrinen, die man als Reaktion auf die erwähnte Erstarrung vor Gewaltpolitik angesichts sich exponential entwickelnder Vernichtungskapazitäten verstehen muß. Sie artikulieren besser als andere Dokumente das den neuen politischen und technologischen Bedingungen angepaßte Verständnis der Beziehung von Politik und Gewalt.

Wir wollen dabei nicht die historische Herausbildung einzelner Abschreckungsdoktrinen diskutieren. Dies ist vielfach und zum Teil sorgfältig dokumentiert geschehen. Würden wir diesen Vorlagen folgen, so wäre nur noch einmal zu wiederholen, durch welches Zusammenspiel von internationalen Ereignissen, innenpolitischen Kräften, wirtschaftlichen Entwicklungen und schließlich programmatischen Innovationen strategische Doktrinen einander ablösten.

Noch einmal würde die Geschichte der letzten zwanzig Jahre zu schreiben sein — und gemessen an vorliegenden Untersuchungen wäre es durchaus fragwürdig, ob ein derartiges Unternehmen zu neuen Einsichten führen würde.

Noch vor wenigen Jahren war die militärstrategische Diskussion nur im Zusammenhang einzelner spezifischer Probleme denkbar. Politisch-militärische Programme wurden in Frage gestellt, weil ihre praktische Effektivität als unzureichend galt oder weil sie sich in eine sich wandelnde internationale Umwelt nicht mehr einordnen ließen. Die Rivalität zwischen politischer Führung und militärischer Organisation spielte in diesen verzweigten Kontroversen eine beachtliche Rolle; der Einfluß verfügbarer technologischer und finanzieller Mittel stand selbstverständlich mit im Vordergrund. Die Genesis einzelner strategischer Doktrinen ist rückblickend nur im Zusammenhang solcher Kräfte, Rivalitäten, finanziellen Möglichkeiten und technologischen Entwicklungen zu verstehen. Eine Beteiligung an dieser Diskussion ließ eine mehr oder minder plausibel begründbare Parteinahme für oder gegen einzelne Programme fast unausweichlich erscheinen.

Die militärstrategische Diskussion hat heute einen Punkt erreicht, an dem ihre zentralen Probleme auf einer höheren Abstraktionsebene diskutiert werden können, als es vor Jahren möglich war. Inzwischen hat sich nämlich das Arsenal an Konzeptionen und Doktrinen derart vervollständigt, daß man zu Recht von einem durchgängigen *Abschreckungsgebäude*, wenn nicht in der Realität, so doch zumindest in der Doktrin, sprechen kann. Dabei baut sich dieses Gebäude aus Elementen auf, die früher noch zum Teil als unvereinbar galten. Mit dieser Entwicklungsstufe der strategischen Diskussion ist die Abschreckungsdiskussion an ein gewisses Ende gelangt. Was an Argumenten und Gegenargumenten neu in ihr artikuliert wird, bleibt ihrem bisherigen Rahmen verhaftet. Diese ›Saturiertheit‹ der Abschreckungsdiskussion, die wir sogleich noch erläutern werden, erlaubt es nunmehr, von der Genesis einzelner rivalisierender strategischer Doktrinen zu abstrahieren und die treibenden *Kräfte des Abschreckungsprinzips* bloßzulegen. Dabei läßt sich die Komposition oder Struktur der Abschreckung in einer Weise ermitteln, wie dies eine historische

Darstellung der wechselvollen Geschichte der Abschreckungsdoktrinen nicht zu tun vermag. Mit anderen Worten, die abstraktere Betrachtung erweist sich in Wirklichkeit als die konkretere: sie fördert jene Bedingungen zutage, die die Voraussetzung für die wechselnden tagespolitischen Erfahrungen darstellen. Gleichzeitig sind diese »vorgängigen« Bedingungen als solche nicht selbsttätig wirksam, sondern nur im Zusammenhang jener konkreten Empirie, die wiederum ohne Reflexion auf die mit ihr vermittelten Voraussetzungen nicht zureichend erfaßt werden kann. Aber diese scheinbar formale methodische Reflexion, die auf einen Zirkel hinweist, ist ihrerseits schon ein vorweggenommenes Ergebnis unserer Betrachtung, und wir werden auf sie später zurückkommen. Sie sollte anzeigen, warum wir im folgenden einer *systematischen* Untersuchung den Vorrang vor einer die historische Abfolge getreu nachzeichnenden Analyse geben.

2. Abschreckung und ihre Struktur

Abschreckungsdoktrinen sind nicht Ausdruck praxisferner, nur intellektueller Analyse, sondern praktisches Handeln bestimmende Programme. Bei allen Unterschieden, die sie im einzelnen kennzeichnen, sind sie doch insgesamt auf die geschichtsmächtige und wohl folgenschwerste Entwicklung der Nachkriegszeit bezogen: *auf die sukzessiv geglückte, erneute Zuordnung von Politik und Gewalt.* Strategischer Analyse gelang es nämlich, jene früher erwähnte Erstarrung und Lähmung von Gewaltpolitik durch die Formulierung von diversen Doktrinen vom abgestuften Gebrauch der Gewalt zu überwinden. Das Ergebnis dieser Bemühungen ist ein *Gewaltspektrum unvergleichlicher Breite und beispielloser Differenzierung.* Während die Entwicklung nuklearer Waffenpotentiale eine Strukturkrise der Gewaltpolitik mit einer möglichen Veränderung des internationalen Systems erwarten ließ, war die Gewalt dieser Politik mächtig genug, ihre eigene Krise zu überwinden und sich eines nie gekannten Instrumentariums zu bemächtigen. Das entscheidende Ereignis in dieser Entwicklung ist nicht so sehr die für die Tagespolitik am ehesten noch unmittelbar relevante Wiederentdeckung des Begriffs konventionellen Krieges, sondern die *Lehre von der Begrenzbarkeit von gewaltsamen Auseinandersetzungen auf allen praktikablen und darüber hinaus: auf allen denkmöglichen Intensitätsstufen.* Würde sich diese Lehre allein auf mit konventionellen Waffen ausgetragene Konflikte beziehen, so wäre darin nur eine Projektion des herkömmlichen Verständnisses von konventionellen Kriegen in eine durch die Gewalt von Nuklearwaffen erstarrte militärische Umwelt zu sehen. Zum Teil hat sich in der Tat diese Lehre auf einen solchen Teilausschnitt beschränkt. Sie versuchte in dieser Variante, die Zerstörungsmacht nuklearer Waffen derart zu dramatisieren, daß ihr rationaler Einsatz völlig absurd schien und nur als Ergebnis selbstmörderischen Handelns auszudenken war. Sie nahm an, daß das Gleichgewicht des Schreckens die Nuklearwaffen so neutralisieren werde, daß hierdurch gerade ein gefährlicher Spielraum für konventionelle Konflikte sich entwickeln müsse.

So folgenschwer eine solche Wiedergewinnung eines Begriffs konventionellen Krieges ist, so harmlos erscheint sie angesichts jener verkrampften Versuche, auch das nukleare Waffenpotential den Bedingungen herkömmlicher Gewaltpolitik zu unterwerfen. Die Hoffnung auf die unmittelbare Verwirklichung rationaler Alternativen zu den Prinzipien überkommener internationaler Politik wurde spätestens in dem Augenblick auf absehbare Zeit zerschlagen, als die Nuklearwaffen selbst als stufenweise auffächerbare Vernichtungspotentiale entdeckt wurden. Das begann zunächst mit der These, taktische Nuklearwaffen ließen sich als bloß graduelle Erweiterung herkömmlicher Waffen begreifen. Dieser Prozeß der Umkonzipierung des Nuklearkrieges nach konventionellen Mustern setzte sich dann fort mit der heftig diskutierten Doktrin, auch nukleare Kriege ließen sich, wie die konventionellen des 18. Jahrhunderts, als Auseinandersetzungen zwischen Militärpotentialen bei weitgehender Schonung von Wirtschafts- und Bevölkerungszentren durchkämpfen, und Siege in solchen Waffengängen seien immer noch militärische Siege. War es denkbar und praktikabel, das Nuklearpotential allein auf die Waffensysteme des Gegners zu konzentrieren und andere Objekte auszusparen, so mußte es gleichermaßen möglich werden, dieses auf andere Objekte — wie Bevölkerungszentren oder wirtschaftliche Ballungsgebiete — je gesondert und gezielt zu richten. Diesen Kriegsbildern liegt also die Annahme zugrunde, daß der Nuklearkrieg nicht in jenem viel beschworenen Vernichtungsschlag bestünde, der das Überleben der Zivilisation überhaupt bedroht, sondern — konventionelle Vorstellungen erweiternd — in aufgliederbaren, nach Intensitätsstufen dosierbaren, rhythmisch gezielten Schlägen und Gegenschlägen. Wurden diese Kriegsbilder ergänzt durch Programme aktiven Zivilschutzes, so erschien plötzlich der Nuklearkrieg, wie der konventionelle früherer Jahrhunderte, als ein prinzipiell berechenbares, akzeptables Instrumentarium; nach einem solchen Krieg müßten, nach Überzeugung vieler Strategen, die Überlebenden die Toten nicht beneiden.

Clausewitz' Bild vom Kriege als eines Pulsierens von Gewaltsamkeit wurde schon in diesen einzelnen nuklearstrategischen Programmen erneut Wirklichkeit zugesprochen. Zur vollen Entfaltung kam es in dem logischen Endpunkt der neueren strategischen Diskussion, in Herman Kahns Eskalationsdoktrin.

Wir bezeichnen Kahns Abhandlung über die Eskalation als *lo-*

gischen Endpunkt, weil in ihr die Erfahrungen einer bald zwanzigjährigen Diskussion aufgehoben sind. Kahn diskutiert nicht mehr einzelne Kriegsbilder, die er gegeneinander ausspielt (wie er dies in früheren Arbeiten tat), sondern abstrahiert vom konkreten Zusammenhang, um das heute praktisch verfügbare und denkmögliche Gewaltspektrum in all seinen Intensitätsstufen systematisch vorzustellen. Dabei gelangt er zu *Differenzierungen im Begriff der Gewalt*, die bei aller ihrer Abstraktheit, Kahn allerdings nicht bewußt, die konkreten Triebkräfte der Abschreckung bloßlegen. Die schreckliche Konsequenz, mit der er eine Analyse vorantreibt, enthüllt besser als irgendein anderes Dokument die Logik der Abschreckung.

3. Kahns Eskalationsleiter

Wir wollen zur Illustration Kahns Eskalationsleiter kurz skizzieren. Sein »Drehbuch« kennt 44 Intensitätsstufen von internationalen Konflikten, die durch fünf markante Schwellen in sechs Konfliktkomplexe getrennt werden. Ihr Überschreiten impliziert jeweils eine bemerkenswerte Intensivierung des Konflikts. Die ersten beiden Konfliktkomplexe umfassen traditionelle Krisen; schon in einem dritten Komplex von Konflikten soll der Mehrzahl der Menschen klarwerden, daß ein Nuklearkrieg möglicherweise wirklich ausbrechen kann. Zumindest wird er hier nicht mehr als unmöglich und undenkbar empfunden. Entscheidend ist jedoch in Kahns Eskalationsleiter die nichtnukleare-nukleare Schwelle, weil sie die intensiven von den sogenannten bizarren Krisen unterscheidet. Bizarr erscheinen Kahn diese Krisen, weil sie historisch nicht belegbar, sondern nur in nuklearstrategischen Programmen konzipiert sind: taktische Nuklearwaffen werden eingesetzt, Bevölkerungen evakuiert, exemplarische nukleare Angriffe auf Bevölkerungs- oder Wirtschaftszentren oder Militärinstallationen durchgeführt, wobei sich diese Schläge von gleichsam punktuellen nuklearen Warnschüssen bis zur Vernichtung eines Teils der lebenswichtigen Substanz des Gegners steigern lassen. Erst nach diesen graduierten Angriffen wäre der blindwütende Akt der physischen Vernichtung des Gegners anzusetzen.

Die Kürze unseres Referates von Kahns Eskalationsleiter läßt die in ihr zum Ausdruck kommende makabre analytische Virtuosität nicht recht deutlich werden. Kahn hat in der Tat 44 Konfliktstufen konzipiert und, was wichtiger ist, den nuklearen Krieg in etwas mehr als 20 Sprossen seiner Eskalationsleiter aufgeteilt. Was er also anstrebte, war eine größtmögliche Zahl und eine gleitende Abfolge von Alternativen zum nuklearen Vernichtungsschlag, und er führte diesen Ansatz in dem Sinne logisch zu Ende, daß er sich nicht damit begnügte, nur die viel diskutierten

großen Alternativen »nuklearer Vernichtungskrieg«, »strategisch-nuklearer Krieg«, »taktisch-nuklearer Krieg« und »konventioneller Krieg« als exemplarische Kriegsbilder vorzustellen.
Kahns Konfliktleiter scheint übertrieben, doch solche Übertreibung hat ihren Grund, der allerdings in Kahns apologetischer Abhandlung, wie bei anderen strategischen Doktrinen, nicht zum Ausdruck kommt. Zur Abschreckung gehört nämlich wesentlich, daß sie in einem *lückenlosen* Gewaltspektrum verankert ist. Abschreckung, die sich nur auf einen Ausschnitt dieses Spektrums bezieht, beispielsweise auf das konventionelle Potential, wird leicht unglaubwürdig. Und mit ihrer psychologischen Wirksamkeit steht und fällt sie als Prinzip. Dieser Zwang zur größtmöglichen Differenzierung des Konfliktpotentials läßt sich sehr deutlich an der neueren strategischen Terminologie ablesen. Da entstehen Kriege, die es bisher in ihrer Art noch nie gab. Wortungeheuer wie »slow-motion-counter-city-war« (ein nuklearer Krieg, der in dosierter Form sich gegen Bevölkerungszentren richtet) und viele andere enthüllen die Ungeheuerlichkeit der Phantasie, die hier am Werke ist. Doch dieser *Zwang zur lückenlosen Ausgrenzung einer größtmöglichen Zahl von Kriegsintensitätsstufen* bedarf selbst einer Erklärung. Was ist der Grund für dieses wahnhafte Suchen nach Auffächerungen, Stufen und Differenzierungen? Wie läßt sich dieser Zwang, immer neue Kriegsbilder zu formulieren, erklären? Mit unserer Antwort berühren wir einen der Nervpunkte der Abschreckung.
Ein Abschreckungssystem, das sich nur auf Ausschnitte des Gewaltinstrumentariums bezieht, wird deshalb leicht unglaubwürdig, weil in ihm ein Gegner die Chance hat, auf den im System ausgesparten Konfliktebenen die an ihn gehefteten Erwartungen aggressiven Verhaltens zu falsifizieren und damit die Abschrekkung überhaupt in Frage zu stellen. Ein *lückenloses* System macht den Gegner dagegen tendenziell auf allen Ebenen zum potentiellen Aggressor, denn angesichts eines umfassenden Droh-, Warn- und Vergeltungssystems wird ihm systematisch die Chance verbaut, seine Friedfertigkeit unter Beweis zu stellen. *Je mehr Ausgrenzungen von Konflikttypen, um so geschlossener das Abschreckungssystem, um so weniger läßt es sich in Frage stellen, um so deutlicher kommt seine Logik zum Tragen.*
Nehmen wir ein Beispiel. Angenommen, ein Abschreckungssystem konzentrierte sich auf die Abschreckung eines strategischen Nuklearkrieges. Nun könnte der Gegner in Kenntnis der verheerenden Gegenreaktion auf seinen Angriff auf dieser Intensitätsebene gewissermaßen nach unten ausweichen und auf der konventionellen Ebene angreifen. Beutet er diese in einem solchen teilweisen Abschreckungssystem ausgesparte Intensitätsstufe nicht zu seinen Gunsten aus, obgleich er die Möglichkeit dazu hätte, stellt er also seine Friedfertigkeit unter Beweis, widerlegt

er *praktisch* die an ihn gehefteten Erwartungen aggressiven Handelns, so bricht die Abschreckung in sich zusammen. Wie dies zu verhindern ist, liegt auf der Hand. In jedem lückenlosen System kann ein Gegner, *ungeachtet seines tatsächlichen Verhaltens*, immer zum *potentiellen* Feind schlechthin erklärt werden. Seine Aggressivität ist gewissermaßen eine Funktion jener Rolle, die ihm von außen zugeschrieben wird und die er einfach zu spielen hat. Erweitert sich die Abschreckung zu einem *zweiseitigen* lückenlosen Abschreckungs*system*, so verstärkt sich dieser Mechanismus in teuflischer Weise, und der Rekurs auf eine das Abschreckungssystem sprengende Praxis wird in der Tendenz systematisch verbaut.

4. Abschreckung und ihre Logik

Deutlich läßt sich die Logik der Abschreckung am Beispiel der sogenannten strategischen Schule der Vorwärtsstrategie illustrieren. Weit über ihren zeitweiligen tagespolitischen Einfluß in den fünfziger Jahren hinaus läßt sich in den Schriften dieser Schule ein weiterer Nervpunkt von Abschreckung ausfindig machen, der von dieser Schule propagandistisch formuliert wurde und den wir als zweiten wesentlichen Aspekt des Abschreckungssystems bezeichnen wollen.[2]

Der Schlüssel zum Verständnis dieser Schule ist im Begriff des *protracted conflict* zu suchen. *Protracted conflict* ist ein Konfliktmodell, das allerdings nicht als Modell begriffen wird, sondern als Widerspiegelung realer sozialer Prozesse, als eine *informing theory*. Der Begriff bezieht sich zunächst einmal auf die Strategie des Gegners. Aus der Interpretation gegnerischen Verhaltens folgen Ansatzpunkte eigener Programmatik.

Was bestimmt das Verhalten des Gegners nach dem vorgenannten Modell? Genannt werden: das anvisierte totale Ziel, sorgfältig kontrollierte und geprüfte taktische Methoden, eine ständige Verlagerung des Schlachtfeldes, Waffensysteme und operative Taktiken, die den Gegner verwirren, der Versuch, das bestehende Gleichgewicht zu dessen Ungunsten zu verändern und seine Widerstandsfähigkeit allmählich zu brechen. »Die Doktrin des *protracted conflict* verordnet eine Strategie zur Vernichtung des Gegners während eines bestimmten Zeitraums durch begrenzte Operationen, durch Finten und Täuschungsmanöver, durch psychologische Manipulationen und durch verschiedenartige Formen der Gewalt.« *Protracted conflict* ist eine Strategie, in der keine genuine Unterscheidung zwischen Krieg und Frieden mehr anerkannt wird; die Geschichte erscheint als ein in die Länge gezogener oder anhaltender Machtkampf, der mit allen zur Verfügung stehenden Mitteln ausgetragen wird: gewaltlosen und brutalen, direkten und indirekten, rhetorisch-verbalen und kriegerischen.

Immer soll dabei das ganze Spektrum des modernen Konflikt-
instrumentariums im Dienste einer allumfassenden Strategie stehen. Sowenig die gegnerische Strategie des *protracted conflict*
zwischen politischen, sozialen, ökonomischen und psychologischen Faktoren differenziere, sie alle vielmehr als einen geschlossenen Komplex begreife, sowenig unterscheide sie zwischen politischen, ökonomischen oder psychologischen Mitteln. Sie sollen
in beliebiger Zusammensetzung, gemessen an ihrer jeweiligen
operativen Zweckdienlichkeit, ins Spiel gebracht werden.
In dem bruchlosen Ineinandergreifen von grundsätzlichen Zielen
und einem wendigen taktischen Manövrieren soll die Stärke des
Gegners begründet sein. Seine strategischen und operativen Kalküle umgreifen Jahrzehnte, nicht Jahre, deshalb sei damit zu
rechnen, daß der Konflikt noch bis in das nächste Jahrhundert
reichen werde. Deshalb kann auch ein gegenwärtiger, individueller Konflikt nicht als isoliertes Phänomen begriffen werden, sondern als eine Phase des totalen Kampfes, als ein integraler Teil
einer Serie von vielfältigen, aufeinander bezogenen Konflikten.
»Ein Konflikt löst den anderen aus, es gibt keine entscheidenden
Niederlagen oder Siege außer den letzten.« *Sieg oder Niederlage
erscheinen als schließlich unausweichliche Alternativen.*
Die wesentlichste Annahme in diesem Modell unterstellt, daß der
Gegner die ganze Welt als ein *Schlachtfeld* begreift, in welchem
sozio-ökonomische Kräfte sich in einem titanischen Kampf von
unbegrenzter Dauer messen. Daraus lassen sich die schon genannten anderen Annahmen ohne Schwierigkeit ableiten.
Bezeichnenderweise impliziert eine solche Annahme notwendigerweise die Übernahme einer ähnlichen Strategie als einzig ratio-
nales, auf das gegnerische Handeln abgestimmtes Programm.
Der Gegner erscheint in einer Art von *Teufels-Bild.* Ihn kennzeichnen Eigenschaften wie eine überragende Intelligenz, taktische Raffinesse, ein ausgeprägter Sinn für revolutionäre Bewegungen, ein Denken in großen Zeiträumen, eine meisterhafte
Handhabung aller verfügbaren Propagandainstrumente — alles
Eigenschaften, die seine strategische Überlegenheit begründen
sollen. Die Hervorhebung dieser Eigenschaften hat unter anderem die Funktion, die eigene wirkliche oder vermeintliche
Schwäche herauszustreichen. Denn ist die Welt ein umfassendes
Schlachtfeld zwischen Titanen, so ist jede Anstrengung, jedes
Opfer, jeder Einsatz *per se* legitim und bedarf keiner individuel-
len Rechtfertigung. Der Verweis auf den Rahmen, in den alles
individuelle Geschehen eingebettet sein soll, erübrigt detaillierte
Argumentation.
Zu den eigentümlichen Denkmustern des Modells gehört die
ständige Betonung der epochalen, zivilisatorischen Bedeutung des
Konflikts, der Überlegenheit des Gegners, des Eingeständnisses
eigener Inferiorität, die Beschwörung des Schicksals. Alles zu-

sammen erzeugt eine Panikstimmung, aus der, um der Selbstbehauptung der Freiheit und des Systems willen, die Forderung zwingend sich ableiten läßt, den »zivilisatorischen Auftrag« mit Mut und Selbstbewußtsein zu übernehmen.

Kennzeichnend für die Argumentation aller Schriften im Umkreis des *protracted conflict*-Modells ist die Dramatisierung der gegenwärtigen Situation. In dieser hat der für die zivilisatorische Entwicklung wesentliche und immer schon angelegte, nunmehr an Konfliktpotential intensivierte Gegensatz von Zivilisation (sprich: Freiheit) und Barbarei (sprich: Tyrannis) seinen historischen Höhepunkt erreicht. Die Tragweite des aktuellen Konflikts wird durch seinen Bezug auf den ewigen, nunmehr zur Entscheidung anstehenden Kampf unterstrichen. Weiterhin kennzeichnend ist eine eigenartige Mischung von Hypostasierung des Gegners, einem teils unterschwelligen, teils offenen militanten Kulturpessimismus, und einer teils in Fatalismus, teils in Obskurantismus begründeten Panikmache, welche die Funktion besitzt, alle Opfer zu rechtfertigen, und die schließlich in einen propagandistisch aufgeladenen Heroismus mündet.

Wenn der gegenwärtige Konflikt zwischen den beiden Weltmächten nur der zeitgenössische Ausdruck eines umfassenden Konfliktes ist (*»that encompasses all lands, all peoples, and all levels of society«*), dann ist es einleuchtend, daß kein einzelnes Ereignis, sei es eine Konferenz oder eine Schlacht, entscheidend sein kann. Beherrscht der Gegner »die Konfliktwissenschaft«, so hält er den Schlüssel für den weiteren Verlauf der Geschichte in seinen Händen. Das überragende Verständnis der totalen geschichtlichen Situation und die Fähigkeit, ein weites Spektrum revolutionärer Konflikttechniken souverän manipulieren zu können, ermögliche es einer kleinen Zahl von Verschwörern, die den liberalen Lauf der Dinge stören, die politischen, ökonomischen, psychologischen, technologischen und militärischen Konfliktinstrumente optimal zu organisieren und ihren Einsatz mit taktischer Schläue zu programmieren. Wer in einer solchen Situation sich am Status quo orientiert, unterliegt; wer es versteht, den Konflikt in Raum und Zeit zu manipulieren, soll zumindest eine Chance zu überleben haben.

Dazu ist die explizite Kenntnis des *»unifed war code worked out by the Communist high command«* erforderlich. Seine operationalen Prinzipien sollen sich auf wenige Präferenzen beziehen, die Strategie und Taktik bestimmen. Als erstes Prinzip gilt der indirekte Ansatz. Es wird angenommen, daß die Strategie des Gegners jede direkte Auseinandersetzung zu vermeiden versucht, »sofern und solange nicht eine überwältigende physische Überlegenheit, die zur völligen Vernichtung des Gegners ... ausreicht, erreicht ist«. Folglich liegt auf indirekten, unkonventionellen und irregulären Strategien der Nachdruck. Täuschung und Ablenkung, ehedem militärische Konzeptionen, sollen das zweite Prinzip ausmachen. Dem Gegner werden überragende Fähigkeiten zugesprochen, falsche Informationen gezielt zu lancieren und damit Verwirrung zu stiften oder direkt zu täuschen. Natürlich wird er alles daransetzen, von seinen eigenen verwundbarsten Stellen abzulenken. Der Erfolg einer *protracted conflict*-Strategie soll davon abhängig sein, daß der Gegner in einem defensiven und reaktiven Bewußtseinszustand gehalten wird und daß man ihn daran hindert, die Initiative zu ergreifen. Letztes überragendes Prinzip sei die Aufreibungstaktik, mit deren Hilfe jeder Status quo-Macht, oft unwahrnehmbar und nach und nach, der Boden entzogen werde.

In einer Strategie des *protracted conflict* soll es keine *ad hoc*-Entscheidungen geben. Sie synthetisiere vielmehr alle operativen Techniken, welche die Geschichte als praktikabel ausgewiesen hat. In der Fähigkeit, taktische Kombinationen zu variieren, liege ihre Stärke. Jeder Schachzug soll einen bestimmten Stellenwert besitzen. Mag er auch oft als isoliertes Phänomen erscheinen, er bleibt doch eingebunden in einen umfassenden Rahmen. Die Fähigkeit, sämtliches Denken und Handeln immer auf diesen Rahmen zu beziehen, sei der geheime Schlüssel zum »Konfliktmanagement«. In diesem spielt die »*psychotechnology*« eine gleich bedeutende Rolle wie die »*hardware*«-Technologie.

Sosehr im Modell des *protracted conflict* die in sich konsistente Logik der gegnerischen Strategie behauptet und die Konsistenz selbst noch als eine schlagende Waffe interpretiert wird, enthüllen die hinter dem Modell stehenden Motivationen doch deutlich manche Widersprüche, die den propagandistischen Charakter dieser *informing theory* aufdecken. Einerseits wird von der tödlichen Gefahr des Gegners gesprochen, die aus seinen gekonnten, konspirativen Machenschaften resultiert, andererseits sollen es eben doch nur Machenschaften sein, hinter denen sich in Wirklichkeit Schwäche und Unterlegenheit verbergen. Einerseits wird die Stärke des Gegners überzeichnet, andererseits soll diese Stärke nur eine objektive Schwäche überdecken, so daß sich das Rad der Geschichte zugunsten desjenigen wenden läßt, der diesen Zusammenhang erkennt und die erforderlichen, adäquaten Maßnahmen trifft.

Die trügerische Einschätzung des Gegners dient der Rechtfertigung der Übernahme seiner Strategie und Taktik. Einmal übernommen, sollen sie ihn auf jenen Status zurückführen, den er realiter, das heißt diesseits allen propagandistisch aufgebauten Scheins, den er zu seinen eigenen Gunsten ausbeutet, einnimmt.

Die Militanz, die in diesem Programm ursprünglich das Verhalten des Gegners kennzeichnen soll, um schließlich die Ratio eigener Strategie und Taktik abzugeben, enthüllt sich, ungeachtet des tatsächlichen Verhaltens des Gegners, als Hebel zur Rechtferti-

gung eigener Aggressivität. Ob bewußt oder unbewußt, im Modell des *protracted conflict* artikuliert sich in aller Offenheit ein von uns früher schon angedeuteter Zirkel, der dem Prinzip Abschreckung von Anfang an eigentümlich ist: *dem Gegner lückenlos die Chance der Falsifikation der an ihn gehefteten Erwartungen aggressiven Verhaltens zu verbauen.* Kann kein einzelnes Ereignis, nicht einmal eine Vielzahl von Ereignissen die Logik der Argumentation des *protracted conflict*-Modells anzweifeln oder gar widerlegen, so bleibt der Gegner, ungeachtet seines konkreten Verhaltens, der Zivilisationsfeind *par excellence.* Denn jede Beobachtung, die das Modell fragwürdig machen könnte, kann ja ihrerseits noch als ein vom Gegner erfolgreich inszeniertes Täuschungsmanöver mit einer Handbewegung abgetan werden. Interessant an diesem Modell ist also erstens: die Kriminalisierung des Gegners auf einer hohen Abstraktionsstufe (»der konspirative, antizivilisatorische Weltkommunismus«); zweitens: die Abwertung der Empirie (wobei sich beide, der allgemeine Rahmen und das empirische Detail nur zusammenbringen lassen, wenn die grundlegenden Annahmen des Modells breit genug formuliert sind und empirisches Material in ihrem Sinne umfunktioniert wird); drittens: der Wille zum Sieg (als einziger Alternative zur Kapitulation), der jedes Opfer und jede Anstrengung von vornherein legitimiert, also rationale Rechtfertigung entbehrlich erscheinen läßt.

Die Problematik des *protracted conflict*-Modells liegt darin, daß einerseits eine Reihe von realen Vorgängen, die aus dem Prinzip der Abschreckung folgen, in affirmativer Absicht »analytisch« festgehalten werden und daß andererseits der apologetische Charakter des ganzen Unternehmens eine kritische Distanz zu diesen Prozessen systematisch unterbindet. Gegenüber anderen Schulmeinungen zeichnet sich das *protracted conflict*-Modell durch unverhohlene Militanz aus. Indem diese jedoch nicht unvermittelt propagiert werden kann, sondern auf bestimmten artikulierten Annahmen beruht und mit Argumenten gerechtfertigt wird, kommt in diesem Modell in mancher Hinsicht zum Ausdruck, was in anderen Modellen unterschlagen bleibt. Darin liegt seine Relevanz für eine Analyse der Abschreckung: *Ohne artikulierte oder unterschwellige Verteufelung des Gegners ist das Phänomen Abschreckung nicht zu begreifen.*

Das sind Umrisse des manichäistischen Weltbilds und der catonischen Handlungsanleitungen einer strategischen Schule, für die das Programm einer aktiven Koexistenzpolitik zu den geschicktesten Täuschungsmanövern des Gegners gehört. Da sie von ihren Prämissen her jeden anfänglichen Erfolg einer solchen Politik, gemessen an den zivilisatorischen Dimensionen des unausweichlichen Konflikts, als irrelevant erklären kann, vermag sie ihre militante Programmatik im politischen, militärischen, diplomatischen, psychologischen, wirtschaftlichen und technologischen Bereich gegen mögliche empirische Widerlegungen hinwegzuretten. Sie bleibt somit immer im Recht und kann, ihren Gegnern zum Trotz, jede Verschärfung des Konflikts und jede Entspannung als eine Bestätigung ihres Modells interpretieren.

5. Nervpunkte der Abschreckung

Dieser Zirkel ist dem Prinzip der Abschreckung konstitutiv. Er führt dazu, daß die im Abschreckungssystem Handelnden den Bezug zur Wirklichkeit verlieren, weil sie die Welt nur noch unter ihren eigenen Prämissen sehen und nicht mehr fähig sind, neue Erscheinungen korrekt zu registrieren. Auf diesem lernpathologischen Realitätsverlust baut das Abschreckungssystem auf: es fördert Informationen zutage, die in überkommene Schemata passen und das vorherrschende Selbstverständnis bestätigen. Es interpretiert potentiell neue Informationen derart um, daß auch sie alten Schemata eingepaßt werden können, wie eine Studie der Entwicklung von Dulles' Weltbild jüngst exemplarisch zeigte.

Damit berühren wir einen weiteren Nervpunkt des Abschreckungssystems. Überwältigend ist nämlich jene Beobachtung, wie sehr Abschreckung sich selbst erweiternden Mechanismen folgt: Differenzierungen erzwingen neue Differenzierungen, Abstufungen verlangen nach noch feineren Abstufungen. Doch wie überkommene Ansichten mit Hilfe ständig »neuer« Informationen nur bestätigt werden, so drehen sich diese Mechanismen selbst im Kreis. Abschreckung enthüllt beispiellos die Pathologie von Gewaltpolitik überhaupt, die sich ständig jene politische und militärische Umwelt neu schafft, die dann wiederum Gewaltpolitik als einzig rationale erscheinen läßt. In der Entwicklung der Abschreckungsdoktrinen ist dieser Zirkel in einer für die neuere Geschichte unvergleichlichen Weise zum Vorschein gekommen. Die zeitweilige Reduktion des vieldimensionalen traditionellen internationalen Systems auf eine einfache Struktur von Bipolarität kam der Erkenntnis dieses Gewaltpolitik bestimmenden Zirkels zustatten.

Zur Logik der Abschreckung gehört auch ihre *Selbstbezogenheit*. Nach allgemeinem Verstande soll Abschreckung einen Gegner von einer Tat abhalten, weil er bei Nichtbeachtung von Drohungen und Warnungen eine empfindliche Vergeltung zu befürchten hat. Auf den ersten Blick ist Abschreckung immer auf den Gegner fixiert, und Abschreckungsdoktrinen scheinen sich unaufhörlich mit dem Feind zu beschäftigen. Unsere bisherige Interpretation deutete schon an, daß diese Ansicht nur Oberflächenerscheinungen und nicht die wirkliche Struktur von Abschreckung begreift. In Wirklichkeit ist Abschreckung selbstbezogen, was am deutlichsten in der ständigen Fixierung auf Gewalt, Gewaltdiplomatie, Drohsysteme und Kriegsbilder sich zeigt. All diese Phantasie und ihre propagandistische Verbreitung entwickeln sich gewissermaßen abseits von einem Feind und lassen sich vorstellen auch ohne einen Feind, mit dem man sich in konkreten einzelnen Streitfällen auseinandersetzen müßte. Das heißt, der Abschreckung haftet ein Moment an Irrealität oder eher wahnhaft perzipierter Realität an, ihre Bestimmungen sind weithin fiktiv, wenn auch diese Fiktionen durchaus in schrecklicher Weise so geschichtsmächtig wie kostspielig sind.

Wird Abschreckung als geschickter Nichtgebrauch von Waffen interpretiert, so zeigt sich schon in dieser Definition ihr selbstbezogener oder autistischer Charakter. In diesem Sinne könnte man sagen, daß die Gegner in einem Abschreckungssystem aneinander gekettet sind, nicht weil ein realer Gegner von der Ferne her durch sein aggressives Verhalten provoziert, sondern weil das Bild des Gegners (aus welchen näher zu untersuchenden Gründen immer) eigenhändig diesseits der Front aufgebaut wird. Anders ausgedrückt, *die Gewaltpolitik, wie sie im Abschreckungssystem sich entfaltet, ist inwendig,* und folglich ist der Konflikt zwischen diesen fernen oder doch psychologisch so nahen Gegnern um ein Vielfaches heftiger als früher, wo das Gewaltinstrumentarium mitsamt seinen Einsatzprogrammen an realen, wahrscheinlichen Konflikten orientiert war. Je mehr in strategischen Konzeptionen die Vorbereitung auf wahrscheinliche Konflikte durch die Antizipation aller hypothetisch möglichen Konfliktfälle beherrscht wird und also probabilistisches durch possibilistisches Denken verdrängt wird, erweitert sich das Maß an inwendiger Drohphantasie (und ihrer Organisationen), die sich schließlich in ihren eigenen Hirngespinsten verfängt. Die Schlachten, die in Abschreckungsdoktrinen und nicht nur in ihnen ausgefochten werden, sind also Schlachten vor den Augen und Ohren der jeweiligen Abschreckungsgesellschaften, und die Rhetorik der Gewalt ist, gewollt oder ungewollt, an die eigene Bevölkerung adressiert. Die der Gegenseite vermag sie schon aus kommunikationstechnischen Gründen kaum zu erreichen.

6. Bemerkungen zur Theorie der Abschreckung

Fassen wir unsere Überlegungen zur Konzeption der Abschreckung zusammen. Die Schwierigkeit ihrer Analyse liegt darin, daß wir die konkrete Empirie (also Abschreckungsgesellschaften, Abschreckungssysteme, Abschreckungspolitik) als einen Bereich fassen müssen, der durchgängig durch seine eigene Struktur bestimmt wird. Wir haben es bei der Abschreckung mit einer Erscheinung zu tun, bei der der Begriff, die Elemente der Struktur, ferner die strukturellen Beziehungen zwischen diesen Elementen sowie sämtliche Wirkungen dieser Beziehungen als durch das Wirken dieser Struktur bestimmt zu denken sind. Eine korrekte Darstellung von Abschreckung setzt also im Grunde genommen ihr Verständnis schon voraus: ihr Ergebnis erscheint im Ansatz und ihr Ansatz im Ergebnis. Dies hat nichts mit methodischen Setzungen zu tun, und insofern hier methodische Probleme angesprochen werden, lassen sich diese nicht abseits der sachhaltigen theoretischen Aussagen diskutieren. Dieser einzigartige Zugang zum Verständnis von Abschreckung ist in der Sache selbst begründet. Solange Abschreckung nur in Teilprogrammen diskutierbar war, war die sie durchgängig bestimmende Struktur noch nicht erkennbar. Erst als Abschreckung in ihrer ganzen Breite in der, Praxis antizipierenden, Analyse und mit ihrer Einschränkung in der Praxis selbst zum Durchbruch kam, enthüllte sich ihre Anatomie. Zur vollen Entfaltung gebracht erscheint rückblickend auch die Genesis der Struktur in neuem Licht. Die sie vorantreibenden Mechanismen werden in einer Weise einsichtig, wie sie den Handelnden verborgen blieben.

B

1. Die Friktionen der Abschreckung

Wie Clausewitz den Begriff des Krieges als einen absoluten faßte, weil nur dieser das Wesen des Krieges, die drohende Intensivierung des Krieges bis zum äußersten Einsatz der Mittel, einzufangen fähig ist, so läßt sich das Wesen der Abschreckung nur absolut-begrifflich (und wie erwähnt bedeutet dies: äußerst empirisch und konkret) fassen. Clausewitz' strenger philosophischer Vorstellungsweise entsprach das totale Entladen sämtlicher Energien. Vom Pulsieren der Gewaltsamkeit ließe sich nur in der Analyse wirklicher Konflikte sprechen. Der Krieg, so formulierte Clausewitz, entspreche in Wirklichkeit nicht dem, was er eigentlich seinem Begriff nach sein sollte. Er unterliege der Halbheit, der Unklarheit, der Inkonsequenz. Seiner abstrakten Gestalt nähere er sich in der Wirklichkeit nur tendenziell.
Auch die Abschreckung kennt ihre Inkonsequenzen, Halbheiten und Friktionen. Auch sie bleibt hinter dem streng begrifflich Geforderten zurück, ohne daß dadurch die im Begriff der Abschreckung artikulierten Merkmale weniger wirklich würden. Die Logik, mit der sich die Idee der Abschreckung heute entwickeln läßt, entsprach also nicht immer im einzelnen der Logik, die die Praxis bestimmte. Wie mächtig sie war, zeigen jedoch gerade die Versuche, Abschreckung und ihre Friktionen unter Kontrolle zu bringen. Die Lehre vom abgestuften Gebrauch der Gewalt auf sämtlichen Intensitätsstufen konnte nur realisiert werden, wenn das Gewaltinstrumentarium ein wieder wirklich verfügbares und in jeder Beziehung kontrollierbares Mittel wurde. *Ohne eine sol-*

che Verfügbarmachung von Waffensystemen und Militärpotentialen ließ sich die Politik als Gewaltpolitik nicht restaurieren. Wir wollen diese Maßnahmen, die der »Stabilisierung militärischer Umwelt« dienen, im folgenden betrachten. Ihr Ziel ist es, die Konsequenzen vielfach eigendynamischer Entwicklungen der modernen Waffentechnologie einer effektiven Kontrolle zu unterwerfen, um damit erneut zu einer *optimalen Synchronisation von Politik und Gewalt* zu gelangen. Wir werden dabei drei Bereiche betrachten, in denen die naturwüchsige Eigendynamik von Waffensystemen und -technologien die Existenz des ganzen Abschreckungssystems aufs Spiel zu setzen drohten. Alle drei Bereiche: die Eliminierung von allgemeinen Störfaktoren, die Zähmung des Rüstungswettlaufs und die Selbstbeschränkungen im Kriege wurden in der militärstrategischen Diskussion als Rüstungskontrollmaßnahmen (oder *arms control*-Politik) bekannt.

2. Arms Control: Die Eliminierung von Störfaktoren

Die *arms control*-Konzeption gewann zunächst am Ende der fünfziger Jahre an Bedeutung, als es sich zeigte, daß technologische Korrekturen an den bestehenden Waffensystemen erforderlich wurden, um eine waffentechnologisch bedingte, labile strategische Konstellation zu entschärfen und damit, wie es hieß, zu stabilisieren. Dabei spielten eine Reihe von potentiellen Konfliktfällen eine besondere Rolle. Sie wurden vielfach beschrieben und sollen hier nur summarisch angedeutet werden. Ihr Ursprung ist darin zu suchen, daß infolge der schlagartigen Einsatzmöglichkeit des modernen Destruktionspotentials derjenige, der zuerst zu den Waffen griff, einen eindeutigen Vorteil, als Aggressor, für sich buchen konnte. Die Offensive war bis vor wenigen Jahren jeder Defensive gemäß gängigen strategischen Nutzen-Wahrscheinlichkeitskalkülen überlegen. Die Prämie, die einem Aggressor zufiel, mußte insbesondere in zweideutigen Krisensituationen den »*preemptive strike*« als eine rationale Strategie erscheinen lassen. Von einem Präemtivkrieg wird immer dann gesprochen, wenn angenommen wird, daß der Gegner einen Angriff schon begonnen hat, dem man zuvorkommen möchte, von einem Präventivkrieg, wenn man annimmt, daß der Gegner in absehbarer Zukunft einen Angriff starten wird. Realiter ist der Unterschied heute weniger gegeben, als die terminologische Differenzierung vermuten läßt. Solange die strategischen Waffen im weitesten Sinne verwundbar waren, erwies sich die *Gefahr eines unbeabsichtigten Krieges* am größten. Je schneller in der ihm vorhergehenden Zeitspanne eine Entscheidung getroffen werden mußte, um so größer war die Wahrscheinlichkeit eines *Krieges auf Grund eines falschen Alarms*. Dieser Sachverhalt illustriert, wie sehr die Gefahr des Ausbruchs eines allgemeinen Krieges in der Natur der

Waffen oder besser der Waffensysteme selbst lag. Angesichts einer solchen Konstellation war das Gleichgewicht des Schreckens in der Tat delikat.

Stellen wir die wichtigsten Gefahrenpunkte zusammen. Als erste aus einer Reihe von Situationen, in welchen ein Präemptivschlag als dringende und naheliegende Maßnahme aus einer »potentiellen zu einer kinetischen Kraft« sich entwickelt, erscheint die *Eskalation eines begrenzten Krieges*. Im Verlaufe eines begrenzten lokalen Krieges können nämlich beide Seiten immer mehr die Überzeugung gewinnen, daß sich die große Auseinandersetzung nicht mehr vermeiden läßt. Bedenkt man den Vorteil des »*first strike*« und die Eile, mit der die Präemptiventscheidung getroffen werden muß, so liegt die Gefahr auf der Hand, daß eine der Parteien die Initiative an sich reißt. Ein zweiter viel diskutierter Gefahrenpunkt für die Stabilität der militärischen Umwelt besteht im sogenannten *katalytischen Krieg*. Erwirbt eine dritte Macht eine nukleare Kapazität, so könnte sie unter Umständen in einer militärisch-politischen Situation ihre eigenen Interessen am besten gewahrt sehen, wenn sie einen nuklearen Krieg vom Zaun bricht. Eine notwendige Bedingung für einen derartigen Kriegstypus ist natürlich, daß der stärkste Verbündete durch eine solche Initiative in das Kriegsgeschehen hineingezogen wird. Das Motiv dieser dritten Macht ist einfach. Kann der Gegner nicht unterscheiden, wer die Initiative ergriffen hat, der Hauptgegner oder nur einer seiner Verbündeten, so ist ein allgemeiner *casus belli* gegeben. Die verbündete Großmacht muß die Initiative ergreifen, wenngleich sie sie nicht anstrebte. Wahrscheinlich wurde aber die Gefahr eines solchen Krieges in der Literatur immer überschätzt.

Relevanter für die gesamte *arms control*-Diskussion sind jene möglichen Kriege, die keine Seite beabsichtigt, erwartet oder bewußt vorbereitet. *Unbeabsichtigte* oder *Kriege auf Grund von Pannen (accidental wars)* gehörten zu den realsten Gefahren der vergangenen zehn Jahre. Der eigentümliche Charakter dieses Konflikts ist, daß ein Krieg entfesselt wird in dem Glauben, daß er schon ausgebrochen ist oder unvermeidlich sei. In den meisten hypothetischen Fällen akzidenteller Kriege liegt eine Fehlinterpretation der verfügbaren Daten vor. Der Auslassermechanismus (Präemptivkrieg) ist in Ereignissen wie dem Zusammenbruch der militärischen Disziplin an einer entscheidenden Stelle, der unbeabsichtigten Detonation einer Bombe, einem nachrichtendienstlichen Versagen oder in Irrtümern im Kommunikations- und Entscheidungsprozeß zu suchen. In Zeiten normaler und durchschnittlicher Spannungen brauchen solche technischen Pannen nicht unbedingt zum Ausbruch eines Krieges zu führen. Mit der Intensivierung eines politischen Konflikts wächst jedoch die Gefahr, daß technisch bedingte Pannen als Katalysatoren des großen Krieges wirken. Zwar hätten politische und ideologische Konflikte den Rüstungswettlauf provoziert, so wurde angenommen, nunmehr hätte dieser aber ein Eigenleben angenommen, das wiederum auf alle anderen Konflikte zurückwirke.

Nun wurden verschiedene Vorschläge gemacht, mittels derer die angeführte technologisch bedingte Labilität sich bewältigen ließe. Erstens wurde empfohlen, den Charakter der Waffen selbst zu ändern. Was immer die Fähigkeit reduziert, einen realen Vorteil durch ein schnelles Zuschlagen zu gewinnen, kann die Wahrscheinlichkeit eines Krieges verkleinern. Diese Überlegung führte zur Konzeption der »Härtung des strategischen Potentials«. In dem Maße, in dem die Vergeltungswaffen durch Verbunkerung, zahlenmäßige Steigerung, Mobilität und Streuung relativ unverwundbar wurden, das heißt große Teile des Vergeltungspotentials sich bei einem Überraschungsangriff nicht eliminieren ließen, wurde der mögliche Gewinn in einem kalkulierten Angriff fragwürdig.

Ein zweiter Ansatz richtet sich auf jene Ereignisse, die zu Präemptiventscheidungen verleiten. Mit Hilfe einer Verbesserung des Nachrichten- und Kommunikationsnetzes können die nicht ernst genug zu nehmenden technischen Pannen als solche geklärt und ihre Folgen verhindert werden. Ein Ausbau der Arbeit der Nachrichtendienste und jede Form von Überwachungs- und Warnsystemen können die Basis für eine objektive Informationssammlung abgeben. Durch entsprechende organisatorische Vorkehrungen lassen sich in dem einem Präemptivkrieg vorausgehenden Entscheidungsprozeß Sicherungen einbauen. Damit können die gegenseitigen Handlungserwartungen und -absichten stabilisiert werden. — Schließlich ist es evident, daß Maßnahmen, die die allgemeinen Erwartungen eines Krieges reduzieren, auch Präemptiventscheidungen weniger dringlich erscheinen lassen.

Diese Form von *arms control* lag zeitlich am frühesten. Sie war akut, als der Rüstungswettlauf in einem bipolaren System endete, das waffentechnisch brüchige Stellen zeigte. Sie auszumerzen war eine erste Aufgabe der erwähnten *arms control*-Maßnahmen. Wie schon bemerkt, zielten sie darauf ab, die leicht explosiven Gefahrenstellen der militärischen Umwelt durch technische Eingriffe und mittels waffentechnischer Umstrukturierungen zu beseitigen. Zum großen Teil wurden seit dem Beginn der sechziger Jahre die Kontroll- und Kommunikationsnetze und die Waffensysteme derart aus- und umgebaut, daß nunmehr die Gefahr des Ausbruchs eines allgemeinen Krieges auf Grund von technischen Eigenheiten und Mängeln des Systems wenn nicht unmöglich, so doch unwahrscheinlich ist. Allerdings besteht keine Sicherheit, daß sich nicht durch irgendwelche technologischen Entwicklungen erneut politisch und militärstrategisch gefährliche Unzulänglichkeiten des Systems einstellen, die dann wiederum diese

Form der Rüstungskontrolle zum Brennpunkt der Analyse und der Praxis machen würden.

3. Arms Control: Die Zähmung des Rüstungswettlaufs

Ein etwas erweiterter Begriff der *arms control* bezieht sich auf Bemühungen, eben eine solche Entwicklung zu verhindern beziehungsweise den Rüstungswettlauf insgesamt zu zähmen und ihm eine bestimmte Richtung zu geben. Bei den zur Diskussion stehenden Problemen spielen einerseits die Beschneidung existierender Praktiken eine Rolle, wie zum Beispiel die Einstellung von Nukleartesten, zum andern beiderseitige, informell akzeptierte oder formell ausgehandelte Handlungsbeschränkungen, wie zum Beispiel die Bereitschaft, den Rüstungswettlauf nicht in den Weltraum zu tragen, von der Errichtung eines Antiraketensystems abzusehen, nukleare Waffen nicht weiterzugeben (Nonproliferation) und ähnliches mehr. Im letzteren Falle handelt es sich um Stillhalteabkommen, die wahrscheinlich in den wenigsten Fällen auf diplomatischem Wege ausgehandelt werden, sondern durch einen subtilen wechselseitigen Prozeß der Signalisierung von Erwartungen und Absichten, also einen stillschweigenden Dialog zustande kommen. Inwieweit sich durch einen solchen Signalaustausch tatsächlich der Rüstungswettlauf zähmen läßt, wird sich in den kommenden Jahren vor allem angesichts der Entscheidungen über Raketenverteidigungssysteme zeigen. Ein unorganisierter Kommunikationsprozeß und Gedankenaustausch zwischen den Großmächten mag in mancher Beziehung fruchtbarer und effektiver sein als diplomatische Verhandlungen konventioneller Art. Aber es werden immer wieder Momente eintreten, an welchen Selbstbeschränkungen aufgegeben werden, um einem vermeintlichen oder tatsächlichen Vorsprung des Gegners in der technologischen Entwicklung zuvorzukommen beziehungsweise um zumindest mit dem Gegner gleichzuziehen. Wann immer technisches Wissen sich so weit akkumuliert hat, daß es in effektive neue Institutionen und Waffensysteme übersetzt werden kann, also Relevanz für die Praxis vieler Jahre gewinnt, wird sich diese Methode der stillschweigenden reziproken Beschränkungen nur schwerlich bewähren.

Ganz sicher hat es in den vergangenen Jahren eine Art von »Management des Rüstungswettlaufs« informeller Natur gegeben. Thomas Schelling hat es vielfach beschrieben und Programme aufgezeigt, wie es sich in den kommenden Jahren weiterentwickeln ließe. Ganz offensichtlich hängt aber auch der Erfolg einer derartigen *Manipulation des Rüstungswettlaufs* im Einzelfall von den Risiken ab, die alle Beteiligten auf Grund ihrer Selbstbeschränkung bewußt eingehen. Erscheinen diese zu groß, so muß die hier vorgestellte, als *arms control* begriffene Methode der

Zähmung des Wettlaufs versagen. Sie kann natürlich auf jeder erweiterten Stufe der Rivalität wieder ins Spiel kommen — *sie bietet aber per se keine Garantie für eine dauerhafte Stabilisierung der militärischen Umwelt.* Die völkerrechtlich bindende Fixierung und die juristische Legalisierung bestimmter Beschränkungen können gegebenenfalls nicht nur außenpolitisch, sondern auch innenpolitisch als Rationalisierung einer spezifischen politischen Strategie für eine erfolgreiche Eindämmung des Rüstungswettlaufs erforderlich werden. Insofern ist *vertraglichen* Übereinkommen über wirklich entscheidende weitere Entwicklungen uneingeschränkte Bedeutung beizumessen, wie das Teststoppabkommen von 1963 zeigt.

Man könnte den ersten Aspekt der *arms control* als *therapeutisch* bezeichnen, und zwar ganz einfach deshalb, weil es dort um die Beseitigung schon bestehender, *für beide Seiten* gravierender Mängel der Waffensysteme geht. Demgegenüber wäre der *vorbeugende* Charakter aller offenen und insgeheimen Maßnahmen bei diesem eben angeführten, zweiten Aspekt zu betonen. Die hier beschriebene Rüstungskontrolle vermag die quantitative und qualitative Erweiterung des Wettlaufs nur bedingt einzudämmen beziehungsweise zu verhindern. Ihre schärfsten und subtilsten Verfechter sind nur selten bereit, dies einzugestehen. Schließlich müßten sie jedoch zugeben, daß jede solche Erweiterung neue eigendynamische und kostspielige Prozesse entfesselt, die, auf lange Sicht gesehen, die Beschränkung einer Friedensstrategie auf diese Methode als eine fragwürdige Angelegenheit erscheinen lassen.

4. Arms Control: Selbstbeschränkungen im Kriege

Die oben erwähnte »Härtung« der strategischen Potentiale hat bekanntlich zu einer Revision der strategischen Doktrinen geführt. In der Fachliteratur wird die neue Strategie häufig als die der flexiblen oder graduierten Antwort etikettiert. Im Zusammenhang einer Diskussion der *arms control* interessiert nicht die Strategie insgesamt, vielmehr nur einer ihrer Aspekte.

Die dieser Strategie eigenen Operationsmuster, denen zufolge, wie wir schon oben sahen, ein Nuklearkrieg sich nach bestimmten Spielregeln führen läßt, werden häufig dem Begriff der *arms control* subsumiert. *Arms control* soll in diesem Zusammenhang soviel heißen wie *schadenbegrenzender Einsatz nuklearer Waffen.* So sieht im Kontext der neuen strategischen Doktrin die viel diskutierte *counter-force*-Konzeption bekanntlich einen Vergeltungsschlag gegen die feindlichen Streitkräfte unter weitestmöglicher Aussparung von vitalen Wirtschafts- und Bevölkerungszentren vor. Das ihr zugrunde liegende Kriegsbild folgt früher vorherrschenden, konventionellen Mustern. Sachschäden und

Menschenopfer sollen vermieden werden; wie im 18. Jahrhundert soll sich die Auseinandersetzung auf ein Duell der Streitkräfte konzentrieren.

Im Unterschied zu dem bisherigen, auf den Rüstungswettlauf bezogenen Gebrauch des Begriffs der *arms control* richtet sich diese erweiterte Konzeption auf Beschränkungen, die während eines bewaffneten Konflikts beachtet werden sollen. Sie geht also in strategische Doktrinen, die Operationsmuster für den Fall. X darstellen, direkt ein. Ihr Ziel ist in diesem Zusammenhang, zur Vermeidung von Schäden beizutragen, unter denen beide Parteien zu leiden hätten. Man könnte die verschiedenartigsten Strategien konzipieren, um die Leiden und Opfer eines Krieges auf ein »optimales Minimum« zu reduzieren. *Arms control* wurde als schadenbegrenzender Faktor vor allem in den Diskussionen um die *counter-force*-Strategie ins Spiel gebracht. Eine Erweiterung des Begriffs oder der Konzeption auf *alle möglichen denkbaren und praktikablen Fälle schadenbegrenzenden Einsatzes von nuklearen und konventionellen Waffen* wäre jedoch nur logisch konsequent. *Dann würde jede Form des abgestuften Gebrauchs von militärischen Potentialen arms control-Charakter besitzen.* Verfolgt man die jüngste Literatur zur Strategie, so scheint es, daß immer mehr in diesem Kontext an Stelle des Begriffs der *arms control* der des *Krisenmanagements (crisis management)* tritt. Letzterer weist auf die Bedeutung effizienter Kontrollmechanismen und intakter Kommunikationsmöglichkeiten hin, so daß in Krisenfällen das gegebene militärische Potential *abgestuft, kontrolliert* und *kalkuliert* (alles austauschbare Begriffe) eingesetzt werden kann.

Der rote Faden, der die Konzeption der *arms control* in dem in diesem Abschnitt dargestellten Sinn des Krisen- oder Konfliktmanagements und in beliebigen Strategien des abgestuften Einsatzes von Streitkräften durchzieht, ist in dem Bestreben zu sehen, die modernen Waffen auf allen Intensitätsstufen zu optimal zuverlässigen und glaubwürdigen Instrumenten der Politik zu machen. In vielen Fällen treten hier Probleme auf, die denen nicht unähnlich sind, die bei der Leitung von Wirtschafts- und Staatsbürokratien bewältigt werden müssen. Hier wie dort spielen eine optimale Informationssammlung und Datenverarbeitung, die Fähigkeit, in Kenntnis der gegebenen Sachlage Entscheidungen zu treffen und die Garantie einer adäquaten nachfolgenden Ausführung der Entscheidungen eine wichtige Rolle. Konzeptionen einer derart begriffenen *arms control* beschäftigen sich demnach mit sämtlichen Aspekten einer optimal kontrollierten Verwendung militärischer Macht, mit ihrer Androhung, ihrem Nichtgebrauch, den Problemen der weiteren Begrenzung schon lokal oder funktional begrenzter Kriege, mit der Beendigung eines Konflikts wie mit dessen Verlauf.

Ungeachtet der unterschiedlichen Verwendung des Begriffs der *arms control* in den drei bisher aufgezeigten Problemkreisen (bei der Eliminierung von technologischen Störfaktoren in den Waffensystemen, bei der Zähmung des Rüstungswettlaufs und hinsichtlich des graduierten und kontrollierten Einsatzes der Streitkräfte in einem Konflikt) folgen die in den einzelnen Bereichen entwickelten Konzeptionen doch gemeinsamen analytischen Erkenntnissen und ähnlichen programmatischen Überlegungen.

Ausgangspunkt der, wenn man so will, ›Philosophie‹ der *arms control* ist die Erkenntnis, daß die militärische Beziehung zwischen potentiellen Feinden nicht dem Modell eines reinen Konflikts und eines absoluten Gegensatzes entspricht, sondern durch eine eigenartige Mischung von Konflikt und Kooperation geprägt wird. Das Zusammenspiel konfligierender und kooperativer Momente ergibt sich angesichts weniger, den Konflikt insgesamt aber bestimmender gemeinsamer Interessen. Die Vermeidung eines Krieges, den keine Seite bewußt anstrebte, die Verminderung der Anreize zum *first strike,* die Minimisierung der Kosten und Risiken des Rüstungswettlaufs und die Beschneidung des Ausmaßes der Gewaltsamkeiten im Falle eines bewaffneten Konflikts wären solchen Interessen zuzurechnen.

Es ist eine prinzipiell offene, jeweils im Einzelfall zu klärende Frage, ob *arms control*-Maßnahmen eine Reduktion oder eine Steigerung des Waffenpotentials implizieren, ob sie mittels qualitativer Veränderungen im Waffensystem erreicht werden können oder mit Hilfe einer bloßen Umstrukturierung bestehender Kräfte. Reduktionen sind keine notwendigen Vorbedingungen für *arms control*-Unternehmungen. Eine umfassende oder partiale Intensivierung des militärischen Aufgebots liegt gegebenenfalls durchaus in der Logik der Konzeption. Diese wird verständlich, wenn man den vielleicht wichtigsten programmatischen Punkt der *arms control*-Philosophie berücksichtigt: *die Forderung, die militärische Umwelt bestmöglich zu stabilisieren.* »Stabilität« und »Stabilisierung« sind in der Tat zu Kennmarken der *arms control* geworden. Daß es sich bei ihnen vielfach weniger um analytische Begriffe als um Schlagworte handelt, ist eben ihrem programmatischen Charakter zuzuschreiben. Solange sich beide Begriffe auf militärtechnische Gegebenheiten und auf entsprechende militärstrategische Kalküle beziehen, überwiegt zumeist ihr analytischer Wert. Verläßt man aber die militärische Umwelt, so werden beide Begriffe in dem Maße problematisch, in dem sie in politische Programme und in die in diesen enthaltenen Bewertungen, Erwartungen und Absichten einfließen. Was dem einen Stabilität, ist dem andern oft Instabilität.

Es ist kein Zufall, daß *arms control*-Theoretiker sich meist auf die

Analyse der militärischen Umwelt konzentrieren. Dort lassen sich im Rahmen strategischer Risikokalküle Kriterien finden, die den Begriff der Stabilität zu einem zunächst analytisch sinnvollen Instrument machen. Stabilität besteht immer dann, wenn zum Beispiel weder die USA noch die UdSSR einen politischen oder militärischen Vorteil von der Androhung oder Ausführung eines nuklearen Angriffs erwarten können. Diese Überlegung läßt sich in praktische Programme übertragen. Um eine adäquate militärische Positur zu erreichen, sind vielerlei Maßnahmen erforderlich (Aufrüstungen, Abrüstungen oder einfach eine Umrüstung). Da angenommen wird, daß solche Unternehmungen im Interesse beider Parteien liegen (weil keine mehr eine wirkliche militärische Vorherrschaft in absehbarer Zeit erwarten kann und deshalb Interesse an einer Zähmung des Wettlaufes haben müßte), setzten *arms control*-Theoretiker immer schon große Hoffnungen auf unilaterale und vertraglich ausgehandelte Maßnahmen.

Die Mehrzahl der unilateralen *arms control*-Projekte besitzt Offertencharakter. Wie sich die gesamte Konzeption auf Situationen bezieht, in denen Konflikt und Kooperation zusammengreifen, so verklammern sich im Einzelfall Drohungen und Versprechungen. Wenn also beispielsweise in einem Konflikt, wie Herman Kahn ihn mehrfach mit Virtuosität beschrieben hat, die eine Seite eine bedeutende gegnerische Stadt exemplarisch zerstört (*city trading*), so liegt in einer solchen graduierten Maßnahme das Versprechen und die Bereitschaft, sich zu beschränken; sie signalisiert aber auch gleichzeitig die Drohung, sich gegebenenfalls nicht zu beschränken, also die Fähigkeit und Bereitschaft, den Konflikt zu eskalieren. Schelling führte diese Überlegung zu der These, daß der lokal begrenzte Krieg seinerseits eine Rüstungskontrollmaßnahme darstelle, weil er das Risiko eines allgemeinen Krieges in sich berge, also wiederum Versprechen und Drohung zugleich sei. Im Grunde läßt sich dieses Beispiel auf jede mögliche Ebene gewaltsamer Auseinandersetzung übertragen. Welche Signale und Mechanismen nötig sind, um die zweideutige Offerte wirksam dem Gegner zu übermitteln, ist Gegenstand von Untersuchungen, deren Ergebnisse zum Teil in Laboratoriumsversuchen gewonnen, zum Teil, sofern es sich um intuitive Annahmen handelt, mit ihrer Hilfe überprüft werden können.

Rüstungskontrollmaßnahmen im Sinne von *arms control* zielten darauf ab, die Dynamik des Rüstungswettlaufs zu bändigen und die Friktionen des Abschreckungssystems bestmöglich zu beseitigen. Was in der Praxis vielfach wie rüstungstechnischer Ausgleich und wechselseitige Anpassung zwischen den Waffensystemen der beiden Atomgiganten aussah, enthüllt sich rückblickend als Versuch, einen »naturwüchsigen« waffentechnologischen Wettlauf so unter Kontrolle zu bringen, daß das Ineinandergreifen von Politik und Gewaltinstrumentarium optimal garantiert wäre. Dies ist der Grund, warum *arms control* als Konzeption, Methode und Praxis zu einer der bemerkenswertesten und folgenschwersten Entwicklungen der Nachkriegszeit, die wir als die erneute Zuordnung von Politik und Gewalt interpretierten, zu rechnen ist. Ihr Ziel, zu *militärisch stabilen Regelsystemen* zu gelangen, glaubt sie, für absehbare Zeit erreicht zu haben. Solange es Waffensysteme, die technologischen Innovationen folgen, gibt, werden technische Entwicklungen immer wieder Situationen schaffen, in denen die offene oder stillschweigende gegenseitige Abstimmung der Militärdoktrinen und ihrer Systeme aus purem Selbstinteresse unerläßlich ist. Aber solche Eingriffe dienen der Effektivität der bestehenden Systeme und nicht ihrer Überwindung. *Arms control* hat nichts mit Abrüstung zu tun, denn sie zielt ja nur auf die Stabilisierung, nicht die Veränderung militärischer Umwelt, und auf Veränderungen drängt sie nur, insofern diese der Stabilisierung des Abschreckungssystems zugute kommen. In diesem Sinne ist *arms control* ein notwendiges Korrektiv im Abschreckungssystem und dessen Logik unterworfen.

6. Die Kosten der Abschreckung

Eine Beschäftigung mit den *Doktrinen* der Abschreckung, den erwähnten wiedergewonnenen Konzeptionen »rationaler« Gewaltpolitik, könnte leicht als bloße Analyse von Bewußtseinsformen empfunden werden. Abschreckungsdoktrinen, in denen ein vorherrschendes Verständnis des Verhältnisses von Politik und Gewalt zum Ausdruck kommt, sind ohne Zweifel das Produkt der Rationalisierungen eines bestimmten, heute geschichtsmächtigen Bewußtseins. Diesem entspricht jedoch mehr oder weniger eine gesellschaftliche Organisation mit einer sie charakterisierenden (schichtspezifischen) Kostenstruktur.

Wir wollen zunächst die budgetmäßig fixierbaren Kosten der Abschreckung an Hand der neuesten verfügbaren Daten darstellen. Wir werden dann versuchen, die Kosten selbst etwas differenzierter zu betrachten, um zu einem einigermaßen realistischen Bild zu gelangen und um jeder Schwarzweißmalerei aus dem Wege zu gehen.

Nach vorliegenden Daten betrugen die Rüstungsausgaben der Welt um die Mitte der sechziger Jahre ungefähr 133 Milliarden Dollar, von denen siebzig Prozent allein von den beiden mächtigsten Abschreckungsgesellschaften USA und UdSSR aufgebracht wurden.[3] Zählt man die Rüstungsausgaben der 22 Staaten der NATO und des Warschauer Pakts zusammen, so gelangt man an knapp neunzig Prozent der gesamten Weltausgaben. Einen Einblick in die globale Verteilung vermitteln folgende Zahlen: 97 Prozent sämtlicher Ausgaben werden von 36 Ländern der Erde aufgebracht; ungefähr 80 Länder geben also nur zirka 3 Prozent der Weltrüstungsausgaben aus.

Die Kostenschichtung könnte eine Gleichsetzung von Rüstungsausgaben mit den Ausgaben für die Abschreckung überhaupt rechtfertigen. Wir wollen dies weder für die Weltrüstungsausgaben noch für die Ausgaben einzelner rüstungspotenter Staaten vorschlagen. Überzeugender als Maßstab der Rüstungslast ist jenes Ausmaß an Nicht-Rüstungsgütern und Dienstleistungen, welches effektiv geopfert werden muß und vom Zivilsektor abgezweigt wird, um diese Rüstungspolitik möglich zu machen, also die sogenannten »*opportunity costs*« der Abschreckung. Die Last der Militärpolitik für die zivile Wirtschaft ist geringer als ihre Kosten. Denn einige der militärpolitischen Ausgaben münden in Güter und Dienstleistungen zivilen Typs und reduzieren damit den Betrag, den die Zivilwirtschaft aufbringen muß, um eine bestimmte Ebene ziviler Wohlfahrt zu erreichen. Die »*opportunity costs*« sind natürlich äußerst schwierig zu berechnen; allein schon die Aufgliederung der gesamten Militärbudgets in die hierfür relevanten Sektoren bringt besondere Schwierigkeiten mit sich, zu schweigen von den vielfältigen Imponderabilien, die bei einer detaillierten Umrechnung zu berücksichtigen sind. Wir können uns hier auf die Daten führender Experten berufen, denen zufolge die »*opportunity costs*« des amerikanischen Abschreckungsprogramms auf 46 Milliarden Dollar geschätzt werden, was in dem berechneten Jahr ungefähr 86 Prozent der gesamten Militärausgaben entsprach. Bei identischem Vergleichsmaßstab würde dies für die Weltrüstungsausgaben bedeuten, daß ungefähr 113 Milliarden Dollar als solche Ausgaben zu bezeichnen sind, die dem zivilen Bereich entnommen wurden, um rein militärpolitische Zielsetzungen zu verwirklichen.

Diese Angaben bedürfen jedoch einer Korrektur. Denn auch Abrüstung und eine abgerüstete Welt kennt ihre Kosten für die Sicherung des Friedens (beispielsweise für ein Weltsicherheitssystem). Die Unterscheidung zwischen Brutto- und Netto-»*opportunity costs*« bietet sich an, wobei die Brutto-»*opportunity costs*« den eben erwähnten Gesamtbetrag, die Differenz zwischen Brutto- und Nettobetrag die Ausgaben für ein Weltsicherheitssystem, die Netto-»*opportunity costs*« also die eigentlich zusätzlichen Kosten bezeichnen würden, *die nur deshalb entstehen, weil die Sicherheitspolitik in einem überkommenen nationalen Rahmen und nicht im Rahmen eines Weltsicherheitssystems organisiert ist.* Die Netto-»*opportunity costs*« wären also präzise die Kosten der Abschreckung.

Nach einer Studie von 1962 würde ein Weltsicherheitssystem etwas über 20 Milliarden Dollar pro Jahr kosten, vorausgesetzt, daß die mächtigsten Rüstungsstaaten ihre Rüstung in einen Waffenpool einbringen würden. Um den Betrag der Netto-»*opportu-*

nity costs« noch realistischer zu bestimmen, wäre auch in der Differenz zwischen Brutto- und Nettokosten jener Betrag zu berücksichtigen, der für minimale Verteidigungsmaßnahmen für die innere Sicherheit von Staaten aufgebracht werden müßte (zirka ein Sechstel der jetzigen Kosten). Dies alles berücksichtigt, ergibt sich folgendes Bild *vermeidbarer Rüstungskosten:* unter *konservativen* Annahmen wären im Weltmaßstab zirka 21 Milliarden für ein Weltsicherheitssystem, 22 Milliarden für interne Sicherheitsmaßnahmen, also insgesamt 43 Milliarden Dollar für minimale äußere und innere Sicherheitsmaßnahmen aufzubringen. Für die absehbare Zukunft wäre dies eine *realistische Kostenalternative* zu den Kosten der Abschreckung. Die Kosten, die mit dem Übergang in ein Weltsicherheitssystem unter Zurückbelassung von internen individuellen Sicherheitsvorkehrungen eingespart werden können, betragen also nicht 113 Milliarden Dollar (das Ausmaß der Brutto-»*opportunity costs*«), sondern 43 Milliarden Dollar weniger, also *ungefähr 70 Milliarden Dollar. Man kann diesen Betrag (oder einen Betrag dieser Größenordnung) als einigermaßen realistisch berechnete,* bei konservativen Annahmen über das internationale System *vermeidbare Kosten für Rüstungen im Weltmaßstab bezeichnen,* als Nettosparbetrag, der sich aus einer Abrüstung ergeben würde. Angesichts der Schichtung der Rüstungskosten im internationalen System ist dieser Betrag fast identisch mit den vermeidbaren Rüstungskosten in den Abschreckungsgesellschaften der beiden Blöcke (und ihrer Überbleibsel).

Um noch einmal zu verdeutlichen, es handelt sich hierbei um jenen Betrag von Gütern und Dienstleistungen, die im zivilen Bereich durch *vermeidbare* Rüstungsausgaben im Rahmen des Abschreckungssystems abgezweigt werden — um einen Betrag, der durch die Verwirklichung der realistischen Alternative eines Weltsicherheitssystems neuen Wohlfahrtsaufgaben zugeführt werden könnte. Dieser Betrag, den das Ende der Abschreckungspolitik freisetzen könnte, ist also kleiner, als gewöhnlich angenommen wird, aber immer noch unglaublich hoch, und seine Übersetzung in Infrastrukturmaßnahmen und Ausgaben für neue Sozialleistungen läßt die Kosten der Abschreckung erst recht deutlich erkennen. Wir wollen hier nicht weiter auf andere ökonomische Kostenaspekte der Abschreckung eingehen, nicht auf die plausible These, daß wohl Reichtum Macht schafft, daß aber gewonnene Macht den Zuwachs an möglicher Wohlfahrt (meßbar in den Wachstumsraten) reduziert; die wichtige Problematik der Umstellung der Rüstungswirtschaft auf Friedenswirtschaft werden wir gleich zu diskutieren haben, ihre rein *organisatorischen* Probleme sind jedoch weniger dramatisch, als sie oft dargestellt werden, ihre gesellschaftspolitischen um so brisanter.

Doch wenden wir uns jenen Kosten zu, die sich nicht ohne weiteres in Dollars ausdrücken lassen. Abschreckung bedeutet auch eine bestimmte *Qualität des Lebens*. Mit zu ihrem Wesen gehört, daß sie — folgt man ihren Propagandisten — nur effektiv ist, wenn sie psychologisch glaubhaft vertreten wird. Abschreckung ist in diesem Sinne kollektiv organisierter Terror, gesellschaftlich organisierte Aggression, ein System der Angst. Von ihren zwei Komponenten, der Organisation des militärischen (*hard ware*) Potentials und der organisierten Bereitschaft zur Gewalt, ist für ihre vermeintliche Effektivität letztere Organisation, die psychologische Aufrüstung, nicht nur unentbehrlich, sondern schlechterdings zentral. Würde Abschreckungspolitik über das gängige, an sich schon genügend schreckliche Maß hinaus konsequent betrieben (vor allem durch eine Politik umfassender aktiver Zivilverteidigung), so käme dies einer *Militarisierung sämtlichen Lebens* gleich.

Auch hier enthüllen sich die wesentlichen Merkmale der Abschreckung von ihrem logischen Ende her: Kahn hat im gängigen Rahmen strategischer Analyse glaubhaft nachgewiesen, daß Abschreckung fehlschlagen könne, daß es im Abschreckungssystem Situationen gebe, die einen nuklearen Präventivkrieg erforderlich machten, daß die Überlebenschancen von Gesellschaften in beiden Fällen letztlich von durchgreifenden Zivilschutzmaßnahmen abhängen würden und daß erst auf der Basis solcher Maßnahmen eine überzeugende Drohpolitik und eine eindrucksvolle Gewaltdiplomatie, also glaubwürdige Abschreckung, sich entwickeln und verfolgen lassen. Früh erkannten Strategen die militärische und psychologische Disziplinierung der Menschen als Aktivposten in ihrem strategischen Kalkül. Deshalb die Programme einer unter militärstrategischem Aspekt geplanten administrativen Erfassung der Bevölkerung in psychologischen Drillorganisationen, deren gesellschaftlich regressiven Charakter schon Freud vor vielen Jahrzehnten hellsichtig diagnostizierte. Die Wirklichkeit bleibt auch hier hinter den logisch zu Ende gedachten Programmen zurück. Aber sie ist in dieser Hinsicht noch von genügend, in ihrer Stärke wechselnder, pulsierender Gewalt durchsetzt, zumindest von so viel, daß ein latentes Potential zur Gewaltbereitschaft ständig wach gehalten wird und aktivierbar bleibt und drohende Apathie das Gerüst der Abschreckung nicht zusammenbrechen läßt. Nicht zu Unrecht werden Manöver unter heutigen Bedingungen als sublimste Form moderner Gewaltanwendung und als Gewaltsurrogat erkannt; angezettelte Krisen leisten das Ihre, den Terrorfrieden und seine psychologischen Komponenten nicht erlahmen zu lassen. Die Symbiose von Gewalt und Angst lebt von solch atavistischem Bodensatz.

Da sich Menschen gewöhnlich nicht grundlos fürchten, müssen, wenn Furcht ein strategischer Aktivposten ist, Gründe gefunden werden. In dieser Hinsicht ist Abschreckung ein Phänomen manipulativer Kontrolle, und ihre Effektivität hängt ab von der geglückten Aussöhnung individueller und politisch propagierter Interessen. Die zu beobachtende Übereinstimmung von Psyche und Gesellschaft in Abschreckungsgesellschaften zeigt, wie sehr die manipulierten Bedürfnisse der einen und die politischen Erfordernisse der andern sich aufeinander zubewegen. Aber diese Bewegung ist nicht das Resultat demokratischer Bewußtseinsbildung, sondern das Ergebnis einer zu Bewußtlosigkeit führenden Mobilisierung von Aggressivität; sie setzt Suggestion voraus, wie sie andererseits zu erweiterter, Intelligenz hemmender Suggestion führt.

Damit kommen wir zu dem dritten Aspekt der Kostenfrage von Abschreckung. Sosehr Abschreckung ein psychologisches Phänomen ist, sosehr sind gesellschaftliche Organisationen deren Produktionsstätte. Die sozialen Kosten von Abschreckung enthüllen sich am deutlichsten in jenen Aktivitäten, die Abschreckung nicht oder nur auf Umwegen als Abfallprodukt fördert: Maßnahmen, die der sozialen Wohlfahrt dienen: die Investitionen in das Erziehungssystem, Sozialleistungen (vor allem Altersversorgung), Gesundheitsfürsorge, Forschung, Infrastruktur, Wasser- und Luftreinigung, Raumplanung und dergleichen. Wir wollen diese kostspieligen Alternativmaßnahmen hier nicht ausmalen, sondern nur auf den entscheidenden Punkt aufmerksam machen. Solche Wohlfahrtsinvestitionen setzen eine andere Willensbildung voraus als die Investitionen in Abschreckungsvorhaben, ja sie erzwingen eine wirklich demokratische. Es ist eine gerade die jüngsten Jahrzehnte tragisch kennzeichnende Tatsache, daß Mittel für destruktive Zwecke gewissermaßen sorglos ausgegeben und vergeudet werden, während es bei der Bewilligung von Mitteln für konstruktive Vorhaben wie angemessene Wohnungen und Gesundheitsfürsorge hitzige Debatten gibt. Die wohl entscheidende Wirkung einer Abrüstung und der mit ihr notwendigerweise verbundenen Emanzipation der Menschen wäre die Erhöhung demokratischer Willensbildung und die Steigerung demokratischen Bewußtseins. Doch der Teufelskreis liegt darin, daß Abrüstung ein solches Bewußtsein und die ihm entsprechenden gesellschaftlichen Organisationen schon voraussetzt und daß eben diese Voraussetzungen durch einen über Abschreckung garantierten Status quo sich nicht oder nur zögernd entwickeln. Die Brisanz der Alternative Abschreckung und Abrüstung ist also nicht in den technisch lösbaren Problemen der Umpolung der Wirtschaft auf Friedensprojekte zu sehen, sondern in der notwendigen Änderung der Herrschaftsstruktur und der durch sie geförderten psychologischen Dispositionen. Interessen, nicht aber fehlende Erkenntnis blockieren den Weg. Doch wie sehr ist der Weg blockiert?

Diese Frage führt uns zu einer Betrachtung der praktischen Wirkung von Abschreckung. Das Vertrackte an Abschreckung ist, daß man ihr im strikten Sinne ihre Relevanz oder Irrelevanz in der praktischen Politik nicht nachweisen kann. Darin liegt ihr Zynismus. Wenn mit Abschreckung gedroht wird und es zu keinem Konflikt kommt, bleibt die Frage offen, ob der Konflikt vermieden wurde, weil der sogenannte Feind abgeschreckt wurde oder weil dieser einfach keine aggressiven Absichten hatte. In dieser Unbeweisbarkeit ihrer praktischen Wirkungen liegt ihre Macht. Denn jedem kritischen Argument, das sich gegen ihre Praxis richtet, kann mit einem Hinweis auf ihre (nicht beweisbare) vermeintliche Effektivität begegnet werden. So einfach, so naiv ist im Grunde ihre Rationalisierung, und eine Untersuchung der Dokumente, in denen Abschreckungspolitik verfochten wurde, würde zeigen, wie verbreitet für ihre Rechtfertigung der letztlich argumentlose Rekurs auf ihre vermeintliche vergangene und prospektive Wirkung und Leistung war.

Nun ist deutlich, daß der Nutzen militärischer Macht zur Erlangung positiver Ziele heute minimal ist. Territoriale Eroberungen zahlen sich nicht mehr aus. Die Staaten mit größter Wohlfahrt sind jene, die ihre Geschäfte zu Hause betreiben. Der Anreiz zu territorialen Gewinnen aus ökonomischen Gründen ist ständig im Sinken. Der Krieg hat an moralischer Legitimität verloren. Interventionen in fremden Staaten werden ständig teurer. Die großen Machtpotentiale führen zu gegenseitiger Ohnmacht; in der Beziehung zu kleineren und kleinsten Potentialen erweisen sie ihre Unbrauchbarkeit. Aller Selbstsuggestion zum Trotz ist im Krisenfall die Manipulation von militärischer Macht unsicher und ungewiß; die Rede vom kalkulierten Risiko durch »*crisis management*« ist weithin Selbsttäuschung und Augenwischerei; wer hier Sicheres zu wissen vorgibt, betreibt Propaganda, aber dies ist ja das Geschäft des neuen zivilen Militarismus.

Hat sich die Reichweite des Nutzens militärischer Macht drastisch reduziert, so betonen Strategen deren *latenten* Nutzen. Als Drohinstrumentarium und Mittel der Gewaltdiplomatie soll militärische Macht von unverzichtbarem Wert sein. Es ist also interessant zu beobachten, daß genau zu der Zeit, in der Gewaltpolitik objektiv fragwürdig geworden ist und die herkömmlichen Rechtfertigungen von Kriegen mitsamt dem Krieg selbst sich überlebt haben, ein beispiellos angewachsener Militärapparat der gewaltigsten ideologischen Ziele und Verbrämungen bedarf, um weiterhin als legitim zu erscheinen. Er soll einstehen für »*a whole life*« oder für »*the very integrity of society*« — bliebe nur zu fragen, wie integer diese Abschreckungsgesellschaften sind.

Zum Teil führt Abschreckung auch in eine Sackgasse auf Grund der Ignoranz, die sie produziert. Selten wurde eine Politik mit so wenig realistischer Phantasie verfochten wie die der Abschreckung, und sie hat ihrerseits die an sich schon nicht sehr hohe Intelligenz ihrer Protagonisten, der Staaten und ihrer Machteliten, weiter reduziert. Unsere Analyse zeigte, daß zur Abschreckung, vor allem bedingt durch ihren autistischen Charakter, ein gradueller Realitätsverlust gehört, der nach einer gewissen Zeit zu zwei Reaktionen führen kann: einmal zu einer Revision der Abschreckungspolitik, zum andern zu ihrer Verkrampfung, Verhärtung und zur innenpolitischen Neubestätigung und Propagierung von außenpolitisch längst überholten Konflikterwartungen. Man nennt dies Formierung; ihr Mittel: Notstandsmaßnahmen; ihre Konsequenz in einer sich ändernden Umwelt: Selbstisolierung und Anpassungsschwierigkeiten, vor allem Schwierigkeiten in der korrekten Analyse dieser Umwelt und der eigenen realistischen Möglichkeiten in ihr. Das heißt, Abschreckung reduziert die Sensibilität einer Politik, weil sie ständig auf einen Feind hin sich orientiert glaubt, während sie in Wirklichkeit einer Selbstbeschäftigung mit eigenen fiktiven Drohbildern gleicht. Sie führt zur Verdummung und unterliegt deren Dialektik: eine Politik, die Menschen verdummt, verdummt bekanntlich selbst. Das zeigt sich deutlich in dem Verlust an Flexibilität durch die Wirkung der von ihr in der Öffentlichkeit selbst aufgebauten Feindbilder, deren Abbau erheblichen Widerständen begegnet. Und wie alle manipulativen Systeme, so ist auch das System der Abschreckung nur pseudo-stabil: ihm droht ständig Desintegration; nicht von ungefähr kommen die es stützenden gewaltigen propagandistischen Anstrengungen. Der Prozeß der Intelligenzhemmung kann sich derart erweitern, daß schließlich die Diskrepanz von Vorstellung und Realität so groß wird, daß den Fiktionen der Boden entzogen wird und ihre Glaubwürdigkeit schwindet. Dann nähert sich das System seinem kritischen Schwellenwert: entweder radikalisiert es sich, oder es wird durch eine Alternative ersetzt. Doch gleicht sein mittelmäßiges Überleben, das die Menschen an Friedlosigkeit gewöhnt, einem gefährlichen Siechtum.

Bedenken wir auch eine innere Schwäche, die zeitweilig erheblich ist. Angst, Furcht und Aggressivität kennen ihre Sättigungspunkte. Menschen können sich nicht jahrzehntelang ununterbrochen fürchten. Eine in anderer Hinsicht fatale Apathie wirkt hier wider Willen in eine erfreuliche Richtung. Die sich ganz zwangsläufig einstellenden Ermattungserscheinungen konnten in der bisherigen Geschichte des Abschreckungssystems jeweils abgefangen werden durch größere Krisen, die alle drei bis vier Jahre das System wieder in Schwung brachten. Ob sich ein solcher Rhythmus aufrechterhalten läßt, ist fraglich.

Abschreckung ist eine politisch unfruchtbare Konzeption, da sie die Zirkel, in denen sie sich bewegt, ständig erweitert und eine

Phantasie fördert, die die vorherrschende Phantasielosigkeit bestärkt. Das zeigt sich deutlich an den Umstrukturierungen der Waffensysteme auf Grund technologischer Innovationen (wie wir das gegenwärtig am Beispiel der Antiraketensysteme erleben). Sie ist unfruchtbar auch in dem Sinne, daß sie unsinnig aufwendig ist (wie sich sehr leicht an der sogenannten *overkill*-Kapazität demonstrieren läßt) und daß offensichtlich aller Aufwand nichts nützt, um jenes oberste Ziel einer langfristigen Stabilisierung der militärischen Umwelt zu erreichen. Die technologische Dynamik des Systems läßt sich technologisch nicht bändigen. Dies nicht zu erkennen, heißt der Irrationalität technokratischer Stabilisierungsprogramme verhaftet bleiben.

9. Die Irrelevanz von Abschreckung

Das Abschreckungssystem führte nicht nur in eine Sackgasse; seine Irrelevanz zeigt sich in dem Versuch, die Doktrinen von Politik und Gewalt nach unten hin auf jene vorkonventionellen Gewaltstufen zu erweitern, auf denen der Elan revolutionärer Bewegungen abgefangen werden soll (*counter-insurgency*). Auf dieser Konfliktebene wurde ein Aspekt von Abschreckung recht deutlich, daß nämlich in konkreten Konflikten, die wirklich ausgestanden werden müssen und die sich nicht in jenem von uns aufgezeigten autistischen Milieu abspielen, Abschreckung leicht versagt, weil die in Abschreckungsdoktrinen stillschweigend vorausgesetzten Bewußtseinsstufen und die als gegeben unterstellten gleichen Zielfunktionen realiter nicht immer von den Kontrahenten geteilt werden. Der amerikanischen Politik kommt gegenwärtig ihre Ignoranz teuer zu stehen; allerdings handelt es sich im Vietnam-Krieg nicht um das Ergebnis zufälliger Ignoranz, sondern, wie aus unseren Überlegungen insgesamt deutlich wird, um Dummheit, die ihre Geschichte und die Methode hat. Versagt die in Abschreckungsdoktrinen unterstellte Kommunikationsbereitschaft der Gegner, weil — wie in Vietnam — der Gegner sich in die Rolle des Partners nicht zwingen läßt, so enthüllt Abschreckung ihr sprachloses Gesicht mit aller sich eskalierenden Brutalität.

10. Friedlosigkeit als Programm

Vergleicht man die ›Philosophie‹, die dem modernen strategischen Denken und seinen Produkten, den Lehren vom abgestuften Gebrauch der Gewalt, zugrunde liegt, mit der vornuklearen Philosophie des Krieges, so zeigt sich eine ungeheuerliche Kontinuität. Beide teilen die sogenannte »realistische« Annahme, internationale Politik sei ein Konfliktfeld mit eigener Logik, eine »Brutstätte von Risiken«. Der Wettstreit in dieser Sphäre sei total, denn er könne bis zum Gebrauch von Gewalt sich steigern. Risiken entstünden auf allen Ebenen: für den Bürger, die Staaten, ja das System selbst. Zielsetzungen in diesem Feld seien vielfältig und meist nicht in Übereinstimmung zu bringen, Mittel divergierten, die Spielregeln seien wenig präzise, und gegenseitige Kräftekalküle basierten in der Regel auf fragwürdigen Informationen. Moderne Strategen unterscheiden sich von ihren Vorläufern darin, daß sie in dem Maße, in dem objektiv die Ungewißheit wächst, um so deutlicher vom »rationalen Gebrauch der Gewalt« oder vom »kalkulierten Risiko« sprechen und damit ein Grunddilemma ihrer eigenen Position überspielen. Der internationale Konflikt stellt also nach dieser einflußreichen, das Bewußtsein der Mehrzahl der Menschen bestimmenden ›Philosophie‹ einen unentrinnbaren Zwangsmechanismus dar: er kennt Belohnungen und Bestrafungen, Aufstieg und Niedergang seiner Teilnehmer, und nur um den Preis des Verlustes eigener Identität könnten Staaten sich ihm entziehen.

Man könnte diese Philosophie als die *naturgeschichtliche* Philosophie der Naturgeschichte des internationalen Systems bezeichnen, weil in ihr Ungewißheit, Unsicherheit, riskantes Verhalten, individuelle Interessenpolitik und Staatsegoismus, ja das Wechselspiel der Kräfte selbst, als quasi naturgegebene Größen begriffen werden. Eine solche Philosophie ist beschränkt, doch ist ihre Armut mit dem Elend der überkommenen Beziehungen zwischen Staaten verklammert. Auf jeden Fall wäre es voreilig, sie mit leichter Hand abtun zu wollen. Erstens ist sie der Unterbau der die überkommene Gewaltpolitik legitimierenden Rhetorik, zweitens trifft sie bei aller Beschränktheit das *naturwüchsige* Moment internationaler Politik. Was sie nicht erkennt und was wir gerade in der Analyse der Abschreckung gesehen haben, ist, daß Gewalt- und Interessenpolitik ständig jene Voraussetzungen und Bedingungen neu entstehen lassen, die ihrerseits wiederum Gewalt- und Interessenpolitik als einzig rational erscheinen lassen. Die Grundlage jenes naturwüchsig begriffenen Zwangsmechanismus bleibt also unreflektiert.

Angesichts der Übermacht militärischer Potentiale sucht die moderne strategische Analyse diese sich reproduzierende Naturwüchsigkeit manipulierbar zu machen; sie hält sie damit am Leben. Während im herkömmlichen System, bedingt durch vergleichsweise harmlose Dimensionen von Gewalt und einer relativ maßvollen Gestalt von Politik, ein Friedenszustand auch in diesem naturwüchsigen Milieu sich zeitweilig aufrechterhalten ließ, die Unterscheidung von zivilem und militärischem Bereich streckenweise sinnvoll und realistisch war, läßt sich heute nicht nur diese Unterscheidung nicht mehr treffen, Frieden und Krieg gehen über in den Zustand des Terrorfriedens. Terrormodelle sind der ihm adäquate Ausdruck.

Wir berühren hier einen entscheidenden Punkt des Verständnisses der Friedensproblematik. Strategische Analyse begreift den Frieden als machbar. Ihre Paradoxie liegt darin, daß sie sich hierfür der Instrumentarien des Krieges bedient. Während die Verfechter dieser Strategie diese Konzeption der Friedenssicherung als einzig realistische begreifen, weil es kein Entrinnen aus dieser Paradoxie mehr gebe, enthüllt die Realität bei kritischer Betrachtung deren fiktiven Charakter. Die vermeintlichen Sachzwänge dieser Situation sind weder naturbedingt noch unüberwindbar. Unsere Analyse zeigte, daß ihre Struktur und ihre Logik durchschaubar sind, und sie machte überdies deutlich, daß unter deren Vorzeichen eine Lösung des Friedensproblems in technokratisch organisierte Friedlosigkeit führt.

11. Die Epidemie der Friedlosigkeit

Eine alternative Philosophie bestreitet, daß sich Frieden auf dieser Basis erzwingen lasse. Sie bricht mit dem Bann der Naturgeschichte von Krieg, Konflikt und Aggression. In ihrem Ansatz versteht auch sie internationale Konflikte als Wechselbeziehung mit eigengesetzlichen, »zwangsmäßigen« Entwicklungstendenzen; auch sie begreift deren Dynamik als Resultat naturwüchsiger Prozesse. Ja, sie geht so weit, den Ausbruch und die Ausbreitung von Kriegen und Konflikten mit epidemiehaften Erscheinungen zu vergleichen. Doch an entscheidender Stelle ihrer Konzeption unterstellt sie, im Unterschied zur strategischen Philosophie, die Dynamik derartiger Konflikte sei das Ergebnis eines blinden, eines bewußtlosen Handelns nicht emanzipierter Menschen und Gesellschaften. Dieser Ansatz, den wir im Unterschied zum naturgeschichtlich-strategischen als *epidemiologischen* bezeichnen, ist prinzipiell kritisch. Untersucht wird, was geschieht, wenn Menschen Geschichte mit Willen, aber nicht mit Bewußtsein machen. Und wo sie glauben, sie mit Bewußtsein zu machen, wäre zu fragen, ob dieses Bewußtsein nicht Hellsichtigkeit inmitten allgemeiner Blindheit ist. Ein emanzipatorischer Impetus ist dieser Philosophie unverkennbar eigen. Betreibt Strategie die Perfektion von Drohsystemen, so untersucht dieser Ansatz deren gefährliche konflikt- und krisenanfällige Dynamik. Schürt jene Aggressivität, so stellt sich dieser als größtes Problem die Erklärung der Apathie und Passivität von Menschen: warum sind Menschen eher bereit, sich in Angstsysteme einspannen zu lassen, Greuel zu begehen und sinnlose Opfer zu ertragen, als gegen den Krieg aktiv und bewußt zu kämpfen. Kritisch beleuchtet sie die entscheidenden epidemiologischen Parameter dieser Droh- und Gewaltsysteme: die Aggressionsneigungen, die »Infektionsanfälligkeit«, die Zählebigkeit von Freund-Feind-Bildern, kollektive Psychosen, die Selbsttäuschungen, Mystifikationen und Fiktionen, wahnhaft sich

erweiternde Impulse, das Gift von Machtbewußtsein und Macht-
besessenheit, den Hang zur Selbstzerstörung — kurz: die Merkmale organisierter Friedlosigkeit. Den technokratischen Friedens-
planern weist sie mit Recht nach, daß die technokratisch provo-
zierte Dynamik der Kräfte des Terrorfriedens sich letztlich technokratischem Kalkül und technokratischer Kontrolle entzieht. Im
Endeffekt erscheinen ihr die Handlungen der Machteliten wohl
als Anstiftungen zum Unfrieden, doch während die Menschen
glauben, Krieg und Gewaltandrohung seien Mittel im Dienste
bewußter Entscheidungen, nimmt sie an, daß die so Denkenden
längst schon zu deren Spielzeug geworden sind. Dies ist ein kritisch gemeinter, ein fast fatalistischer Zug in dieser Philosophie,
aber im Lichte der Geschichte und angesichts so vielen törichten
Geschwätzes von kalkulierten Risiken und der Suggestion von
Bewußtsein, die beide über die herrschende Bewußtlosigkeit hinwegtäuschen, stellt diese Annahme ein höchst *realistisches* Korrektiv zum trügerischen Zeitgeist dar.
Gleicht auch die sich perpetuierende Aggressivität einer Seuche,
so bleiben deren auslösende Viren immer noch Menschenwerk.
Das zeigt sich gerade am deutlichsten in diesen verschiedenartigen Konzeptionen von Frieden und dem ihnen entsprechenden
Kostenaufwand. Die Fragen, die strategische Analyse für rele-
vant hält — es sind heute die Fragen frustrierter Gewaltpolitik —,
erscheinen in der epidemiologischen Konzeption von Aggression,
Konflikt und Krieg als falsch gestellte, letztlich als grandiose Fehlinvestitionen in falsches Bewußtsein und dessen gesellschaftliche
Organisation. Betrachtet man die wirklichen Konflikte und
Streitfragen, die die Menschheit heute zu Recht in Unruhe halten:
den Kampf gegen Hunger und Übervölkerung, gegen Krankheit und Analphabetentum, gegen Ausbeutung, den »Skandal
schreiender Ungerechtigkeit nicht nur im Besitz der Güter, sondern mehr noch in der Machtausübung« (»Progressio populorum«, 1967), dann erscheinen die unvergleichlich großen Investitionen in eine Politik, die zur Lösung dieser Probleme keine Phantasie entwickelt außer jener, die krankhaft und süchtig dem Status quo verhaftet bleibt, erst recht als Fehlinvestitionen im Weltmaßstab.

C

1. Friedensprogramme

Eine Friedenspolitik muß unter gegebenen Umständen zunächst
einmal auf jene erwähnten kritischen parametrischen Größen des
Drohsystems entschärfend einwirken. Zwei Programme haben
sich in der Vergangenheit in dieser Hinsicht herausgeschält:
Unilateralismus und *Gradualismus*. Was den Funktionären der

Abschreckung als unentbehrliches Instrument von Drohpolitik erscheint, betrachten Unilateralisten und Gradualisten als Ursprung allen Übels. Weit entfernt, die Ursache des Kalten Krieges auf psychologische Mißverständnisse zu reduzieren, sind sie jedoch der Überzeugung, daß die psychologische Aufrüstung auf beiden Seiten zu einer Verschärfung des Konflikts beigetragen hat und daß heute ein erster Ansatzpunkt für eine offene Kooperation der beiden verfeindeten Mächte in der »Abrüstung der Propaganda« und im Durchbrechen des psychologischen *circulus vitiosus* besteht, eines Zirkels, der bisher die emotionale Basis für die Perpetuierung eines sinnlosen Rüstungswettlaufes darstellte.

Während die Unilateralisten, wie der Name andeutet, die These vertreten, daß durch radikale einseitige Maßnahmen dieser Zirkel gebrochen werden könne, plädieren die Gradualisten für eine vorsichtige Friedensstrategie. Beiden Positionen liegt ein gleichlautender psychologischer Befund zugrunde. Nur die politischen Schlußfolgerungen und die empfohlene Therapie differieren.

Betrachten wir einige Aspekte dieses psychologischen Befundes. Wir können hierbei Charles Osgood, einem der wichtigsten Theoretiker des Gradualismus, folgen. Osgood vertritt die These, daß immer weniger Menschen sich über die möglichen Auswirkungen des modernen Waffenpotentials sorgten, je gefährlicher dieses werde; daß, zweitens, die beiden Großmächte laufend ihre friedlichen Absichten bekundeten und dennoch unaufhörlich auf- und umrüsteten; daß, drittens, die Völker in um so geringerer Sicherheit leben könnten, je mehr Geld und Ressourcen sie für die Rüstung investierten; und daß, viertens, eine Nation um so mehr an Flexibilität und Mobilität in ihrer Außenpolitik verlöre, je größer ihr Militärpotential sei. Osgood, der Psychologe, glaubt nun, daß diese Paradoxien, die das Leben der ganzen Menschheit und jedes einzelnen betreffen, sich perpetuierten, weil sie in einem paradoxen Denken begründet seien. Gelänge es — so Osgood —, die Dynamik der psychologischen Prozesse zu erkennen, die einer intellektuellen Neuorientierung im Wege stehen, so sei damit der erste Schritt auf dem Wege zur Therapie getan. In polemischer Überspitzung bezeichnet er das im Rüstungswettlauf befangene und ihn tragende Denken als »Neandertaler-Mentalität«. Welche Mechanismen konstituieren eine solche Mentalität? Als ersten Faktor nennt Osgood die *Verneinung* (»denial«). Dieser Mechanismus verleitet dazu, einen unangenehmen Sachverhalt zu verniedlichen, ihm seine Schärfe zu nehmen und ihn als ein Ding unter anderen zu behandeln. Die Beschönigung an sich sehr grausamer Tatbestände wird durch die *Distanz (»remoteness«)* bedingt — den zweiten Faktor —, die zwischen den voraussehbaren Folgen eines Nuklearkrieges und dem aktuellen Erfahrungsbereich jedes einzelnen besteht. Der hohe Abstraktionsgrad der strategischen Diskussion und ihrer Sprache täusche über die wirklichen Wirkungen eines thermonuklearen Krieges hinweg. Ein dritter psychischer Mechanismus besteht in dem in der psychologischen Theorie bekannten Phänomen der *Projektion*. Diese ist darin begründet, die Gegenseite jeweils mit den Zügen und Charakteristika psychisch zu belegen, die als Pendant zu eigenen Merkmalen begriffen werden müssen. Hält man sich selbst für friedlich, so muß der Gegner notwendigerweise aggressiv sein. Das Ergebnis der Projektion besteht in der moralischen Entrüstung über den Feind, wenn nicht sogar in einem unerbittlichen Haß gegen ihn, und als Pendant hierzu in der narzißtischen Selbstglorifizierung. Einen vierten Mechanismus entdeckt Osgood in der *psycho-logischen Struktur* der Neandertaler-Mentalität. Erich Fromm bezeichnet diesen Mechanismus — im Anschluß an Orwell — als »*doublethink*«. Dieses Denken bringt es fertig, ein und dasselbe Verhalten nach verschiedenen Maßstäben zu bemessen. Etwas gilt als moralisch, wenn wir handeln, aber abgrundtief unmoralisch, wenn die Gegenseite genau das gleiche tut. Als fünften Mechanismus nennt Osgood den *Possibilismus*. Possibilistisches Denken läßt sich von der Möglichkeit der Ereignisse und nicht von ihrer Wahrscheinlichkeit leiten. Psychologen beobachten dieses Phänomen bei Paranoiden. Auch für sie beruht die Realität auf logischen Möglichkeiten und nicht auf Wahrscheinlichkeiten. Es trägt dazu bei, künstlich neue Konfliktfronten aufzubauen. Von der Annahme, daß die Gegenseite möglicherweise etwas unternehmen könnte, ist der Sprung zur Behauptung nicht weit, daß dieses vermutete Handeln schon im Gange ist. Als sechsten Mechanismus führt Osgood das *stereotype Denken* an. Die stereotype Mentalität bewegt sich in eingeschliffenen, simplifizierenden und psychisch entlastenden Bahnen. Das Denken und das praktische Verhalten werden um so übersichtlicher, je einfacher die Motivationsstruktur des Erkennens und Handelns ist.

Unsere Analyse zeigte, wie sehr die Erwartung von bestimmten denkbaren und technisch möglichen Konflikten künstlich Konfliktfronten geschaffen hat, die zu einer Verschärfung der internationalen Lage führten. Versucht man, dem potentiellen Gegner mit einem System lückenloser Abschreckung entgegenzutreten, so ist es fast unvermeidlich, technisch wohl denkbare, politisch aber unwahrscheinliche Konflikte in den Bereich des militärstrategisch-politisch Wahrscheinlichen zu heben. Genau dieser Prozeß bestimmt seit Jahren den Rüstungswettlauf. Die Wahrnehmung bestimmter Drohungen entsteht in einer Situation bewaffneter Feindschaft, in der die beiden politischen Eliten annehmen, daß die Gegenseite aggressive Absichten hegt. Jede Seite ist überzeugt, daß der »potentielle Gegner« in direkter Aktion seine Ziele zu erreichen erstrebt, falls der geschätzte Gewinn die zu erwartenden Verluste übersteigt. Die Wahrnehmung selbst ist eine

Funktion sowohl des geschätzten Militärpotentials als auch der Taxierung der Absicht des Gegners. Man könnte diese Beziehung auf eine mathematische Formel bringen, die folgendermaßen lauten würde: Wahrnehmung der Drohung = taxierte Militärpotential mal taxierte Absicht. Das heißt, sobald einer der Faktoren sich tendenziell Null nähert, verringert sich die Intensität der Drohung, und zwar in einem objektiven und subjektiven Sinn. Man könnte aus dieser Überlegung den Schluß ziehen, daß der angedeutete psychologische Zirkel, der dem Rüstungswettlauf zugrunde liegt, entschärft werden kann, wenn einer der beiden Faktoren — oder beide gleichzeitig — reduziert werden.

2. Alternative und sich ergänzende Friedensstrategien

Stimmt die Formel in etwa, so lassen sich folgende Alternativen für eine politische Praxis angeben, der es um die Entschärfung der jetzt vorherrschenden internationalen Konflikte geht: ein erster Ansatz sieht in der Reduktion der psychologischen Spannungen die größte Chance, den genannten Zirkel zu durchbrechen (»tensions-first approach«). Mit Hilfe von Austauschprogrammen und dem Abbau ethnozentrischer Vorurteile, einer Intensivierung der beiderseitigen Kommunikation, könnte jene Atmosphäre geschaffen werden, die einer Verständigung in Sachfragen zuträglich wäre. In der Literatur wird dieser Ansatz vielfach als UNESCO-Programm bezeichnet. Ihm steht der Ansatz entgegen, der in der Lösung der politischen Streitfragen die conditio sine qua non für eine Reduktion der Spannungen annimmt. Werden einmal die politischen Streitfragen, die auf divergierende, national bedingte Interessenorientierungen zurückgeführt werden können, so wie möglich gelöst, so ergibt sich alles andere von selbst: vor allem der Abbau der Vorurteile und die Reduktion der Militärpotentiale (»the political settlement approach«).

Einem dritten Ansatz liegt die These zugrunde, daß der Rüstungswettlauf und der Auf- und Umbau der Militärpotentiale nicht nur Symptome des politischen Konfliktes sind, sondern sich weitgehend verselbständigt haben, daß deshalb eine Friedensstrategie bei der Reduktion der Waffenpotentiale anzusetzen habe. In welchem Umfang dies geschieht, darüber streiten sich die Vertreter des armament-first-approach. Die einen setzen sich für einseitige und vollständige Abrüstung ein, eine zweite Gruppe befürwortet unilaterale, aber nur graduelle Reduzierungen, eine dritte Gruppe sieht in multilateralen, aber nur Teilbereiche erfassenden Abkommen die beste Chance, eine vierte Gruppe plädiert für eine multilaterale und vollständige Abrüstung. Jene Analytiker der aktuellen Situation, deren praktisch-politische Programme als Konklusionen ihrer kritischen psychologischen Analyse begriffen werden müssen, neigen dazu, unilaterale und graduelle Maßnahmen multilateralen vorzuziehen. Im wesentlichen lassen sie sich in die eingangs genannten zwei Gruppen aufteilen: in die *Unilateralisten* und *Gradualisten*.

3. Die Empfehlungen der Unilateralisten

Das Programm der Unilateralisten kommt am deutlichsten in den Arbeiten von Erich Fromm zum Ausdruck. Wir wollen uns deshalb im wesentlichen auf ihn stützen. Fromms Argumente für die einseitige Abrüstung wurden vielfach falsch interpretiert. Denn im Grunde geht es ihm nicht einmal so sehr um die Verwirklichung seines eigenen Programms. Er glaubt vielmehr, daß die Formulierung einer radikalen Position — wie sie das Plädoyer für eine *einseitige* Abrüstung sicher darstellt — als ein Beitrag verstanden werden muß, jene emotionalen Barrieren zu durchbrechen, die uns heute daran hindern, aus dem gefährlichen Zirkel der Bemühung um den Frieden durch Drohung und Gegendrohung herauszukommen. »Wenn wir die Beweisführung ernst nehmen, die für die unpopuläre völlig einseitige Abrüstung eintritt, dann können sich neue Wege öffnen und neue Gesichtspunkte ergeben, die auch dann wichtig sind, wenn unser praktisches Ziel nur eine stufenweise einseitige Aktion oder sogar nur eine ausgehandelte zweiseitige Abrüstung ist.«

Während viele Unilateralisten überzeugt sind, daß nur praktische Maßnahmen in Richtung auf eine vollständige einseitige Abrüstung als erfolgversprechende Schocktherapie in der gegenwärtigen Welt fungieren können, begnügt sich Fromm mit einer intellektuellen Aufrüttelung der Kreise, die die politischen Entscheidungen treffen, vornehmlich der Politiker, denen er paranoides Denken nachweist. Fromm steht dem religiösen und moralischen Pazifismus nahe, doch kann man ihn nicht als einen strikten Pazifisten bezeichnen. Dazu denkt er zu pragmatisch. Vom Standpunkt der Fürsprecher einseitiger Abrüstung, so meint Erich Fromm, führt die Fortsetzung des Wettrüstens zur Katastrophe, ob nun die Abschreckung funktioniert oder nicht. Sie glauben nicht daran, daß diese den Ausbruch eines thermonuklearen Krieges verhindert, sind vielmehr überzeugt, daß das »delikate Gleichgewicht des Schreckens« in jedem Augenblick mit katastrophalen Wirkungen zusammenbrechen kann. Sollte der Krieg ausbrechen, so halten sie nach allen Kenntnissen, die die sozialpsychologische Theorie bis dato gewonnen hat, einen Rückfall in Barbarei für unvermeidlich. Aber selbst wenn die Abschreckung funktionieren sollte, würde die hierfür erforderliche Umfunktionierung der westlichen Gesellschaft in militärisch einsatzbereite Kollektive zur Unterminierung der Werte und des westlichen *way of life* führen, die durch die militärische Apparatur angeblich geschützt und verteidigt werden sollen. Lasswells

Kasernenstaat-Prognose von 1939 würde sich unerbittlich erfüllen. Eine Perpetuierung des gegenwärtigen Rüstungswettlaufes und die bekannten technologischen Begleiterscheinungen sowie die wachsende Zentralisierung und Bürokratisierung der großen Korporationen und Regierungen dürften die gesellschaftlichen Tendenzen auf die Spitze treiben, die heute schon den Menschen zu einem ohnmächtigen, auswechselbaren Rädchen in der großen Maschinerie degradieren.

Diesen Implikationen eines irrationalen Rüstungswettlaufs hält Fromm den Nutzen der einseitigen Abrüstung entgegen. »Das wahrscheinliche Ereignis einer einseitigen Abrüstung — ob sie nun von den Vereinigten Staaten oder der Sowjetunion durchgeführt wird — ist, daß sie den Krieg verhindern würde.« Fromm beruft sich in diesem Zusammenhang auf Herman Kahn, der einmal sagte, daß es, abgesehen von den ideologischen Differenzen und dem Problem der Sicherheit selbst, keinen Grund für irgendeinen objektiven Streit zwischen den Vereinigten Staaten und der Sowjetunion geben könnte, der die Risiken und Kosten, denen sie sich gegenseitig unterwerfen, rechtfertigt. Das Schlimmste, was die UdSSR und die USA voreinander zu fürchten hätten, sei die Furcht selbst. »Wenn tatsächlich der Hauptgrund für einen Krieg in der gegenseitigen Furcht liegt, dann würde die Abrüstung entweder der SU oder der USA höchstwahrscheinlich diesen Hauptgrund und damit die Wahrscheinlichkeit eines Krieges beseitigen.« Fromm glaubt, daß sich militärische Expansion heute nicht mehr auszahlt; daß die Einschätzung der sowjetischen Außenpolitik als eines Instruments der Weltrevolution auf einer irrigen Bewertung beruht; daß die Sowjetunion heute zur konservativen Status quo-Macht geworden ist; »die herrschende Klasse der SU ist nicht revolutionärer, als die Renaissancepäpste Nachfolger der Lehre Christi waren«.

4. Das Programm der Gradualisten

Charles Osgood hat nicht nur eine psychologische Analyse des Rüstungs-Spannungs-Dilemmas vorgelegt, sondern auch das Stichwort für ein Programm zur Überwindung dieser fatalen Situation gegeben: nämlich GRIT (*Graduated Reciprocation in Tension-Reduction*). Während gegenwärtig die Mehrzahl der beiderseitigen Aktionen die Drohungen und Spannungen erhöht, glaubt Osgood, daß sich der Zirkel brechen läßt, wenn nur eine der beiden Großmächte die Initiative ergreift, durch einseitige, partiale und kalkulierte Maßnahmen aus dem bisherigen Wettlauf auszubrechen. Amitai Etzioni hat das Programm von Osgood aufgegriffen und weitergeführt.

Worin besteht ihr Kalkül? Das Ziel liegt in der Reduktion und Kontrolle der internationalen Spannungsebenen; in dem Versuch, Schritt für Schritt eine Atmosphäre gegenseitigen Vertrauens zu schaffen, in der die kritischen politischen und militärischen Streitfragen friedlich gelöst werden können; in der Hoffnung, daß diejenige Macht, welche mit kleinen Schritten aus dem Rüstungswettlauf aussteigt, die Initiative auch in anderen Bereichen ihrer außenpolitischen Aktionen an sich reißen kann und nicht mehr bloß ein Objekt ist, das auf die gegnerischen Handlungen reagiert. Die ersten einseitigen Maßnahmen sollen nicht das Vergeltungspotential reduzieren, das den Gegner vor einem großen Angriff abschreckt. Eine optimal stabilisierte gegenseitige Abschreckung, wie sie von den Vertretern der *arms control* angestrebt wird, halten sie auf lange Sicht gesehen für trügerisch, dennoch glauben die Gradualisten, daß gegenseitig unverwundbare minimale Abschreckungspotentiale (»*minimum deterrent*«) unentbehrlich sind, um eine Sicherheitsbasis zu gewinnen, von der aus begrenzte Risiken in Richtung auf eine Spannungsreduzierung eingegangen werden können. Sie vertreten die These, daß das nukleare Vergeltungspotential in den Dienst einer rationalen Außenpolitik gestellt werden kann, wenn ihre *second-strike*-Funktion explizit gemacht und auf eine Erweiterung der *overkill*-Kapazität bewußt verzichtet wird. In dem GRIT-Programm, das auf eine Abrüstung hinzielt, soll das Nuklearpotential erst zu einem relativ späten Zeitpunkt abgebaut werden. Die Gradualisten unterscheiden sich von den Unilateralisten in diesem Punkt am schärfsten.

Einseitige Maßnahmen sollen zunächst auch nicht die konventionelle Kapazität beeinträchtigen, mit der ein konventioneller Angriff abgewehrt werden kann. Vielmehr sollten die konventionellen Streitkräfte nach und nach reduziert werden, wobei die Geschwindigkeit — wie bei allen einseitig eingeleiteten Maßnahmen — von der Art der Antwort abhängt, mit der der Gegner auf die unilaterale Initiative reagiert. Das Risikokalkül hängt also nicht nur von der eigenen Bewertung bestimmter Initiativen ab; sicher steht diese am Anfang aller Maßnahmen. Das Kalkül selbst wird jedoch erheblich durch die Reaktion der anderen Seite beeinflußt. Während sich ein Katalog von möglichen ersten Schritten angeben läßt, die alle unternommen werden könnten, ohne daß die ›militärische Sicherheit‹ aufs Spiel gesetzt würde, läßt sich doch die Geschwindigkeit der Stufenfolge nicht vorab angeben. Auch in diesem Punkt liegt die Differenz zu den Unilateralisten auf der Hand. Zwar glauben die Gradualisten wie diese, daß durch einseitige Maßnahmen die Spannungsspirale gelockert werden kann, jedoch halten sie ein radikales Programm für nicht durchführbar. Spekulieren die Unilateralisten auf die erhoffte positive Wirkung ihres als Schocktherapie verstandenen Programms, so setzen die Gradualisten ihre Hoffnung auf den schließlichen Erfolg eines auf Jahre hin geplanten Lernprozesses, in welchem die zunächst stillschweigende, später offene Kooperation in dem Maße wächst, in dem die Spannungen abgebaut werden.

Um dem Programm den erwünschten Erfolg zu garantieren, scheint es wichtig zu sein, eine Reihe von ersten Schritten in diversen Bereichen zu unternehmen — und zwar ohne Rücksicht auf die Reaktion des Gegners. Diese Taktik dürfte für die erste Phase von besonderer Bedeutung sein, da es bisher üblich war, einseitige Maßnahmen (zum Beispiel die Reduzierung von Truppen) als bloße Propagandamanöver abzutun. Während die Gradualisten genauso wie die Unilateralisten sich auf die angedeutete psychologische Analyse berufen, spielen doch außerpsychologische Faktoren, wie die Waffenkapazität, die wirtschaftlichen Möglichkeiten und die geopolitischen Aspekte, im Programm der letzteren keine Rolle. Dagegen halten die Gradualisten die Beseitigung der psychologischen Hindernisse, die einer Kooperation im Wege stehen, für bedeutend, glauben aber, daß in einer vernünftigen Strategie alle heute wirksamen Faktoren berücksichtigt werden müssen. Die psychologische Therapie ist wichtig, aber unzulänglich. Sie wäre zum Scheitern verurteilt angesichts der Notwendigkeit, den Rüstungswettlauf zu verlangsamen, zu stoppen, umzukehren und schließlich zu eliminieren.

Die Reihenfolge der graduellen, partialen Schritte beruht auf der Annahme, »daß die objektive Lage nach einer Regelung verlangt, psychologische Faktoren aber auf beiden Seiten sie blockieren; daher müssen diese Faktoren überwunden werden, bevor man die Lage so sehen kann, wie sie wirklich ist. Wenn diese irrationalen Schranken erst einmal erfolgreich beseitigt worden sind, können Verhandlungen eröffnet werden. Diese dritte Phase ist notwendig, weil der Prozeß unilateraler Gegenseitigkeit zu langsam, schwerfällig, ungenau und unsicher für die Regelung größerer Probleme ist. Er ist ein Mittel zur Ersten Hilfe; er ist nützlich, wenn fruchtbare Verhandlungen unerreichbar sind, aber die hauptsächliche Behandlung wird am multilateralen Verhandlungstisch durchgeführt werden müssen.« Während die Unilateralisten ihre radikale Politik auf Grund des bisherigen Scheiterns der meisten gegenseitigen Verhandlungen empfehlen, beschränken die Gradualisten ihr Programm auf eine Phase, die zwischen der heutigen Stagnation und dem Zeitpunkt liegt, an dem auf beiden Seiten eine ausreichende Vertrauensbasis für umfassendere politische Maßnahmen besteht.

5. Die Toleranzspannen des Abschreckungssystems

An den gradualistischen Programmen lassen sich Reichweite und Grenze von sogenannten Friedensstrategien überhaupt ermessen. Die kritischen Größen dieser Reichweite und Grenze sind dabei weniger in den Programmen selbst zu suchen als eher in den Toleranzspannen, die die vorherrschende Politik und die sie charakterisierende Umwelt kennen. Wir haben gesehen, wie zum Teil Anpassungsprozesse im Rahmen der *arms control*-Politik versuchten, die Imponderabilien des Systems zu reduzieren, um es insgesamt geschmeidiger und verläßlicher zu gestalten. Auch hierbei handelte es sich um graduelle Maßnahmen. Im Rahmen solcher Versuche hat nachweisbar gradualistische Politik entspannend gewirkt. Aber es ist bezeichnend, daß es darüber hinaus keinen einzigen weiteren Schritt in Richtung gradueller einseitiger Maßnahmen gab, von denen man sagen könnte, sie hätten eindeutig demonstrativen Wert im Sinne einer weitreichenden einseitigen Offerte der Abrüstung.

Der Gradualismus weist in seinem Programm auf einen bescheidenen Mittelweg. Doch greift er offensichtlich noch mit solcher Bescheidenheit zu weit aus, denn die Toleranzspanne des Drohsystems liegt diesseits der von den Gradualisten angenommenen. Auf der andern Seite liegt gerade in solcher Bescheidenheit seine Kurzsichtigkeit, denn wie viele wohlmeinende programmatische Entwürfe zu einer vernünftigen Friedensordnung geht auch der Gradualismus von der Annahme einer relativ großen Flexibilität im gegebenen Status quo aus, die durch keine Beobachtung zu rechtfertigen ist.

Das Abschreckungssystem enthält ein gutes Maß an Verblendung, aber Abschreckung selbst läßt sich nicht zureichend als Verblendungszusammenhang interpretieren. Das zeigt sich deutlich, sobald übersteigerte propagandistische Anfeindungen zeitweise auf einen mäßigen Umfang sich reduzieren und der harte Kern von Abschreckung zum Vorschein kommt, ihre wirklichen Beharrungsmomente. In den gradualistischen, schon gar den unilateralistischen Programmen steckt eine strukturelle analytische Lücke. Indem sie den soziologischen Zusammenhang von Drohsystemen und Herrschaft, von Angst und Gewaltpolitik, von Friedlosigkeit und vorherrschenden politischen Interessen nicht erkennen, bleiben ihnen die eigentlichen Kräfte, die einer friedlichen Welt zuwiderlaufen und entgegenwirken, verschlossen. Es bedarf einer weder historisch noch soziologisch recht plausiblen Phantasie, anzunehmen, daß jene Politik, die das Drohsystem in seiner heutigen umfassenden Gestalt trägt und ständig am Leben erhält, auch letzten Endes ihre eigene Überwindung betreiben wird. Vielleicht betreibt sie wider Willen und unbewußt ihren Untergang, denn die Katastrophe ist immer noch möglich, aber daß sie auf ihre eigene Negation in dem Sinne hinarbeitet, daß ihre Vergangenheit nicht in einem wie immer stabilisierten System aufgehoben, sondern mit ihr *bewußt* gebrochen würde, weil dies allein Frieden ermöglichte, ist kaum zu erwarten.

Darin liegt das Problem von Friedensstrategien: bleiben sie den vorherrschenden Drohsystemen, Gewaltpolitik und Gewaltdiplomatie und den sie tragenden gesellschaftlichen Strukturen verhaftet, so können sie einen stückhaften Effekt erwarten. Dies ist angesichts atavistischer Politik immer noch von Gewinn. Sie bezahlen aber ihre Effektivität mit letztlich unzureichender Analyse (was sich in ihrer nur marginalen Wirkungsmöglichkeit enthüllt); wo sie auf den Übergang von sich akkumulierenden marginalen Schritten auf ein qualitativ verändertes System spekulieren, dürften sie die wirklichen Trägheitsmomente der bestehenden Drohsysteme und Abschreckungsgesellschaften einfach unterschätzen. Durchbrechen Friedensstrategien jedoch den Bann von Gewaltpolitik, werden in ihnen die zentralen Widerstände bezeichnet, entwickeln sie rationale Alternativen, so sind sie leicht zur Ohnmacht verurteilt, weil ihre Rationalität kaum auf die Ratio des Bestehenden eingeschworen bleiben kann. Hier stoßen gesellschaftlich ohnmächtige Einsicht beziehungsweise wissenschaftliche Erkenntnis einerseits und Macht beziehungsweise Herrschaft andererseits aufeinander. Erst die Begegnung solcher nicht von vornherein mit dem Bestehenden synchronisierter Vernunft mit der überkommenen Politik macht die dringend erforderliche Konfrontation von Friedensforschung und Politik interessant. Es ist nicht wahr, daß die Wissenschaft keine zureichende Vorstellung von der vernünftigen Ordnung einer vernünftigen, friedlichen Welt entwickelt hätte oder überhaupt entwickeln könnte. Es ist zwar richtig, daß die Analyse der Potenzierung organisierter Friedlosigkeit sich beispielloser Mittel erfreut und Friedensforschung von kümmerlichen Budgets lebt; wenn die Politik und ihre diensttuende Wissenschaft vor rationalen Alternativen aus vermeintlicher Unkenntnis in Sachen Frieden zurückschrecken, wenn beide ständig ihren Tanz um einen selbsterrichteten Komplexitätsfetisch aufführen (»die Welt war noch nie so komplex«), dann ist das ein nur *politisch* zu verstehendes Alibi.

Friedensprogramme, die die wirklichen Toleranzspannen des gegebenen Drohsystems nicht bedenken, führen leicht zur Selbsttäuschung und in der Folge zur Resignation. Von solcher Selbsttäuschung leben das Abschreckungssystem und seine Verfechter, einer Resignation, die Unmündigkeit und mit ihr die Gewalt der neuen Gewaltpolitik nur verstärkt. Frieden, der nicht nur organisierte Friedlosigkeit wäre, ist nur möglich und denkbar jenseits von Abschreckung. Eine Politik jenseits von Abschreckung setzt aber Mündigkeit voraus.

D

Die Chancen eines teilweisen Rüstungsstopps
(Postskript, Juni 1970)

Die Diskussion, die sich zu Anfang der sechziger Jahre über die
Möglichkeiten einer Rüstungskontrollpolitik (*arms control*) abspielte, hat am Ende der sechziger und zu Beginn der siebziger
Jahre eine Wiederbelebung erfahren. Wenn man einmal von technologischen Details absieht, so dreht sich die wissenschaftliche
und die politische Auseinandersetzung heute um das gleiche
Grundthema, nämlich den Versuch, den Rüstungswettlauf — nun-
mehr auf einer höheren Stufe der strategischen und technologi-
schen Entwicklung — erneut einzudämmen. Die Argumente in
Wissenschaft und Politik sind nicht immer die gleichen oder gar
deckungsgleich mit den früheren, doch ist die Stoßrichtung der
Bemühungen — dort, wo diese wirklich ernst genommen werden
— vergleichbar.
Die technologische Entwicklung hat seit Beginn der sechziger
Jahre schon Waffensysteme realisierbar gemacht, die heute in
Kürze das bestehende Waffenpotential vervielfachen würden
(MIRV-Systeme) und die andererseits durch die Einrichtung von
ballistischen Abfangsystemen (ABM) das überkommene Balance-
Kalkül von einer zweiten Seite her stören würden. Die in der
amerikanischen Administration beschworene Gefahr einer technologischen und — was Waffensysteme angeht — quantitativen
Überrundung durch die Sowjetunion entbehrt dabei nicht des Zynismus, einmal, weil die Größe und die Zahl der neuen geplanten
Offensivsysteme den USA eine erneute Übermacht garantieren
würden, und andererseits, weil in den sechziger Jahren die USA
permanent eine wenigstens zahlenmäßige Überlegenheit an nu-
klearem Waffenpotential für sich verbuchen konnten. Es war aber
genau diese, von der McNamara-Administration angestrebte, am
Ende seiner Amtszeit von McNamara vorsichtig kritisierte *Über-
legenheits*strategie der Amerikaner, die es politischen und militärischen Kreisen in der Sowjetunion ermöglichte, ein Aufrü-
stungsprogramm auf der Ebene der nuklearen Waffensysteme
durchzusetzen, und die den Rüstungswettlauf insgesamt maßgeb-
lich vorantrieb.
Wie zu Beginn der fünfziger Jahre stellt sich heute — 1970 — gerade angesichts der Gespräche der beiden Großmächte in Helsin-
ki und Wien (SALT-Gespräche) die Frage, welche Chancen wenigstens ein *Rüstungsstopp* hat — von einer echten Abrüstung
einmal gar nicht zu reden. Wenn unsere Überlegungen zur Abschreckungspolitik und zur Dynamik eines auf Wechselseitigkeit
angelegten Abschreckungssystems vor allem als Trendanalyse
richtig sind, dann müssen die Chancen erfolgreicher Gespräche
selbst nur eines Rüstungsstopps relativ klein veranschlagt werden.

Welches sind die Gründe für eine solche Bewertung der Situation? Neben den in unseren vorangehenden Überlegungen aufgewiesenen Faktoren ist heute ein Aspekt deutlicher als Jahre zuvor. Die Militärapparate in Ost und West haben – nach einer zwanzigjährigen Entwicklungsgeschichte – eine Größe angenommen, in der ihre zur Selbsterweiterung und zum Wachstum drängende organisatorische, budgetäre, administrative und politische Eigendynamik immer mehr das Ausmaß der politischen Flexibilität (oder Stagnation) in den Auseinandersetzungen zwischen den beiden Hauptantagonisten bestimmt. Damit hat aber der Rüstungswettlauf eine Höhe erreicht, auf der die wirklichen Aktions- und Reaktionsprozesse, also ein genuines Widerspiel der beiden Großen in der Tendenz viel weniger die Geschwindigkeit, die Richtung und den technologischen Inhalt des tatsächlich beobachtbaren Rüstungswettlaufs bestimmen als die im jeweiligen politischen und gesellschaftlichen System vorfindbaren, gewissermaßen autonomen Determinanten. Der äußere Schein eines ständigen, intensiven Wechselspiels der beiden Großmächte — sowohl auf der politischen und diplomatischen als auch auf der militärischen Ebene — trügt über das in Wirklichkeit in autistischen Feindschaftsstrukturen sich abspielende Wachstum der politisch-militärisch-industriellen Komplexe hinweg.[4] Auf dieser Entwicklungshöhe ist zwar immer noch die über propagierte Feindbilder sich einstellende Legitimation zur Rationalisierung der Apparate erforderlich. Dennoch darf nicht übersehen werden, daß der Zwang zur laufenden und vor allem militant propagierten Feindbildverbreitung bei nicht in Frage gestellten Prämissen der Abschreckungs- und Rüstungswettlaufpolitik weniger groß ist als in einer Entwicklungsphase der Abschreckungspolitik, in der diese erst noch der militanten Rechtfertigung und der politischen Anerkennung bedurfte. Nach einer zwanzigjährigen Geschichte hat sich unter den Befürwortern der Abschreckungspolitik ein wechselseitiger Kompromiß eingestellt, mit dem Interessendifferenzen zwischen den Beteiligten immer auf der Höhe des *größten* gemeinsamen Nenners zu schlichten versucht werden. Es ist sicher richtig, daß auch noch die exzessiven Rüstungsbudgets — von der Warte einer expansiven Rüstungspolitik aus gesehen — dem Prinzip der Mittelknappheit unterliegen. Da jedoch die Prämissen der Abschreckungspolitik unbefragt akzeptiert sind und sich die Auseinandersetzungen nur noch um die sicherlich kontrovers diskutierten Modalitäten bewegen, war bis wenigstens in das Jahr 1969 hinein die Ausweitung des Rüstungsapparats für seine Verfechter kein entscheidendes Problem. Problematisiert wurde die Rüstungspolitik beispielsweise in Amerika erst in der Folge der eklatanten Mißerfolge der USA in Südostasien, der wachsenden Forderung einer Neufestlegung innenpolitischer Prioritäten im Gegensatz zu bisher akzeptierten außenpolitischen Prioritäten, der Aussicht auf eine neue, noch absurdere Runde des Rüstungswettlaufes und in der Folge einer über diese Fragen ganz augenfällig sich einstellenden Desintegration der amerikanischen Gesellschaft. Die geistige Ausstrahlungskraft und die politische Stoßkraft dieser für die fünfziger und sechziger Jahre unbekannten politischen und gesellschaftlichen wie internationalen Erscheinungen sind im Augenblick noch nicht in ihrer Gesamtheit und im einzelnen abzusehen. Sicher ist jedoch, daß nur von ihnen aus — also nur von der Innenpolitik und von innergesellschaftlichen Veränderungen und Innovationsstrategien her — Veränderungen im Verhältnis der beiden Großmächte zu erwarten sind.

Angesichts der massiven Rüstungskomplexe in Ost und West ist die Chance, über die dünnen Fäden der internationalen Gespräche wie in Wien zu einer die Rüstungskomplexe und damit den Rüstungswettlauf berührenden Veränderung des internationalen Abschreckungs- und Rüstungswettlaufs-Systems zu gelangen, äußerst gering. Man sollte diese Gespräche auf jeden Fall führen; aber man sollte nicht verkennen, daß die Schwergewichte des Widerstands gegen eine vernünftige Sicherheitspolitik im Innern der Abschreckungsgesellschaften selbst liegen und daß durch internationale Absprachen allein die den Rüstungskomplex tragenden Gruppen — ihre Motivationen und Interessen sowie ihre Strategien — sich nicht in eine Richtung bewegen lassen, die einer Friedenspolitik zuträglich wäre. Die Ansätze zu einer Friedenspolitik müssen vielfältig sein; doch ihre Gewichtung richtet sich nach der verschieden intensiven Penetranz der Widerstände gegen den Frieden. Diese Widerstände liegen nicht so sehr in den Kommunikationsschwierigkeiten der beiden Großmächte auf der diplomatischen Bühne, sondern in den durch eine maßlose Rüstungspolitik beförderten innenpolitischen und innergesellschaftlichen Interessenverflechtungen und in ihren eingeschliffenen Legitimations- und Rechtfertigungsmustern. Zu den letzteren gehören immer noch und vor allem die Abschreckungs*doktrinen*, deren Kritik mehr denn je von Bedeutung ist, sosehr eine aktive praktische Arbeit gegen die weitere Militarisierung internationaler Politik und innergesellschaftlicher Verhältnisse längst überfällig ist.

Anmerkungen

1 Die im folgenden entwickelte Analyse habe ich breiter und mit reichlichen Literaturangaben versehen in meinem Buch ›Abschreckung und Frieden. *Studien zur Kritik organisierter Friedlosigkeit*‹, Frankfurt am Main 1969, dargelegt. Siehe jetzt auch Dieter Senghaas (Hrsg.): ›*Die Pathologie des Rüstungswettlaufes*‹, Freiburg 1970, und ders. (Hrsg.), ›*Friedensforschung und Gesellschaftskritik*‹, München 1970. Zur neuesten Literatur siehe die in den beiden letztgenannten Sammelbänden abgedruckten Bibliographien.

2 Die folgenden Zitate sind vor allem entnommen Robert Strausz-Hupé u. a.: ›Protracted Conflict‹, New York, ²1963.

3 Nach den neuesten Daten nähern sich die Weltrüstungsausgaben in diesen Jahren der 200-Milliarden-Dollar-Grenze. Siehe hierzu ›World Military Expenditures 1970‹, hrsg. von der US Arms Control and Disarmament Agency, Frühjahr 1970. Die im folgenden angegebenen, auf einer früheren Datenbasis beruhenden Überlegungen gelten, was die Verteilungsmuster und Proportionen angeht, auch heute noch. Siehe den empirischen Nachweis in Dieter Senghaas: ›Die politischen und militärischen Dimensionen der gegenwärtigen Kriegs- und Friedensproblematik‹, in Senghaas (Hrsg.): ›Friedensforschung und Gesellschaftskritik‹, a. a. O.

4 Zur Autismus-Diskussion siehe D. Senghaas: ›Zur Analyse von Drohpolitik in den internationalen Beziehungen‹, in: ›Aus Politik und Zeitgeschichte‹, Beilage 26/70 zum Parlament, 27. Juni 1970, S. 22—55, und demnächst mein Buch ›Die Verteidigung der Rüstungen‹, Frankfurt a. M. 1971 (in Vorbereitung).

Hans P. Schmidt

Schalom: Die hebräisch-christliche Provokation

Friede als politisch-soziales Geschehen

Der alttestamentliche Befund

Als die alttestamentlichen Schriften zum erstenmal ins Griechische übersetzt wurden, dienten mehr als zwanzig Worte dem Versuch, die Bedeutungsfülle von Schalom wiederzugeben.[1] Sie ist nicht einfach auf einen Begriff zu bringen, denn Schalom ist nicht Inbegriff einer unwandelbaren Friedensordnung, sondern Leitwort einer Bewegung, in der Menschen zum rechten Umgang mit den ihnen gewährten, jedoch von ihnen erst wahrzunehmenden Lebensmöglichkeiten befreit und ermutigt werden.

Schalom ist darum weder Ausdruck einer religiösen Friedenssehnsucht, die sich über den Unfrieden der Welt erhebt oder in die Erwartung einer besseren fernen Zukunft flüchtet, noch ist Schalom Inbegriff einer idealen Friedenspolitik, die den Unruhen der Zeit im Namen seiner zeitunabhängigen Ordnung zu wehren sucht. Schalom ist immer schon Provokation: die bestehenden Verhältnisse sollen um der anstehenden Möglichkeiten willen überholt werden. Schalom ist kein verlorener und wiederherzustellender Ordnungszustand, sondern die Gangart des Lebens, bei der das Recht der Witwen und Waisen, der Fremden und Knechte, der Armen und Bedrängten mit zum Zug kommt. Der »Gott«, von dessen Wirken die biblischen Überlieferungen Kunde geben und von dem Menschen sich kein Bild zu machen vermögen, hat sich im Unterschied zu den mythologischen Gottheiten des alten Orients und zu den olympischen Göttern als der offenbart, welcher in den geschichtlich-gesellschaftlichen Prozessen am Werk ist. Der höchste Ausdruck seiner Wirksamkeit ist nicht der scheinbar störungsfreie Umlauf der Gestirne, sondern die Befreiung von Menschen aus wirtschaftlicher Versklavung und politischer Rechtlosigkeit: der Exodus aus allen Verhältnissen, die das menschliche Leben nicht fördern, sondern verleugnen. Der ›Gott‹ des Friedens, von dem die alttestamentlichen Überlieferungen zeugen, gab sich als der zu erkennen, der nicht unwandelbar ist, sondern einen Rechtsstreit führt, um Gefangene zu befreien, Menschen die Freiheit zu eröffnen und sie zur Verantwortung für das ihnen anvertraute Leben zu rufen. Schalom ist die Gabe Jahwes, der in seinem Kampf (*rib*) für das Recht der Gebeugten und Unterdrückten eintritt.

»Er stößt die Gewaltigen vom Stuhl und erhebt die Niedrigen.«
(Psalm 147,6 — Lukas 1,52)

»Die Hungrigen füllet er mit Gütern und die Reichen lässet er
leer.« (Psalm 34,11 — Lukas 1,53)
Unausgesetzt wird das Heil des Friedens, zu dem Jahwe provoziert,
gepriesen und werden Menschen zu diesem Frieden ermutigt:

>Fürwahr, der Herr, er redet von Heil
zu seinem Volk und seinen Frommen,
zu denen, die ihm ihr Herz zuwenden [. . .]
[. . .] seine Hilfe ist nahe denen, die ihn fürchten [. . .]

Gnade und Treue begegnen einander,
Gerechtigkeit und Friede küssen sich.
Treue sproßt auf aus der Erde,
und Gerechtigkeit schaut hernieder vom Himmel.

Dann spendet der Herr auch den Segen,
und unser Land gibt seinen Ertrag.
Gerechtigkeit geht vor ihm her,
und Heil folgt der Spur seiner Schritte.« (Psalm 85,9 ff)

Die biblische Friedenserwartung beraubt menschliche Friedensbe-
strebungen also gerade nicht ihres Gewichtes, sondern entlarvt
höchstens die friedensgefährdenden Tendenzen selbstgenügsamer,
selbstherrlicher Friedens-Sicherung. Sie verleiht dem Einsatz für
den Frieden erst recht Kraft. Die Friedensbewegung, von der die
biblischen Schriften zeugen, schwingt sich nicht über die Welt
hinaus. Ihr Schauplatz ist und bleibt das konkrete Leben. Insofern ist sie das elementare Politikum biblischer Überlieferung.
Sie handelt vom Frieden auf Erden, da die Erde im Frieden und
für den Frieden erschaffen ist. Schalom weist auf eine *Bewegung*
des Friedens hin, die Menschen zum einsichtigen *Wandel* befreit,
indem sie fern aller tragischen Weltdeutung die Weltbezüge des
Menschen als Beziehungsfeld einer verheißungsvollen Geschichte
eröffnet.
Dafür seien einige Vorgänge genannt:

a) Nach den biblischen Schöpfungsberichten hat Gott die Welt im
Frieden erschaffen.[2] Frieden ist nicht die Kehrseite des Krieges. Es
besteht kein Antagonismus von Kosmos und Chaos, keine Komplementarität von Frieden und Krieg.

Während der mythische Mensch in der Angst des ständig drohenden Rückfalls ins Chaotische lebt, hat das alttestamentliche
Denken die dialektische Entgegensetzung von Chaos und Kosmos
überwunden. Im Unterschied zu einem Weltgefühl, das hinter
allem Geschaffenen einen Abgrund der Gestaltlosigkeit fürchtet, in den alles Geschaffene ständig zurückzusinken droht, preist
der alttestamentliche Mensch den Herrn, der sich aller seiner Wer-

ke erbarmt (Psalm 145) und das Werk unserer Hände fördert (Psalm 90, 17).

Während deshalb zum Beispiel nach ägyptischer Vorstellung ein Urmeer die Erde umringt, so »daß unsere Welt nur eine kleine Insel der Ordnung ist in einem Meer von Chaos, das dauernd droht, alles zu verschlingen«[3], sind für den Schöpfungsbericht von 1. Mose 1, 1—2, 4 Licht *und* Finsternis, Erde *und* Wasser, Tag *und* Nacht Funktionen einer Welt, die als Beziehungs- und Auftragsfeld des menschlichen Lebens alle für den Lebensvollzug notwendigen Möglichkeiten bietet.

Während die Sintflutgeschichten in der mythischen Überlieferung davon berichten, wie prekär es mit der Welt steht, in der der Mensch lebt, da sie ständig einem vernichtenden Einbruch der Chaosmächte offenstehe, wehrt die alttestamentliche Sintflutgeschichte bereits in ihrer ersten Fassung (1. Mose 8, 21) die Zwangsvorstellung eines Rückfalls ins Chaos ab (vgl. 1. Mose 9, 8—17).[4] Nicht eine drohende Chaosflut gefährdet die Welt, sondern die Flut von Gewalttat und Frevel menschlicher Bosheit, die die Solidarität verletzt, ist die Quelle der Welt- und Lebensangst. Doch der Mensch bleibt zur Erdherrschaft berufen, und mit dieser Berufung zur Erdherrschaft ist er zu einer für mythisches und metaphysisches Bewußtsein unerhörten Weltfreiheit herausgefordert (1. Mose 1, 28).

An die Stelle der Tragik einer längst vergangenen Idealzeit, von der welthaftes, menschliches Leben immer schon abgefallen ist, tritt die Dramatik eines offenen, weiterführenden Weltweges, einer gespannten Zeit, deren unerschöpfliche Möglichkeiten schon eröffnet, wenn auch noch nicht vollendet sind. In den sumerisch-babylonischen Mythen erscheint die Zeit *vor* der Flut als die Idealzeit, so daß sich nach der Flut das friedliche und harmonische Leben nur noch in der Götterwelt findet, während in der alttestamentlichen Überlieferung das mythologische Schema der zwei Zeiten »vor der Flut« und »nach der Flut« umgekehrt wird. Im Übergang von 1. Mose 8, 21 zu 8, 22 wird unter Rückbezug auf 1. Mose 3, 17 ff die Zeit vor der Flut als die Zeit der Sünde und des Fluches gekennzeichnet, während mit der Zeit nach der Flut trotz aller Herzenshärtigkeit der Menschen die Zeit des Segens beginnt. Die Zeit des Menschen und der Erde wird als Zeit des Segens eröffnet. Tiefer kann der Bruch mit dem mythisch-tragischen Lebens- und Weltgefühl nicht gehen.

Die Welt unterliegt nicht dem tragischen Widerstreit von Chaos und Kosmos, sie ist nicht dem Wechselspiel von Krieg und Frieden unterworfen; sie ist im Frieden Gottes erschaffen und zum Frieden bestimmt. Sie ging aus keinem Götterkampf hervor, aus keinem dialektischen Widerstreit von Urprinzipien. Schalom ist darum nicht Gegenbegriff und Kehrseite des Krieges. Krieg und Frieden stehen nicht im Verhältnis der Komplementarität.[5]

b) Das kriegerische Selbstverständnis der Völker wird durchbrochen, der Heroisierung des Krieges und des Kriegers wird gewehrt, der Eigenwert des Krieges und des Heeres wird bestritten. Der Krieg hat als Versuch, Konflikte zu schlichten und Auseinandersetzungen zu lösen, keine Zukunft.

Die alttestamentliche Überlieferung hallt wider von Kriegen. Die »heiligen Kriege«, die Israel führte, waren hart, ja grausam. Nie bezog sich das Verbot des Tötens (*rasach:* 2. Mose 20, 13) auf das Töten von Tieren, die Vollstreckung einer gerichtlichen Todesstrafe und die mit der Kriegführung verbundene Notwendigkeit des Tötens. Es untersagte lediglich die eigenmächtige Verfügungsgewalt des Menschen über das Leben anderer und setzte mit diesem Verbot des gemeinschaftswidrigen, vorsätzlichen und eigenwilligen Tötens dem sinnlosen Zyklus der Blutrache ein Ende.[6]
Trotzdem spiegelt die alttestamentliche Überlieferung eine dramatische Auseinandersetzung um die Problematik des Krieges, die ihresgleichen in der Umwelt Israels nicht kennt.
Ihre Tendenz ist eindeutig. In den ältesten Texten trägt das alttestamentliche Bild des Messias noch die Züge eines Kriegshelden:
In dem Siegeslied, das nach dem erfolgreichen Zug durchs Schilfmeer angestimmt wurde und das zu den ältesten Worten gehört, die uns aus der Geschichte Israels überliefert sind, heißt es:
»Singet Jahwe, denn erhaben erhob er sich —
Rosse und Lenker, er stieß sie ins Meer.« (2. Mose 15, 1 b. 21)
Spätere Generationen kommentierten, indem sie in den Jubel einstimmten:
»Der Herr ist ein Kriegsheld [. . .]
Deine Rechte, o Herr, herrlich in Kraft,
Deine Rechte, o Herr, zerschmettert den Feind.«
(2. Mose 15, 3.6)
Im Jakobssegen, der sehr alte Überlieferungen aufgreift, wird von Juda gesagt:
»Ein junger Löwe ist Juda; vom Raub wardst du groß.
Er hat sich gekauert, gelagert wie ein Leu, wie eine Löwin —
wer will ihn aufstören?« (1. Mose 49,9)
Und — um noch ein drittes Beispiel zu nennen — im Bileamspruch wird von Jakob berichtet:
»Jakob zertritt seine Feinde
und vernichtet die Flüchtlinge aus den Städten [. . .]
es geht auf ein Szepter aus Jakob,
ein Szepter erhebt sich aus Israel;
er zerschmettert die Schläfen Moabs,
den Scheitel aller Söhne Seths [. . .]« (4. Mose 24, 19.17)
Doch die Königspalmen zeugen von einem anderen, neuen Herrschaftsverständnis:
»O Gott, gib dein Gericht dem König

und deine Gerechtigkeit dem Königssohne,
daß er dein Volk richte mit Gerechtigkeit
und deine Elenden nach dem Recht [. . .]«   (Psalm 72)

Und die Propheten künden den kommenden Messias als Friedens-
fürsten an:

»Das Volk, das in der Finsternis wandelt, sieht ein großes
Licht; die im Lande des Dunkels wohnen, über ihnen strahlt
ein Licht auf [. . .].

Der Tag kommt, da jeder Schuh, der in Gedröhn einherschritt,
und der Mantel, der in Blut geschleift war, verbrannt ist, ein
Fraß des Feuers [. . .] Denn ein Kind ist uns geboren, ein Sohn
ist uns gegeben, und die Herrschaft kommt auf seine Schulter,
und er wird genannt: Wunderrat, starker Gott, Ewigvater,
Friedefürst. Groß wird die Herrschaft sein und des Friedens
kein Ende [. . .]« (Jesaja 9, 2.5.6 f) »Auf ihm wird ruhen der
Geist des Herrn, der Geist der Weisheit und der Einsicht, der
Geist des Rates und der Stärke, der Erkenntnis und der Furcht
des Herrn . . . Er wird die Armen richten mit Gerechtigkeit und
den Elenden im Lande Recht sprechen mit Billigkeit [. . .]«

(Jesaja 11,2)

»Frohlocke laut, Tochter Zion! Jauchze, Tochter Jerusalem. Siehe, dein König kommt zu dir; gerecht und siegreich ist er [. . .]
er wird die Streitwagen ausrotten aus Ephraim und die Rosse
aus Jerusalem; ausgerottet werden auch die Kriegsbogen. Er
schafft den Völkern Frieden durch seinen Spruch, und seine
Herrschaft reicht von Meer zu Meer [. . .]«   (Sacharja 9,9 f)

»Denn so spricht der Herr, der die Himmel geschaffen, er, der
alleinige Gott, der die Erde gebildet — nicht zur Oede hat er
sie erschaffen, zum Wohnen hat er sie gebildet —: Ich bin der
Herr und keiner sonst [. . .] Versammelt euch und kommet her-
bei, allzumal tretet herzu, ihr Entronnenen unter den Völkern!
[. . .] Wendet euch zu mir und laßt euch retten, alle Enden der
Erde [. . .]«   (Jesaja 45, 18 ff)

Jahwe wird den Völkern nicht durch die Gewalt der Waffen, sondern durch wegweisenden Spruch Frieden schaffen. Während
Israel in seiner Frühzeit im »heiligen Krieg« zu den Waffen eilte,
um den Gegner zu bannen, und das hieß ihn ausrotten, lehnte
der Prophet Jesaja in der 2. Hälfte des 8. Jahrhunderts v. Chr.
ein militärisches Handeln im »heiligen Krieg« ab (vgl. Jes. 7, 4 ff).
Und Sacharja gab gegen Ende des 6. Jahrhunderts v. Chr. zu bedenken, daß der erwartete Frieden nicht durch Heeresmacht und
nicht durch Gewalt, sondern durch den Geist des Herrn heraufgeführt wird. (Sacharja 4, 6)

Zwar war Israel in Kriege und Kriegsgeschrei passiv und aktiv
verwickelt, doch wurde es dazu genötigt, das kriegerische Selbstverständnis der Völker zu durchbrechen.

Bereits das frühe, noch unreflektierte sakrale Kriegsverständnis

Israels unterscheidet sich zum Beispiel von dem der Assyrer. Zwar konnten in »heiligen Kriegen« die Gegner dem Bann (*cherem*) und mit ihm der Ausrottung verfallen[7], doch waren Verstümmelungen, wie sie die Assyrer als Abschreckungsmittel einsetzten, unbekannt. Die harten Gesetze des »heiligen Krieges« wehrten der eigenmächtigen, überbrandenden Zerstörungswut und Beutegier der Krieger. Vor allem aber standen die Kriege Israels nie im Dienst eines systematischen Weltherrschaftsanspruchs. Nie dienten sie einem Zerstörungsdrang. Nicht von ungefähr hat Israel nie Religionskriege geführt, um anderen Völkern seine Lebensweise aufzuzwingen. Die israelitische Tradition des »heiligen Krieges« leistet deshalb einer Rechtfertigung des Krieges oder einer Theorie vom »gerechten Krieg« keinen Vorschub.[8]

Israel selbst war außer den im Zuge der Landnahme[9] geführten Eroberungskriegen und einigen Eroberungskriegen unter David ausschließlich in Verteidigungskriege verwickelt. Und nicht einmal im Verteidigungsfalle erschien der Kriegsdienst ohne weiteres gerechtfertigt.

Der Prophet Jesaja, der in der 2. Hälfte des 8. Jahrhunderts — also zur Zeit von Homer und Hesiod — wirkte, warnte und rief:

»In Umkehr und Ruhe werdet ihr befreit, in Stille, in Gelassenheit geschieht eurer Heldentum. Ihr aber seid nicht gewillt, ihr sprecht: Nein, auf Rossen wollen wir rennen! Drum sollt ihr rennen, aber davonrennen!« (Jesaja 30, 15)

Solche Worte waren mehr als kluge Strategie für ein auf einer Landbrücke zwischen Großreichen eingeklemmtes kleines Volk. Das prophetische Verständnis von Krieg und Frieden zielte weiter.

Der Prophet Jeremia, der seit 627 v. Chr. öffentlich auftrat und — zur Emigration gezwungen — um 585 in Ägypten gestorben ist, kündete seinen Zeitgenossen die kriegerischen Einbrüche der Chaldäer als ein Gericht Jahwes an, der unbestechlich sei und in diesem Fall gegen Israel stehe (Jeremia 4, 14 ff, vgl. 27, 4 ff). Jahwe ließ sich nicht als nationalreligiöser Schutzpatron selbstgefälligen Ansprüchen dienstbar machen. Das Leit- und Losungswort des verheißenen Schalom war nicht dazu da, ein angeschlagenes Selbst-, Gruppen- und Sendungsbewußtsein noch einmal aufzufrischen, sondern bestritt gerade jedes selbstgefällige Erwählungsbewußtsein und jeden eigenwilligen Herrschaftsanspruch. Der verheißene Friede stand im politischen Kampf um die soziale Gerechtigkeit auf dem Spiel.

Nur im rechtzeitigen und rechten Einsatz für die Lebensbedürfnisse der Menschen konnte *der* Frieden heraufgeführt werden, der Menschen zum Segen gereicht. Er war nicht im Einsatz *wider* Feinde, sondern im Einsatz *für* die Bedürftigen und Bedrängten, die Witwen und Waisen, die Armen und Kranken, die Unterdrückten und die Fremden zu gewinnen.

Jesaja sah den Tag kommen, da »jeder Schuh, der in Gedröhn einherschritt, und der Mantel, der in Blut geschleift war, verbrannt ist, ein Fraß des Feuers«, denn ein Herrscher sei im Kommen, der die bestehenden Herrschaftsverhältnisse überwinde, indem er das Amt des Friedens in Recht und Gerechtigkeit vollende (Jes. 9,5 ff). Der Gedanke des »heiligen Krieges« wurde zur Zeit der Propheten um des Friedens willen verfremdet und umfunktionalisiert (vgl. Sacharja 4,6).

Mag später der militante Gedanke eines »heiligen Krieges« im Selbsterhaltungskampf der Makkabäer und im apokalyptischen Gruppen- und Kampfbewußtsein der Sekte von Qumran eine Renaissance erlebt haben, in der alttestamentlichen Überlieferung wird er von einer Strategie des Friedens überholt, die dem Kampf um Gerechtigkeit dient, jeden einzelnen in Anspruch nimmt (c) und das Amt des Königs neu bestimmt (d).

c) Schalom ist Leitwort eines sozialen Prozesses, der auf diejenige Wohlfahrt von Mensch und Welt zielt, durch die das Leben gefördert wird und alle Glieder des Volkes — ja, selbst die Fremden (5. Mose 10, 19) — an den Gaben und Aufgaben des Lebens beteiligt werden.

Der Friede kann nicht im Krieg gewonnen und nicht durch stehende Heere sichergestellt werden. Schalom ist ein soziales Geschehen. Keine vorgegebene Ordnung, der sich jeder einzelne zu fügen hat, damit nicht grenzenloser Unfug geschehe, sondern ein Prozeß der Sozialgesetzgebung, der Rechtsprechung und des Rechtsbeistandes, an dem sich jeder einzelne zu beteiligen hat, damit das Notwendige rechtzeitig auf die rechte Weise geschieht. Die Verantwortung für den Frieden ist nicht in einem zeitunabhängigen Pflichtengefüge sicherzustellen, das sich von selbst versteht, sondern im Einsatz für die anstehende Gerechtigkeit zu leben, die in den bestehenden Rechts- und Herrschaftsverhältnissen nur einen höchst vorläufigen, zweideutigen und vielleicht bereits mißbrauchten Ausdruck gefunden hat. Der Rechtsprozeß des Friedens läßt keine bestehende Rechtsordnung unberührt fortdauern und wird darum auch nicht in einer allgemeinen Friedensordnung zur Ruhe kommen. Er bleibt eine Friedensbewegung; deren Vollendung nicht die Sorge des Menschen ist, an der teilzunehmen jedoch Bestimmung und Verheißung des Menschseins ausmacht. Geht es um den Frieden, so ermahnt der Prophet seine Hörer: »Dies sind die Dinge, die ihr tun sollt: ›Redet die Wahrheit untereinander und sprecht heilsames Recht in euren Toren!‹« (Sacharja 8, 16). In Hymnen (zum Beispiel den Königspsalmen) und Rechtsforderungen (vor allem im Deuteronomium) wird dem Volk in vielfältigen Geschehensbildern ständig neu vor Augen gerufen, daß der Friede in Gemeinschaftstreue, Rücksicht auf die Schwachen (Integration der Desintegrierten oder noch nicht recht Integrierten), unverfälschter Rechtsprechung und äußerer Wohlfahrt geschieht.[10]

»Du sollst einen bedürftigen und armen Tagelöhner nicht bedrücken, er sei einer deiner Brüder oder ein Fremdling, der in deinem Lande, in deiner Ortschaft wohnt [...] er könnte sonst den Herrn wider dich anrufen, und es käme Schuld auf dich [ ]

Du sollst das Recht des Fremdlings und der Waisen nicht beugen und sollst das Kleid der Witwe nicht zum Pfand nehmen.

Du sollst daran denken, daß du Sklave gewesen bist in Ägypten und daß der Herr, dein Gott, dich von dort befreit hat; darum gebiete ich dir, daß du solches tust.«

(5. Mose 24, 14.17 f, deuteronomische Sozialgesetzgebung)

»Einerlei Gesetz und einerlei Recht soll gelten für euch und für den Fremden, der bei euch wohnt.« (4. Mose 15, 16)

»Dies sind die Dinge, die ihr tun sollt: ›Redet die Wahrheit untereinander und sprecht heilsames Recht in euren Toren!‹«

(Sacharja 8, 16)

Schalom ist weder ein religiöses Sondergut noch eine allgemeine politische Ordnungsvorstellung, sondern eher schon so etwas wie eine Experimentier- und Weg-Gemeinschaft, in der Menschen unterwegs sind und bleiben, um verheißenen Lebensmöglichkeiten nachzukommen und sie allen zugute kommen zu lassen. Schalom bedeutet, sich dafür einzusetzen, daß Gerechtigkeit herrscht und eben deshalb mit den anvertrauten Gaben und Pfunden keine eigenwilligen Geschäfte getrieben werden, sondern daß jener Rechtsstreit öffentlich weitergeht, in dem alle bestehenden Herrschaftsverhältnisse relativiert werden.

Darum kann Friede für Israel weder etwas Verborgenes oder nur Innerliches noch ein allgemeiner äußerer Ordnungszustand sein. Immer geht die Friedenserwartung darauf aus, öffentlich zu werden und ein offener Rechtsprozeß zu bleiben. Nur an einer einzigen Stelle des Alten Testaments könnte von so etwas wie dem Seelenfrieden des einzelnen die Rede sein:

In den Klageliedern wird unter der Wucht des göttlichen Zorngerichtes das Bekenntnis laut:

»[...] er verstieß meine Seele aus dem Frieden [...]« (3, 17)

Der Friede der Seele besteht aber in der »Hoffnung auf den Herrn«, dessen »Treue groß ist« und der darum mit Mensch und Welt zu seinem Recht kommen wird.

Keiner der Versuche, das irdische Leben durch Fruchtbarkeits-, Herrschafts- und Sühnekulte zeit- und personenunabhängig zu stabilisieren, bleibt unbestritten. Israel wird in der offenen Rechts-Prozeß-Gemeinschaft des Jahwe-Bundes zu einem Friedensauftrag befreit, der nicht mehr in der Stabilisierung bestehender Verhältnisse zur Ruhe kommen kann und eben deshalb um des

Friedens willen jeden totalen Herrschaftsanspruch und absoluten Wahrheitsanspruch durchbricht. Das ist und bleibt die provokative Funktion von Schalom, die politologisch gesehen einen einzigartigen Vorgang markiert. Die elementaren Lebensrechte aber, die um des Friedens willen zu schützen und zu fördern sind, lauten nach den »Zehn Geboten« (2. Mose 20): Überlieferung, Leben, Ehe, Freiheit, Ehre und Eigentum. Was es heißt, sich für sie einzusetzen, ist stets neu zu erkunden und unter den jeweils bestehenden gesellschaftlichen und wissenschaftlich-technischen Bedingungen stets neu zu bewähren. Die alttestamentlichen Gebote sind also nicht als Sicherstellung einer bestehenden Lebensordnung, sondern als Leitsätze des offenen Lebensprozesses zu beachten.

So wird zum Beispiel mit dem Gebot, Vater und Mutter zu ehren, um lange in dem verheißenen Lande zu leben, die kritische Vermittlung der bisherigen Lebenserfahrungen zur Bedingung des weitergehenden Lebens. Das notwendige soziale Bewußtsein ist nicht ohne ein lebendiges Geschichtsbewußtsein zu wahren. Mit diesem Gebot tritt an die Stelle der paternalen Lebensordnung und ihres hierarchisch-autoritären Instanzenzuges von Oben nach Unten der Prozeß der offenen Überlieferung, in dem den *Älteren* eine wichtige Funktion zukommt. Sie müssen den *Jüngeren* die Gelegenheit geben, »*fragen*« zu können (2. Mose 12, 26; 13, 14; 5. Mose 6, 20; 32, 7; Josua 4, 21; Hiob 8, 8). Es darf in der gegenseitigen Beziehung der Generationen nicht eine Ehrfurcht herrschen oder zur Herrschaft kommen, bei der einem das Fragen vergeht. Es muß eine Offenheit gewährleistet bleiben, die Fragen nicht nur zuläßt, sondern erwartet und auslöst. Und die Älteren müssen deshalb auch »*antworten*« können. Sie müssen sich selbst ein reflektiertes Geschichts- und Gesellschaftsbewußtsein leisten, da sie sonst zwangsläufig aufkommenden Fragen ausweichen, sie abwürgen und verdrängen. Im übrigen ist es interessant zu sehen, wie dieses Gebot nicht auf die damals noch bestehende Macht der Sippe zurückgreift, sondern den Erwachsenen als den Anwalt der lebendigen Überlieferung eines geschichtlichen Weges in Anspruch nimmt. Hier wird nicht eine altväterische Ordnung stabilisiert, sondern der Fortgang des Geschehens gewährleistet. Die Autorität von Vater und Mutter besitzt keinen Selbstwert, ihr kommt nur im Zusammenhang der weitergehenden Geschichte Gottes mit seinem Volk ein Funktionswert zu. An die Stelle der archaischen Welt einer paternalen Ordnung tritt der offene und unumkehrbare Welt-Weg Gottes mit den Vätern und mit den Söhnen und Töchtern (Joel 3, 1). Die Solidarität der Generationen gehört zu den Bedingungen des Friedens. Das Land gedeiht nur, wenn sich das Herz der Väter den Söhnen und das Herz der Söhne den Vätern zuwendet (Maleachi 4,6). Soviel zum meist mißverstandenen und in den Sog autoritärer Herrschaftsverhältnisse geratenen Gebot, Vater und Mutter zu ehren.[11]

Mit dem Verbot des Tötens (*rasach*) wird — wie schon erwähnt — das Leben gegenüber jeder eigenmächtigen, gemeinschaftswidrigen Verfügungsgewalt geschützt.

Das Verbot des Ehebruchs dient zum Schutz der gesellschaftlichen Keimzelle neuen Lebens und der gegenseitigen Treue von Mann und Frau. Es befreit damit vor allem die Frau aus dem eigenmächtigen Herrschaftsgefüge paternaler Systeme. Durch eine bewußte oder unbewußte Geschlechtermetaphysik gerechtfertigte Herrschaftsansprüche von Menschen über Menschen werden bestritten.

Das Verbot des Menschenraubes (»Du sollst nicht stehlen«) dient dem Schutz der Freiheit.

Das Verbot des lügenhaften und nichtigen Geredes wider den Nächsten dient der Bewahrung jedes Menschen — gerade auch des Konkurrenten und Widersachers — vor Diffamierung und Dehumanisierung. Es wehrt dem Rufmord und schützt die Ehre jedes einzelnen, womit es zugleich den gesellschaftlichen Verkehr, in dem das Notwendige rechtzeitig ausgehandelt werden muß, offenhält.

Und das Verbot aller Machenschaften, die ohne Rücksicht auf die Belange und Bereiche der anderen nach Besitz und Macht begehren und ausgreifen, dient dem Schutz des Eigentums, das jedoch nicht als Privateigentum sanktioniert ist, sondern als dem Menschen anvertrautes Gut durch den Herrschaftsanspruch *des* Gottes, der seinen Rechtsstreit zugunsten der Bedrängten und Gebeugten, Notleidenden und Unterdrückten führt, relativiert wird.

An die Stelle des Lebensstils der Selbstbehauptung, der Machtgier und Verbrämung tritt die Bereitschaft zur Selbstüberwindung, zum einsichtigen Verhalten und zum offenen Wort.

Die Gebote, die die elementaren Rechte des Lebens schützen, sind nicht als Mittel der Selbstbehauptung zu mißbrauchen, sondern als Leitsätze einer Strategie des Friedens zu beachten, die von jedem einzelnen stets neu einzuüben sind und als deren Anwalt sich der *König* zu verstehen hat.

Amt des Königs ist es, »in Treue den Armen Recht zu schaffen« (Sprüche 29, 14). In den Königspsalmen kommt also ein neues Herrschafts-Verständnis zu Wort (vgl. Psalm 72). Schon die »Letzten Worte Davids« künden vom Amt und Auftrag eines Sozialherrschers (2. Sam. 23, 1—7).

> »Er wird Recht schaffen den Elenden des Volkes,
> wird den Armen helfen und den Bedrücker zermalmen [. . .]
> Denn er errettet den Armen, der schreit,
> den Elenden und den, der keinen Helfer hat.
> Er erbarmt sich des Geringen und Armen [. . .]
> Von Druck und Gewalttat erlöst er ihre Seele [. . .]
>
> (Psalm 72, 4.12 ff.)

d) Die dramatische Geschichte des israelitischen Königtums stellt einen einmaligen, immer noch zuwenig beachteten Beitrag zur Frage des rechten Machtgebrauchs dar.

Um diesen Beitrag ermessen zu können, ist zu beachten, daß jedes politische und soziale Gebilde so etwas wie einen *Funktions*wert und so etwas wie einen *Darstellungs*wert besitzt und daß sich beide in einem gegenseitigen Spannungsverhältnis befinden, das die Problematik der Herrschaft ausmacht. So ist zum Beispiel in vielen Formen des barocken Fürstenstaates — am augenscheinlichsten in seinen Bauten — der Darstellungswert so hochgetrieben, daß dadurch der Funktionswert des Staates nahezu aufgehoben wurde und beide miteinander gefährdet worden sind. Umgekehrt können aber auch Bauten einen hohen Funktionswert haben — wie zum Beispiel die Autobahnen — und dennoch als Symbole des Dritten Reiches einem Darstellungswert dienen, der irreführend ist. Oder es steht heutzutage der Darstellungswert nationaler Souveränitätsansprüche dem Funktionswert der einzelnen Staaten für den Frieden im Wege. In Kürze läßt sich die Problematik dieses Verhältnisses von Darstellungs- und Funktionswert wohl folgendermaßen kennzeichnen:
Zunächst verdankt jedes soziale und politische Gebilde seine Entstehung den Funktionen, mit deren Hilfe es einmal ein Bedürfnis befriedigte und eine Aufgabe bewältigte, die sich im geschichtlichen Prozeß stellte. Doch zugleich entnimmt es sich als eine gelungene Sinngestalt des Lebens dem geschichtlichen Prozeß, wenn es sich auf Dauer stellt, um das Erreichte zu stabilisieren.
Insofern führt die Stabilisierung sozialer und politischer Gebilde, das heißt bestehender Herrschaftsverhältnisse, immer in eine doppelte Gefahr: *Erstens* wird die weitergehende Sinnverwirklichung des persönlichen und gesellschaftlichen Lebens durch die Stabilisierung der einmal gewonnenen Sinnformen und Gestalten gemeinsamen Lebens aufgehalten. Ja, sobald die Macht der bestehenden Verhältnisse nicht mehr der rechtzeitigen Entdeckung, Aufnahme und Bewältigung anstehender Aufgaben zugute kommt, sondern für die Erhaltung des Bestehenden herhalten muß, wird Macht korrupt, selbst wenn keine vulgären Formen der Korruption zutage treten. Der Darstellungswert von Herrschaft überwuchert dann ihren Funktionswert.
Zweitens geraten soziale und politische Gebilde, die sich selbst als eine in sich geschlossene autarke und souveräne Sinngestalt des Lebens verstehen, sobald sie aufeinander treffen, in eine tragische Konkurrenz, da sie sich gegenseitig ihren verabsolutierten Darstellungswert bestreiten und insofern einander ausschließen.
Im Blick auf dieses gespannte Verhältnis von Funktions- und Darstellungswert eines sozialen und politischen Gebildes ist nicht

zu übersehen, daß in Israel der klassische Darstellungswert des Königtums im Namen Jahwes nicht stabilisiert, sondern bestritten und relativiert wird.[12]

Das Volksbegehren Israels, das einen König forderte, um es den anderen Völkern gleich zu tun, blieb nicht unbestritten und ging nur in gebrochener Form mit gewichtigen Einschränkungen in Erfüllung (vgl. 1. Samuel 8, 1 ff und 10, 17 ff). Samuel warnte:

»Das wird die Gerechtsame des Königs sein, der über euch herrschen soll: eure Söhne wird er nehmen, daß er sie für seinen Wagen und seine Rosse verwende, daß sie vor seinem Wagen herlaufen, daß er sie zu seinen Obersten über fünfzig mache, daß sie seine Äcker pflügen und seine Ernte schneiden und daß sie seine Kriegswaffen und seine Wagengeräte machen. Eure Töchter wird er nehmen, daß sie ihm Salben mischen, ihm kochen und backen.

Eure besten Felder, Weinberge und Ölbäume wird er nehmen und seinen Dienern geben. Von euren Saaten und Weinbergen wird er den Zehnten nehmen und seinen Kämmerern und Dienern geben. Eure Knechte und Mägde und eure schönsten Rinder und eure Esel wird er nehmen und für seine Hofhaltung verwenden. Von euren Schafen wird er den Zehnten nehmen, und ihr selbst müßt seine Sklaven sein.

Wenn ihr dann wegen eures Königs, den ihr euch erwählt habt, schreit, so wird der Herr euch alsdann nicht antworten.«

(1. Samuel 8, 10 ff)

Doch Samuel kam mit seiner Radikalkritik nicht durch:

»Das Volk weigerte sich, auf Samuel zu hören [. . .] und der Herr sprach zu Samuel: Willfahre ihrem Begehren und gib ihnen einen König.« (1. Samuel 8, 19 ff)

Die Rechte des Königs wurden aber außergewöhnlich begrenzt:

»Samuel verkündete dem Volk das Königsrecht und schrieb es in ein Buch und legte es vor dem Herrn nieder.«

(1. Samuel 10, 25)

Der König ist nicht Gesetzgeber, sondern Anwalt des Gottesrechtes. Im Königsgesetz (5, Mose 17, 14—20) heißt es im Rückblick auf die dramatischen Auseinandersetzungen um das israelitische Königtum bezeichnenderweise:

»Wenn du in das Land kommst, das der Herr, dein Gott, dir geben will, und du es besetzest und dich darin niederläßt und dann sprichst: ›Ich will einen König über mich setzen, wie alle Völker rings um mich her, so sollst du einen König über dich setzen, den der Herr, dein Gott, erwählt [. . .]

Doch soll er nicht viele Rosse halten [. . .]

Auch soll er sich nicht viele Frauen nehmen [. . .]

Auch Silber und Gold soll er sich nicht zuviel sammeln [. . .]

Statt dessen soll er den Herrn, seinen Gott, fürchten lernen [. . .] und seine Satzungen getreulich halten,

daß sich sein Herz nicht über seine Brüder erhebe und daß er nicht abweiche [. . .]
> weder zur Rechten noch zur Linken.‹«

Sobald der König nicht mehr dem Rechtsprozeß Jahwes dient, sondern souverän der Selbstdarstellung des Königtums lebt, wird seine Macht korrupt. Dafür war in Israel von Anfang an ein kritisches Gespür lebendig. Und sei es nur in einer geistesgegenwärtigen Minderheit, die nicht schwieg. Um nur ein Beispiel zu nennen: Als Israel zur Zeit Salomos im 10. vorchristlichen Jahrhundert in der großen Politik eine Rolle zu spielen begann — als sich die führende, höfische Schicht der gewonnenen Macht über die umliegenden Völker freute —, als nach den überstandenen Nöten prachtvolle Bauten erstellt und uralte Jerusalemer Königshymnen zum Preis der eigenen Größe angestimmt wurden, so daß das Königtum den Anschein einer übermenschlichen und göttlichen, vom Volk isolierten Größe gewann, da erhob sich in Israel die Stimme prophetischer Kritik und stellte die Frage nach dem Auftrag Israels für die Völker.[13] War nun die Stunde seiner nationalen Größe gekommen? Doch worin besteht die Größe des Volkes, das dazu bestimmt ist, an Werk und Weg des Gottes teilzunehmen, der die Welt im Frieden erschaffen und zum Frieden bestimmt hat? Diese Frage wird unmißverständlich beantwortet: die Größe Israels soll zum Segen aller Geschlechter der Erde dienen (1. Mose 12, 1–3). Was hat jedoch Abrahams Volk bisher schon zum Segen der Völker gewirkt?

So wird die problematische Amtsmacht des Königtums nicht durch den Anspruch individueller Eigenmacht bestritten (wie ihn wohl zum Beispiel Achill gegenüber Agamemnon erhob), sondern sie wird im Namen der Macht Jahwes, die auf Gerechtigkeit und Frieden aller zielt, relativiert. Israel verfehlt sich selbst, wenn es in Ruhm (oder später in Angst) seiner Selbstdarstellung lebt. Macht und Geist sollen um des Friedens willen verbunden bleiben. Der König hat *Anwalt des Friedens* zu sein (Psalm 72; vgl. 1. Chron. 22, 9.18; 23, 25; 2. Chron. 14,5 f.; 15, 15; 20, 30; Jeremia 23, 5). Das ist die Größe und die Grenze seines Amtes. Er ist nicht selbst Garant der Gerechtigkeit; das ist Jahwe allein. Er aber ist zum Dienst der Gerechtigkeit berufen. Seiner Macht kommt keine Eigenmacht zu; sie wird zur *Funktion* der *Darstellung* der Gerechtigkeit Gottes, diese aber kommt einem offenen und unumkehrbaren Prozeß gleich, der alle in sich geschlossenen Sinn- und Machtgebilde früher oder später zerbricht. Kein soziales und politisches Gebilde vermag *das* Reich Gottes, *die* Friedensordnung, *die* wahre Gesellschaft zu repräsentieren, da die Herrschaft Gottes und mit ihr die menschliche Gesellschaft einem Rechtsprozeß gleichkommt, der nur in solidarischer Kooperation der verschiedenen Teilnehmer (Völker) präsent ist. Jeder Versuch, den Frieden der Welt durch eine zentrale Ordnung und totale Herrschaft sicherzustellen, ließe für einen Wandel von Herrschaftsverhältnissen zugunsten der »besseren« Gerechtigkeit weder Zeit noch Raum. Kein Wunder, daß es auch in Israel zu einem Streit um den Frieden kam, als die Friedens-Verheißungen dazu herhalten sollten, einen nationalen Heils-Egoismus zu sanktionieren und die bestehenden Verhältnisse zu stabilisieren.

e) In Israel ist der Streit um das rechte Friedensverständnis offen und in aller Schärfe entbrannt. In diesem Streit um den Frieden hat sich die Friedenserwartung, die in Israel zu Wort kam und zum elementaren Politikum geworden war, vertieft und erweitert.

Während die einen sich selbstgenügsam und selbstgewiß in einen nationalen Heilsglauben flüchteten, als ob Jerusalem, der Stadt des Friedens, der Frieden auf immer und ewig garantiert sei, gingen Propheten wie Jeremia leidenschaftlich gegen diesen Friedens-Wahn an (Jer. 4, 9 f.; 5, 3 f.; 6, 14; 12, 12; 14, 13 ff.; 23, 9 ff.; 27, 9 ff.; 28 f.; vgl. 1. Kön. 22; Micha 3; Hesekiel 13). Weder Verleumdung noch Gefängnis konnten Jeremia von seinen Protestaktionen für den Frieden zurückhalten. Eine widerspenstige Öffentlichkeit wurde wider Willen aus ihrem faulen Frieden aufgeschreckt und auf ihre »friedselige« Unfähigkeit zum Frieden aufmerksam gemacht.

»[. . .] Denn sie alle, vom Kleinsten bis zum Größten, sind auf Gewinn aus, und Betrug üben alle.
Und Priester wie Propheten heilen den Schaden meines Volkes leichthin, indem sie sagen: ›Friede! Friede!‹ — Doch wo ist Friede?
In Schanden stehen sie da, denn sie haben Greuel verübt; doch Scham kennen sie nicht, wissen nichts von Beschämung. Darum werden sie unter den Fallenden fallen; zur Zeit, da ich sie heimsuche, werden sie stürzen, spricht der Herr.«

(Jeremia 6, 9 ff.)

Israel, Anwalt des Friedens, ist an seiner Einberufung zum Frieden zu Fall gekommen. Doch können die Gerechtigkeit und der Frieden an dem Versagen Israels und der Friedlosigkeit aller Menschen scheitern? Das läßt die Treue dessen, der um seiner Gerechtigkeit willen mit Welt und Mensch auf Schalom zielt, nicht zu. Er wird seine Verheißungen erfüllen.

»Ich weiß, was für Gedanken ich über euch hege, spricht der Herr, Gedanken zum Schalom und nicht zum Unheil, euch eine Zukunft und Hoffnung zu gewähren.«

(Jeremia 29, 11; vgl. 33, 11)

So wird Friede zum *Kampfwort* wider jedes falsche Bewußtsein, das den Frieden selbstgewiß für sich in Anspruch nimmt. Nichts ist so ungewiß wie der Frieden angesichts der Friedlosigkeit der Menschen.

Und zugleich wird Friede zum *Trostwort* für die Angefochtenen und Bedrängten, die das Gericht Gottes als Heimsuchung annehmen (Amos 5, 18). Nichts ist so gewiß wie der Frieden angesichts der Friedensverheißungen Gottes. Seine Treue und Gerechtigkeit sind die Gewähr dafür, daß die Menschheit nicht an ihrer Friedlosigkeit zugrunde geht.

»Herr! du wirst uns Frieden schaffen; denn auch alle unsere Taten hast du für uns vollbracht.« (Jesaja 26, 12)

»So spricht der Herr: Meine Gnade soll nicht von dir weichen und mein Friedensbund soll nicht wanken.« (Jesaja 54, 10)

Der Segen des Friedens verstummt nicht. Israel bleibt unter seinem Zuspruch und Anspruch:

»Der Herr erhebe sein Angesicht auf dich und gebe dir Frieden.« (4. Mose 6, 26)

Wie aber wird die menschliche Friedlosigkeit überwunden? Wie wird der Weg und das Werk des Friedens fortgesetzt? Wer wird der Anwalt des verheißenen Friedens sein, nachdem Israels Könige an der Aufgabe des Friedens zu Fall gekommen sind und jeder nur seinen eigenen Weg und Gewinn sucht? (Jesaja 53, 6) Übersteigt nicht der Auftrag des Friedens angesichts der Widersprüchlichkeit des Lebens, der Schuld, des Bösen, der Todesangst alle Möglichkeiten des Menschen?

Mußte nicht in Fragen des Friedens die Skepsis das letzte Wort behalten? War nicht das Unheil längst ausweglos geworden? War nicht die Zeit des Heils längst verspielt und eine Endzeit des göttlichen Gerichts angebrochen?

Mußten nicht alle Friedenserwartungen auf den Anbruch einer neuen Weltzeit vertagt werden? Auf eine neue Schöpfung? Mußte nicht ein neuer Messias, ein neuer Schalom-Regent kommen?

Oder war die Erwartung des Schalom bereits endgültig an den abgründigen Selbst- und Welterfahrungen zerbrochen?

f) Die Erwartung des Schalom blieb in der Krise israelischer Welterfahrung lebendig. Ja, bei allem Streit um die Erfüllung der noch nicht eingelösten Verheißungen verlor Schalom nie seinen universalen und konkreten Charakter eines sozialen Geschehens.

Die vielen prophetischen Ankündigungen des verheißenen Friedens gewannen wohl ein starkes »Zukunftsgefälle«[14], doch leisteten sie keinerlei Weltflüchtigkeit Vorschub, und jeder Rückzug in bloße Innerlichkeit blieb ihnen fremd. Schalom blieb Leitwort einer weltweiten Erwartung. Nach wie vor konnte Schalom nur in den Vorstellungsformen eines sozialen und politischen Prozesses gedacht werden. Doch wurde nun eine neue Zeit erwartet, in welcher der verratene Frieden voll und ganz zu seinem Recht kommen sollte. So etwa:
Eine Zeit ist im Kommen,

da die Auseinandersetzungen nicht mehr auf dem Schlachtfeld ausgetragen werden —

da den Völkern Frieden geschaffen wird durch Recht schaffenden Spruch (Sacharja 9, 10) —

da Gott einen neuen Bund schließen wird mit seinem Volk (Jeremia 31, 31—34; 32, 40; Hesekiel 34, 25 und 37, 26) »denn der Bund seines Friedens soll nicht wanken« (Jesaja 54, 10; vgl. 55, 3 ff) —

und da die Völker sich ihrer Solidarität bewußt werden.

Jahwe wird alle Völker zur Teilnahme an dem Schalom rufen, in dem das von ihm eröffnete Heil sich als heilschaffend erweist (Jesaja 45, 18 ff).

Ja, eine Zeit ist im Kommen,

da alle irdischen Verhältnisse um des Friedens willen in einen großen Wandlungsprozeß geraten.

Und diese Zeit wird ein neuer Anwalt des Friedens heraufführen —

ein neuer Prophet wie Mose einst einer war, ein König des Friedens, der Menschensohn oder der wahre Gottesknecht,[15] einer, der sein Leben nicht auf Kosten anderer zu sichern sucht, einer, der nicht der Selbstzufriedenheit lebt, sondern dem Frieden aller dient (Jesaja 53, 5),

einer der für alle den verheißenen Frieden eröffnen wird, auch wenn der Weg des Friedens für ihn selbst zu einem Weg des Leidens wird. Der Erwartungen waren viele. Wann, wie und wo der neue Anwalt des Friedens kommen wird, das war im alten Israel je länger, desto mehr die umstrittene Frage. Unbestritten aber blieben die elementaren Kennzeichen des Schalom.

Kennzeichen des Schalom

1. Die Universalität des Friedens

Die alttestamentlichen Überlieferungen reflektieren den Weg eines ›Volkes‹, dessen Anfang den Horizont des mythischen Bewußtseins überschritt und das nie eine in sich geschlossene Sinn- und Ordnungsgestalt verkörperte, sondern immer vom Weg des Gottes in Atem gehalten war, von dem man sich kein Bild machen kann.

Dieser Weg transzendierte von Anfang an die bestehenden Verhältnisse um der noch ausstehenden Verheißungen willen, die auf den Frieden aller Völker zielen.

Lineatur und Intention des Weltfriedens, der nicht einer weltweiten Zwangs-Ordnung gleichkommt, sondern mit dem Recht verbündet bleibt, das einen offenen und unumkehrbaren, vielfältigen Prozeß darstellt, sind in der alttestamentlichen Überlieferung vorgezeichnet.

Dieser Friede ist unteilbar. Er kann nur gewonnen werden, indem alle an den Gaben und Aufgaben des Lebens gerechten Anteil gewinnen.

2. Die Solidarität des Friedens

Die alttestamentliche Überlieferung denkt in den Vorstellungsformen eines Rechtsprozesses, in dem einer für den anderen mitverantwortlich wird und auch der Fremde nicht ausgeschlossen bleibt. In diesem Prozeß steht Schalom auf dem Spiel. So ist der Friede ein soziales Geschehen, in dem es um Recht, Gerechtigkeit, Güte, Erbarmen und Treue geht (Hosea 2, 18—25). Nur in Solidarität mit denen, die nach Recht und Gerechtigkeit hungern, kann der Friede gelebt werden.

Die alttestamentliche Friedenserwartung ist ein elementares Politikum. Seine Kriterien sind die soziale Sicherheit und Wohlfahrt derer — seien es Freunde oder Fremde —, denen das Leben hart zugesetzt hat — sei es durch fremdes oder durch eigenes Verschulden.

Dieser Friede ist immer schon eine Provokation. Alle Souveränitätsansprüche erweisen sich ihm gegenüber als eine friedensgefährdende Selbstdarstellung und Selbstbehauptung. Er widerstreitet dem zementierten Rechtsanspruch des Privilegienwesens und kann seinerseits nur in der Solidarität mit allen Gliedern der Gesellschaft gefördert werden.

3. Die Realität des Friedens

Die alttestamentliche Friedenserwartung kennt nicht den Zwiespalt von Seele und Leib, dem sich der Stoßseufzer entringen mag: »Zwischen Sinnenglück und Seelenfrieden bleibt dem Menschen nur die bange Wahl.« Die Einberufung zum Schalom setzt dem Unfrieden der Welt nicht einen weltlosen Herzensfrieden entgegen. Schauplatz des Friedens bleibt die Erde.

Die Bilder vom Wandel der Natur als Folge des Friedens (Jes. 32, 15 bis 20 u. ö.) oder vom Schöpfungsfrieden, dessen Vollendung größer sein wird, als anfänglich zu erwarten war, sind nicht mythologischer Rest, sondern Ausdruck der unaufkündbaren Verbundenheit von Mensch und Natur, Seele und Leib, Geist und Materie in dem einen Prozeß Gottes mit Mensch und Welt.

Indem die Einberufung zum Schalom Menschen für Gottes Gerechtigkeit in Anspruch nimmt, werden sie als Mitwirker Gottes in die Lebensvollzüge eingewiesen, in denen der Mensch zur Erdherrschaft berufen ist.

Wer die Friedenserwartung demgegenüber vergeistigt und ver-

engt, indem er sie individualistisch verinnerlicht und jenseits-
flüchtig entweltlicht, der verweigert sich dem Weltweg Gottes
und übt Verrat am Schalom.

Schalom hat Hand und Fuß. Ihm ist die Unterscheidung von Gottesfrieden und Weltfrieden fremd. Eine Trennung von »Religion«
und Politik widerstreitet seiner Intention. Er kann nur kultiviert
werden, indem er leibhaftig in allen persönlichen und gesellschaftlichen Lebensbeziehungen unter vollem Einsatz aller wis-
senschaftlichen und technischen Möglichkeiten beherzigt und ver-
körpert wird.

Der Friede hütet weder eine diesseitige Welt-Ordnung, noch
kündet er von einer jenseitigen Heils-Ordnung, er kommt der
»Revolution« Gottes gleich, die Welt und Mensch real transzen-
diert.

4. Die Temporalität *des Friedens*

Schalom ist nicht Inbegriff einer zeitunabhängigen Idee, sondern
Richtung und Gehalt des Lebensprozesses, an dem Welt und
Menschen in verschiedener Weise teilhaben und in dem Gott zu
seinem Recht kommt.

Während sich das mythische Friedensbewußtsein und der klassische politische Friedensgedanke dem Wandel der Zeit entziehen,
indem sie der Zeit eine in sich sinnvolle, autarke Lebensform ent-
gegenzusetzen versuchen, bleibt Israel um des Friedens willen
den Bedrängnissen der Zeit ausgesetzt.

Die Einsicht in die radikale Vorläufigkeit und Zweideutigkeit aller menschlichen Friedensbemühungen bleibt verbunden mit der
Erwartung *des* Schalom-Regenten, der den verheißenen Frieden
heraufführen und vollenden wird.

Diese Erwartung ist zur Zeit Jesu in den verschiedensten Formen
lebendig gewesen, und doch widersprach die Erfüllung der Friedensverheißungen durch Aktion und Wort Jesu den unter seinen
Zeitgenossen herrschenden Vorstellungen. Der erwartete Friede
kam anders als erwartet.

Die weltweite Einberufung zum Frieden

Friedensrealisierung bei Jesus von Nazareth

Das öffentliche Auftreten Jesu begann mit seiner Abkehr von Johannes dem Täufer. Alle Kindheitsgeschichten sind demgegenüber spätere Rückblendungen. Historisch gesehen ist der Zim-
mermannssohn aus Nazareth aus der Täufergemeinde an die
Öffentlichkeit getreten.[16] Doch als er — wohl erst nach der Ge-
fangennahme des Johannes — hervortrat, befand er sich bereits

nicht mehr in Übereinstimmung mit dessen Botschaft. Ehe sich Johannesjünger später Jesus anschlossen, muß Jesus selbst über den Erwartungshorizont der Täuferbewegung hinausgegangen sein.

Johannes der Täufer war davon ausgegangen, daß die gegenwärtige Weltzeit ausweglos dem Unheil verfallen sei. Lange konnte es mit ihr nicht mehr weitergehen. Die Axt war den Bäumen schon an die Wurzel gelegt. Das Zorngericht Gottes stand unmittelbar bevor (Lukas 3, 9). Zwar wurde die Möglichkeit der Umkehr angeboten, doch war die Umkehr nicht Schwelle zu einer neuen Zeit des Heils, sondern letzte Möglichkeit der Rettung vor dem bevorstehenden göttlichen Endgericht, dem gegenüber die Berufung auf die leibliche Abrahamskindschaft keinen Schutz gewährte.[17] Johannes verstand sich als unmittelbarer Vorläufer des Endes dieser Weltzeit. Von einem weitergehenden Weltgeschehen und von einem auf den Täufer folgenden Anwalt des Schalom konnte keine Rede sein. Jesus aber nahm diese Weltzeit samt allen seinen Zeitgenossen als die jetzt gewährte Möglichkeit des Heils (Schalom) in Anspruch. An die Stelle der asketischen Entweltlichung der Johannesjünger trat die neue Weltzuwendung Jesu.

Der Umkehrruf des Täufers, der von der Erwartung des bevorstehenden Zorngerichtes bestimmt war, wurde überboten durch den Umkehrruf Jesu, der die Menschen mitten in ihrer alltäglichen Lebenswelt in den Dienst der Gerechtigkeit und des Friedens rief und damit jetzt und hier die Zeit des Heils ansagte.

Jesus eröffnete die weitergehende Weltzeit als den weiterführenden Weltweg Gottes mit den Menschen. Er nahm entrechtete und verängstigte, verzweifelte und verschuldete Menschen als volle Teilhaber an diesem Weltweg Gottes in Anspruch und lebte mit ihnen die Solidarität der Weggemeinschaft des Schalom.

Von der Friedlosigkeit dieser Welt bedrängt und angefochten wie alle Menschen, blieb er doch frei, sich durch nichts von dem Vertrauen auf die Macht des Schalom abbringen zu lassen, nicht einmal durch das offensichtlich Sinnlose und die Gewalt des Todes. Jesus übernahm Übel und Tod als die Mühsale des Weges, der zum Frieden führt und jetzt schon die Gewißheit des Friedens gewährt. Er erlag nicht der Versuchung, sich dem Druck dieser Welt zu beugen oder zu entziehen, und er deckte damit zugleich die große Welt-Verweigerung des Menschen auf.

Die Versuchungen des Menschen, seine Teilhabe und Teilnahme am Weggeschehen dieser Welt teilweise oder ganz aufzukündigen, sind vielfältig und groß. Er ist das einzige Geschöpf, das die Mühen und Schmerzen der Schöpfung bewußt erfährt. Er ist das einzige Lebewesen, das den Minderungen und der Abnahme seines Lebens bewußt beiwohnt. Und er ist darum das einzige Geschöpf, das versucht ist, sich den Mühen und Schmerzen, dem

Übel und den Konflikten des Lebens so weit wie möglich zu entziehen.

Dann ducken und beugen sich die einen dumpf unter das Unabwendbare, wie gelähmt von der Angst, um es über sich hinwegziehen zu lassen. Andere stürmen in trotzigem Widerstand gegen das Unerträgliche an, wie angestachelt von der Angst. Sie holen aus zum Notwehrangriff auf die Übel der Welt und werden darüber selbst nur allzu leicht im blinden Eifer zu Übeltätern im Namen einer künftigen Welt ohne Übel.

Und wieder andere fügen sich in scheinfrommer Ergebung in das scheinbar Unabwendbare und Unveränderliche, machen aus ihrer Angst eine Tugend, um sich mit Hilfe dieser Tugend die Angst zu vertreiben. Sie entwerten ihre alltägliche Lebenswelt zu einer vorläufigen, gefallenen, zeitlich-vergänglichen, uneigentlichen Welt, um sich in einer ganz anderen Welt des Geistes einen gelassenen und ruhigen Lebensstil zu gewährleisten.

Der unfruchtbaren Versuche, der Versuchung auszuweichen, sind viele. Menschen vermögen sich den Konflikten und Spannungen, den Zumutungen und Anforderungen ihres persönlichen und gesellschaftlichen Lebens zu entziehen, indem sie gegenüber dem Ansturm und den Anfechtungen des Weltgeschehens sich eine eigene Welt ausgrenzen und ausbauen. Zum Teil imposant und doch zerbrechlich. Wie für die Ewigkeit gebaut und doch voll Todesangst. Eine Überwältigung und Vergewaltigung der andrängenden Lebens- und Weltfülle zugunsten einer Erfüllung der eigenen Lebens- und Weltvorstellungen.

Jesus aber nahm die scheinbar friedlose gegenwärtige Welt im Vertrauen auf den Schalom an, in dem und für den sie erschaffen ist.

Deshalb ist »Frieden« zur kürzesten und zugleich umfassendsten Bezeichnung der in Jesu Reden und Aktionen erfüllten und durch ihn für alle und alle Zeiten eröffneten und ermöglichten Bedingung und Bestimmung des menschlichen Lebens geworden.[18] Deshalb kann der Name des Messias, das heißt des Christus, einfach »Schalom/Frieden« heißen (Micha 5, 3; Epheser 2, 14). Sein Evangelium ist ein Evangelium des Friedens (Epheser 6, 15). Und der Gott, dessen verborgenem Walten sich Welt und Mensch verdanken und dessen Absicht mit Mensch und Welt in Wort und Weg Jesu offenkundig geworden ist, kann der Gott des Friedens genannt werden. Wohlgemerkt, nicht ein Gott zeitunabhängiger Ordnung wie der göttliche Weltgeometer Platons, sondern ein Gott des Friedens, der unterwegs bleibt mit Mensch und Welt, um der Unordnung zu steuern.[19]

Doch indem Jesus nicht der Versuchung erlag, die Anfechtungen des Lebens ideologisch zu vermitteln und in unfruchtbare Konfliktsregelungen auszuweichen, ist er gerade mit den Lebenserwartungen, Lebensordnungen und Konfliktsregelungen seiner Zeit in Konflikt geraten.

Dafür seien aus den Evangelien einige Beispiele genannt:

a) Jesus ruft als Anwalt des Friedens zur rechten Wahrnehmung der dem Menschen anvertrauten Erdherrschaft:

Matthäus 21, 1 ff und Lukas 19, 29 ff ist von Jesu Zug zum Passah-Fest in Jerusalem die Rede, von seinem Weg in die letzte Auseinandersetzung. Jahr für Jahr zogen die Pilger von ferne her, um in Jerusalem, der Stadt des Friedens, den Israel verheißenen Schalom gemeinsam zu feiern. Wenn sie über die letzte Anhöhe kamen und die Stadt vor sich liegen sahen, stimmten sie den Jubel auf den kommenden Friedenskönig an. Und in dem Ruf nach Frieden fuhren all die unabgegoltenen Träume und uneingelösten Ansprüche des Lebens mit heraus: kaum artikulierte Sehnsucht, enttäuschte und verletzte Hoffnungen, dunkle Erwartungen, verdrängtes Streben nach Größe und Macht, Verlangen nach einer Leben erfüllenden Aufgabe und die latente Bereitschaft, alle persönlichen Konflikte loszuwerden in der Hingabe an die große Sehnsucht, im Einschwingen in den allgemeinen Jubel der Festkolonnen. Aber in den vielen Jahren, da der Marsch auf Jerusalem begangen worden war, blieb die Bewegung trotz Bekenntnisschwungs und tiefen Gemeinschaftserlebnisses wie eine Generalprobe ohne Hauptdarsteller.

Wo blieb er, der erwartete Friedenskönig, der Messias? Wo blieb die ausstehende Erfüllung der Friedensverheißungen? Wo blieb sie, die verheißene Welt des Friedens? Immer bedrückender wurden die Schatten einer friedlosen Welt.

Als eines Jahres Jesus von Nazareth in der Kolonne mitzog, nahm er die offene und strittig gebliebene Rolle des Friedenskönigs ein, wenn auch in einem seltsamen Zwielicht von Wahrheit und Schein. Denn das Volk projizierte auf ihn die Fülle seiner ungestillten Erwartungen und unterschwelligen Sehnsüchte. Als sie den Mann des Friedens unter sich hatten, feierten sie aller Jesus-Wirklichkeit zum Trotz die Erfüllung ihrer eigenen Christus-Träume. Jesus aber machte den Träumen ein Ende. Als er Jerusalem sah, weinte er über die Stadt und rief:

»Wenn doch auch du erkenntest zu dieser deiner Zeit,
was zu deinem Frieden dient! Aber nun ist's vor
deinen Augen verborgen.«   (Lukas 19, 42)

Und Jesus ging in den Tempel und reinigte ihn (Lukas 19, 45 ff)[20], was nichts Geringeres bedeutet als: Er stellte die »Friedens-Ordnung« des Jerusalemer Judentums in Frage, die einerseits das Rechtsleben durch detaillierte Gesetzesbestimmungen regelte und andererseits die religiös-politische Ordnung und Gottesbeziehung durch den Tempel-Sühne-Kult jeweils wiederherstellte. Solch ein Gebot-System und solch ein Kult dienen nicht der verheißenen Friedens*bewegung*, sondern der ängstlichen Friedens*sicherung*. Und Jesus erzählte ein Gleichnis: die Geschichte von dem Herrn, der einen Weinberg pflanzte, ihn Weingärtnern anvertraute und über Land zog, eines Tages aber seinen Sohn sandte, damit er nach dem Rechten sehe. Die Weingärtner aber, die von dem abwesenden Herrn als Treuhänder und Verwalter eingesetzt waren, enthielten dem Herrn nicht nur den Ertrag vor, sondern suchten sich selbst in den Besitz des Weinbergs zu bringen, indem sie den Erben ausschalteten. Die Weingärtner verdrängten den Sohn, um weiterhin mit dem Weinberg ihre eigenen, höchst eigenwilligen Geschäfte treiben zu können. Ein Schlüsselgleichnis der Sendung Jesu.[21] Und damit zugleich Schlüsselgleichnis für die dem Menschen nicht zur extensiven Ausbeutung überlassenen, sondern zur intensiven Erschließung übergebenen Produktionsmöglichkeiten seiner Erdherrschaft.

b) Jesus ist als Anwalt des Friedens Zeuge im Rechtsstreit Gottes. Der provokative Charakter der Sendung Jesu wird in der lukanischen Geburtsgeschichte eindrücklich reflektiert: Die von Lukas verkündigte Friedensbotschaft der Engel an die Hirten auf dem Felde stellt eine politische Demonstration dar. Lukas malt (2, 8 ff) kein trautes Stimmungsbild, sondern plakatiert — vertraut mit den Engelmotiven der alttestamentlichen Überlieferung und der Lage der Hirten in der Gesellschaft seiner Zeit — den rechtlichpolitischen Aspekt des Friedens Jesu Christi.

Die Engel künden den scheinbar schon abgeschriebenen und abgedrängten Gruppen, daß auch ihnen das Heil gilt. Die Boten kommen an den Ort der Alltagsarbeit jener, die die Armen und Niedrigen verkörpern. Den Unterdrückten und Bedrängten sagen sie Heil und Frieden zu.

Jesus lebte — als Weinsäufer und Fresser, Zöllner- und Sündergenosse verleumdet (Mt. 11, 18 f) — mit ihnen. Er feierte den religiösen und sozialen Exodus aus den vielfältigen Bindungen des menschlichen Lebens. Er sprengte die in sich geschlossenen Gesellschafts- und Gedankenkreise, negierte die Klassifizierungen der Menschen in Sünder und Fromme, Gute und Böse, Freund und Feind und durchbrach die Unterscheidungen von heilig und profan, rein und unrein.

Da wurden Maßnahmen der Friedenssicherung als fromme oder unfromme Bollwerke entlarvt, hinter denen die eigenen Schäfchen ins Trockene gebracht wurden und mit deren Hilfe man sich gegen den Anspruch schützte, der durch das Dasein anderer Menschen ständig an einen ergeht.

Wo Jesus auftrat, wurde die konkrete Welt als der Schauplatz des Schalom eröffnet:

»Ihr habt gehört, daß gesagt ist: ›Du sollst deinen Nächsten lieben und deinen Feind hassen.‹

Ich aber sage euch: Liebet eure Feinde; segnet, die euch fluchen; tut wohl denen, die euch hassen; bittet für die, so euch beleidigen und verfolgen, auf daß ihr Kinder seid eures Vaters im Himmel; denn er läßt seine Sonne aufgehen über die Bösen und über die Guten und läßt regnen über Gerechte und Ungerechte.

Denn so ihr liebet, die euch lieben, was lohnt es? Tun nicht auch die Zöllner dasselbe?

Und so ihr euch nur euren Brüdern freundlich tut, was tut ihr Sonderliches? Tun nicht die Zöllner auch also? Darum sollt ihr vollkommen sein, gleichwie euer Vater im Himmel vollkommen ist.«   (Matthäus 5, 43—48)

c) Jesus sucht als Anwalt des Friedens den Menschen aus dem Zwang des Gesetzes zu befreien und die Intention des Gesetzes aus den Zwangsvorstellungen des Menschen.

In einer persönlichen Unabhängigkeit, die unvorstellbar erscheint, ist Jesus seinen Zeitgenossen nahe gewesen, hat er mit den Menschen über das gesprochen, was sie gemeinsam bewegt. So hat er die alten Gebote als die Leitsätze des Schalom erfüllt und als Grundsätze einer bloß gesetzlichen Friedensordnung abgetan.

Dieses Verhalten hat die Betroffenen erschüttert. Fragen wurden ausgelöst, Hoffnungen und verborgene Konflikte begannen neu aufzubrechen. Doch zugleich fühlten sich die für Verhaltensfragen Zuständigen, die Sittenwächter und Hüter der öffentlichen Ordnung, die Schriftgelehrten und die Pharisäer herausgefordert, diesem Mann zu widerstehen und seinem Treiben Einhalt zu gebieten, da Jesus allem Anschein nach die göttlich sanktionierten Ordnungen mit einer verblüffenden Selbstverständlichkeit überging, wenn es darauf ankam, Menschen zu einem Leben zu verhelfen, das das Wort »Leben« nicht Lügen straft.

Krankenheilungen und andere soziale Handlungen, gegen das jüdische Gesetz am Sabbat ausgeführt,[22] sind Beispielfälle dafür, wie Jesus als Anwalt eines lebendigen Gottes zu dem das Leben reglementierenden Wirken der herrschenden Autoritäten des Judentums in Gegensatz geriet.

d) Jesus hat als Anwalt des Friedens den bestehenden Herrschaftsverhältnissen ihren unbedingten Anspruch bestritten.

Der herkömmliche Sinnhorizont der Macht wurde durchbrochen. Markus 10, 42 wird die Sentenz überliefert:

»Die Gewaltigen herrschen und die Fürsten haben Macht. Ihr aber nicht also. Wer unter Euch der Erste sein will, der soll aller Diener sein.«

Das ist nicht die Devise eines frommen Machtverzichters, der stets einer Kapitulation gegenüber den bestehenden Herrschaftsverhältnissen gleichkommt, sondern das ist Leitwort eines neuen Machtgebrauchs, der die bestehenden Herrschaftsverhältnisse relativiert.

An die Stelle des unbedingten Herrschaftsanspruchs des Fürsten tritt der Herrschaftsanspruch dessen, der seine Sonne über die Bösen und über die Guten aufgehen läßt und der über Gerechte und Ungerechte regnen läßt (Matth. 5, 45). Anders gesagt: Macht dient nur dann keiner korrupten Machtpolitik, wenn ihr Funktionswert auf den Darstellungswert bezogen bleibt, welcher dem jeweiligen Machtträger als einem Mitdarsteller in einem Drama zukommt, in dem Gerechtigkeit und Frieden für alle auf dem Spiel stehen. Nation und Konfession, Klasse und Partei, Rasse und Geschlecht, Betrieb und Familie, Bildung und Kultur sind demgegenüber niemals Höchstwerte.

e) Jesus — der Anwalt des Friedens — wurde von den Vertretern und Verfechtern des Bestehenden als Unruhestifter, Friedensstörer, Gotteslästerer empfunden, beschattet, angeklagt, zum Tode verurteilt und gekreuzigt.

Sein Einsatz für den Frieden brachte Jesus in Auseinandersetzungen mit den bestehenden Institutionen der Friedens-Sicherung, die der Beschwichtigung des Übels und der Verbrämung der bestehenden Verhältnisse dienten. Jesus aber erkannte, daß jeder, welcher diesen Auseinandersetzungen ausweicht (vgl. Matthäus 16, 21 ff), um sich selbst zu schonen und seinen »lieben Frieden« zu haben, *den* Frieden hintergeht, der allein Verheißung hat. Diese Erfahrung Jesu verdichtete sich in dem anstößigen Satz, der bis heute immer wieder als Alibi des Friedens-Defätismus mißbraucht wird:

> »Meint nicht, daß ich gekommen bin, Frieden auf die Erde zu bringen. Ich bin nicht gekommen, Frieden zu bringen, sondern das Schwert.«   (Matthäus 10, 34)

Jesus redete weder den friedenssehnsüchtigen Leuten nach dem Mund, noch trat er für eine militante Friedensaktion ein. Der Sinn des Satzes hängt am Verständnis des Bildwortes »Schwert«, das im Alten und Neuen Testament öfters begegnet.

Jesaja 49, 1 ff bekennt der wahre Gottesknecht von sich:

> »Von Geburt an hat mich der Herr berufen, meinen Namen genannt vom Mutterschoß an. Er machte meinen Mund wie ein scharfes Schwert, barg mich im Schatten seiner Hand; er machte mich zum glatten Pfeil, versteckte mich in seinem Köcher und sprach zu mir: Du bist mein Knecht, durch den ich mich verherrliche.«

> »Das Wort Gottes ist lebendig und wirksam und schärfer als jedes zweischneidige Schwert und hindurchdringend bis zur Scheidung von Gelenken und Mark der Seele und des Geistes und ein Richter der Gedanken und der Gesinnung des Herzens; und kein Geschöpf ist vor ihm unsichtbar, vielmehr ist alles entblößt und aufgedeckt vor seinen Augen, dem wir Rede zu stehen haben.«   (Hebräer 4, 12 f)

> »Tue also Buße, denke um! Sonst komme ich schnell über dich und werde [. . .] Krieg führen mit dem Schwert meines Mundes.«   (Offenbarung 2, 16; vgl. 1, 16)

Am Friedenseinsatz Jesu entzweien sich die Geister.

Jesus wehrte nicht nur der kontemplativen Friedenssehnsucht, sondern auch dem militanten Friedenswillen (vgl. Luk. 9, 51 ff und 22, 49 ff). Beide sind Zeichen der Ungeduld. Ungeduld aber ist die Unfähigkeit, sich der Friedlosigkeit dieser Welt anzunehmen, ohne sich selbstgenügsam über sie hinwegzusetzen oder sie mit Zwangsgewalt in Schach zu halten. Ungeduld ist einerseits das verheißungslose Leiden an der Vorläufigkeit und Unzulänglichkeit menschlicher Friedensbemühungen, und sie ist andererseits das verheißungslose Drängen auf eine endgültige und totale Friedensordnung.

Jesus verlor nicht die Geduld. Er nahm die Entfremdungen seines Weges auf sich als den Kostenaufwand des verheißenen Friedens. So wurde durch ihn die Lebens- und Weltangst überwunden (Joh. 14, 27 und 16, 33) und die große Verweigerung durchbrochen, in der sich Menschen dem Anspruch des Lebens entziehen, um ihr Leben zu sichern. Ja, Jesus überwand die Macht des Gesetzes und des Todes, indem er auch deren Endgültigkeit bestritt.

In diesem unerhörten Friedenseinsatz Jesu waren die Israel bereits zuteil gewordenen Verheißungen des Schalom öffentlich geworden und in Kraft gesetzt (2. Kor. 1, 20). Die Bewegung des Friedens, die mit Jesus zum Zug kam, war nicht mehr aufzuhalten, auch nicht durch seine Kreuzigung. Sie blieb nicht einmaliges Ereignis, sondern löste einen unaufhaltsamen Prozeß aus. Johannes 20, 19 und 20, 21 ist davon die Rede, daß der auferweckte Gekreuzigte seinen Jüngern den Friedensgruß entbietet: »Friede sei mit euch« (vgl. Luk. 24, 36; vgl. 4. Mose 6, 26). Sie werden als Aufgebot eines Friedens, für den Jesus lebte und starb, in die Welt gesandt (vgl. Matth. 10, 12 ff und Luk. 10, 5 f). Der Prozeß des Friedens geht weiter.

In diesem Prozeß bleibt Jesus als Zeuge und Richter, als Angeklagter und Anwalt lebendig.

Indem er angeklagt wurde, den Frieden zu stören, ist die allgemeine Friedenssehnsucht angeklagt, den Frieden zu verraten, indem sie nach einem ungestörten Frieden verlangt.

Indem Jesus für den Frieden Gottes angesichts einer scheinbar erbarmungslosen Welt einstand, werden Menschen ihrerseits ermutigt, für den Frieden in allen Weltteilen und Lebensvollzügen einzutreten.

Und indem die Repräsentanten der öffentlichen Ordnung über Jesus zu Gericht saßen und ihn als Unruhestifter und Gotteslästerer verurteilten, wurde er zum Richter aller zweideutigen Bemühungen der Friedenssicherung und des unaufgeklärten falschen Friedensbewußtseins.

So ist durch Jesu Reden und Aktionen der vielschichtige Prozeß des Friedens öffentlich geworden, der sonst im Zwielicht von Sehnsucht und Verdrängung bleibt.

Und indem Menschen um seinetwillen zum Anwalt des Friedens wurden, blieb die Stellvertretung Jesu in Sachen des Friedens keine exklusive, sie wurde zu einer inklusiven. Er ist »der Erstgeborene unter vielen Brüdern« (Römer 8, 29), heißt es, und: »Selig sind die Friedensstifter; denn sie werden Söhne Gottes heißen« (Matth. 5, 9). Eine neue Lebensweise ist ermöglicht (Römer 8, 1—11).

Der Friedensgruß, den der Apostel den Gemeinden entbietet (Römer 1, 7; 15, 13.33 u. ö.) befreit die Angesprochenen aus den Friedensordnungen einer geschlossenen Gesellschaft zur Friedensbewegung gegenüber jedermann:

»Der Gott aber der Hoffnung erfülle euch mit aller Freude und Frieden im Glauben [. . .]
Der Gott des Friedens sei mit euch allen!«   (Röm. 15, 13.33)
»Segnet, die euch verfolgen, segnet und fluchet nicht [. . .] Ist es möglich, soviel an euch liegt, haltet mit allen Menschen Frieden.«   (Röm. 12, 14.18)
»Jaget dem Frieden nach gegen jedermann.« (Hebräer 12, 14)[23]

Dem Frieden nachzujagen, ihn zu verfolgen (*diókete*), ihm beharrlich auf der Spur zu bleiben, nicht lockerzulassen, ihn geltend zu machen gegenüber jedermann, das ist seither die neue Gangart des Lebens. Und zwar nicht als beliebige Einzel-Initiative eines privaten Lebenszuschnittes, sondern als Verfahrensweise einer weltweiten Aktions-Gemeinschaft (*Koinonia*). Vermutlich muß man Hebr. 12, 14 mit seinem nicht ungewichtigen Plural folgendermaßen übersetzen: Jagt im Verein mit allen Mitchristen und allen, die sich nicht selbst davon distanzieren, dem Frieden nach, der Gottes Gabe für die Welt ist.

Die Mahnung war bekanntlich nie überflüssig, denn von Anfang an standen die christlichen Gemeinden in der Gefahr, sich der Aussage, daß »Jesus Christus unser Friede ist« (Kolosser 1, 19 f und Epheser 2, 14 ff), selbstgenügsam zu freuen. Dankbar und jubelnd wurde in liturgischen Sätzen der Gott des Friedens gepriesen. Wo aber blieb der entsprechende Einsatz für den Frieden, wenn die Kirche zu einem religiösen Sonder-Bereich des Friedens zu werden drohte?

Die politischen Perspektiven des Friedenseinsatzes Jesu von Nazareth riefen schon in den frühchristlichen Gruppen Auseinandersetzungen hervor. Das spiegelt sich in den Friedenshymnen des Neuen Testaments, am deutlichsten vielleicht im Friedenshymnus Epheser 2, 14 ff. Der Brief an die Epheser, am Ende des ersten nachchristlichen Jahrhunderts geschrieben, ergeht in einer Situation äußerster politisch-religiöser Zerklüftung der Gesellschaft. Diesem, von einem massiven heilspolitischen Freund-Feind-Gegensatz zwischen Juden und nichtjüdischen Völkern charakterisierten Zustand hält der Epheser-Brief die von Jesus vertretene Einheit der Gesellschaft entgegen:

»... Er ist unser Friede,
der da beide zu *einem* machte
und die Scheidewand des Zaunes niederriß,
die Feindschaft in seinem Fleisch,
das Gesetz der Gebote, die Satzungen sind, vernichtete,
auf daß er die zwei in ihm zu *einem* neuen Menschen schaffe,
Frieden stiftend,
und versöhne die beiden in *einem* Leib Gott durch das Kreuz,
er, der die Feindschaft getötet in ihm.
Und er kam und ›verkündete Frieden‹
euch ›den Fernen und Frieden den Nahen‹;
denn durch ihn haben wir beide in *einem* Geist
Zugang zum Vater [...]«[24]

In diesem Hymnus wird ein liturgischer Text eines weltflüchtigen, gnostisierenden Judentums im Namen Jesu völlig umfunktioniert.

Jüdisch-rabbinischer Vorstellung gemäß[25] entsprach der Zaun dem Gesetz Israels, das schützend Israel »umfriedet« und es damit zugleich von den anderen Völkern trennt. Im Erwartungshorizont der Apokalyptik konnte das Gesetz als Welten- oder Himmelszaun verstanden werden, der zwei Sphären trennt: die gegenwärtige Weltzeit und die kommende. Und durch die Gnosis sind beide Vorstellungen verbunden und zugleich umgewertet worden. Das Gesetz wurde zur kosmischen Zwangsgewalt, die es zu durchbrechen galt, um die Seelen aus der Macht des Gesetzes und der Welt zu befreien. Indem jedoch eine Christengemeinde den gnostischen Hymnus aufnahm und neu anstimmte, bekannte sie sich in aktueller Auseinandersetzung mit den zu ihrer Zeit herrschenden religiösen Friedenserwartungen erlösungsbedürftiger Zeitgenossen zur universalen, das gesamte menschliche Dasein betreffenden Tragweite des Friedens, den Jesus Christus gelebt und ermöglicht hat.

Insofern enthält der Lobpreis »Er ist unser Friede« eine dreifache Ansage.

Erstens: »Christus ist unser Friede«, weil er den Herrschaftsanspruch des Gesetzes bestritt, das durch seine Satzungen Menschen in die scheinbare Eigengesetzlichkeit von Weltmächten einschloß. Indem Jesus von Nazareth die Selbstverschlossenheit einer scheinbar in sich schlüssigen Lebensordnung durchbrach, befreite er die Menschen aus der streng begrenzten Zuständigkeitsbereichen und Handlungsformen eines gesetzlich geregelten Verhaltens und erschloß ihnen die Welt als das Auftragsfeld eines offenen Verhaltens.

Zweitens: »Christus ist unser Friede«, weil er trotz der scheinbaren Erbarmungslosigkeit der Gesellschaft im Vertrauen auf den mitten in der Welt verborgen waltenden Gott die Erde und Himmel trennende Mauer der übermächtigen Vorstellungen weltflüchtiger Frömmigkeit durchbrach. Für den hellenistisch-gnostischen Zeitgenossen war die Weltgeschichte ein verhängnisvolles Dunkel, aus dem nur wenige ins lichte Jenseits herausgerufen werden. Gerade diese schicksalhafte Trennung der Weltsphären durchbrach Jesus. Niederbrechung des Zaunes bedeutet dann, daß jede geschichtliche Lage und menschliche Situation offen sind für mögliches »Heil«.

Drittens: »Christus ist unser Friede«, weil durch ihn die Macht des Unfriedens und das Prinzip der »Feindschaft« aufgedeckt wurden. Indem Jesus dem Gesetz seinen Anspruch als »Höchstwert« bestritt, beendete er den Despotismus der Höchstleistung und der tödlichen Konkurrenz einer satzungsgebundenen Selbstbestätigung und Selbstbehauptung geschlossener Systeme [. . .] Niederbrechung des trennenden Zauns heißt dann nicht etwa Nivellierung von ethnischen oder politischen Differenzen, sondern es bedeutet ihre Bejahung. Juden und nichtjüdische Völker können sich nun gegenseitig ertragen ohne die heilspolitische Zwangsvorstellung, der andere sei nicht »erwählt«. Und eben diese versöhnte Pluralität sieht der Verfasser des Epheserbriefes in den frühchristlichen Gruppen schon realisiert. Bald jedoch brach der religiös-ethnische Zwist zwischen Juden und Nichtjuden erneut auf, als die apokalyptische Erwartung einer Bekehrung Israels sich nicht erfüllte. In dem Maße, in dem die Kirche sich in der Welt des Imperium Romanum einrichtete, vergaß sie ihre jüdische Herkunft und entzog sich damit den Friedenszumutungen der Propheten und Jesu von Nazareth.

Bereits in der Alten Kirche führten die Auseinandersetzungen mit der politischen Friedensmetaphysik und dem Kult der *pax Romana* zu einem christlichen »Friedens«-Bewußtsein, das nicht mehr dem Friedensruf des Evangeliums entsprach. Die kirchlich-theologischen Schwierigkeiten in Fragen des Friedens sind sehr alt.[26]

Die Fragwürdigkeit des kirchlich-abendländischen Friedensbewußtseins

Augustins Theologie des Friedens

Zu den Entscheidungen der Vergangenheit, deren Einfluß man nicht los wird, indem man sie vergißt, sondern die man überholen muß, indem man die in ihnen treibenden Probleme so klar wie möglich ins Auge faßt, gehört in Fragen des Friedens die Auseinandersetzung zwischen der politischen Friedensmetaphysik des spätantiken Rom und dem Friedenszeugnis des christlichen Glaubens. Sie fand auf vielfältige Weise statt.[27]

Origenes (185—254) sympathisierte zum Beispiel mit dem Programm der *pax Romana*, da sie der Verbreitung des Evangeliums diene. Doch weithin schlug das Pendel nach der anderen Seite aus. Viele vergaßen in der Erbitterung über die Christenverfolgungen, daß die Apostel zu bedenken gaben, das Römerreich als Träger gesellschaftlicher Ordnungsfunktionen zu achten (Röm. 13,1 ff u. ö.; sein Darstellungswert wird Römer 13 nicht anerkannt, von ihm ist gar nicht die Rede[28]). Furcht und Verzweiflung des spätantiken Menschen, welche die Reichsgründung des Augustus nur vorübergehend zurückgedrängt hatte[29], verbanden sich mit der christlichen Erlösungssehnsucht. Das Kommen des Antichristen schien bevorzustehen. Unter dem Einfluß eines apokalyptischen Endzeit- und Kampfesbewußtseins wurde der Mythos von den Weltreichen, der die Ewigkeit des Römischen Reiches verbürgte, mit Hilfe der Geschichtsschau des Danielbuches gegen die *pax Romana* und für die *pax Christi* ins Feld geführt.

So trat für Cyprian, Bischof von Karthago (um 200/210—258), die *pax Christi* an die Stelle der *pax Romana*. Er ermutigte zum Kampf wider eine untergehende Weltmacht und mahnte: »Wissen müßt ihr nämlich und als gewiß glauben und festhalten [...], daß der Weltuntergang und die Zeit des Antichrist herangekommen sind, damit wir kampfbereit stehen mögen und nichts als die Herrlichkeit des ewigen Lebens und die Krone des Bekenntnisses zum Herrn im Sinne haben« (Epist. LVIII 1,2). »Wer schon jetzt der Welt absagt, steht höher in seiner Ehre und in seinem Reich« (De Orat. 13). Mit einer untergehenden Welt schien die *militia Christi* im Kampf zu stehen.[30]

In der lateinisch-sprechenden Christenheit der zweiten Hälfte des 3. Jahrhunderts erwachte die Erwartung einer nahe bevorstehenden Wende des Weltgeschehens: bald sollte Gott in der Mitte der Ökumene, in Rom, seine heilige Stadt erbauen und Christus in ihr unter seinen Gerechten leben, denen verheißen war, über die Erde zu herrschen.

Doch statt der »letzten« Zeitwende kam die sogenannte konstantinische Wende, auf die Kirche und Theologie in keiner Weise vorbereitet waren. Kaiser Konstantin (Regierungszeit: 306–337), der nach der bestehenden Gemeindeordnung nicht einmal als Taufbewerber zugelassen werden konnte, dankte nicht etwa ab, um möglicherweise Taufbewerber und Christ zu werden, sondern bekannte sich im Gegensatz zum gesellschafts-politischen Selbstverständnis der Christengemeinden als römischer Kaiser zum Christentum und mutete dem Christentum mehr und mehr die Rolle zu, der bislang die alte imperiale Staatsreligion entsprochen hatte. Unter den vielen, letztlich hilflosen Versuchen, dieser neuen Lage — die ähnlich wie die Heidenmission als Wirkung des Heiligen Geistes hingenommen wurde — zu entsprechen, kam es zur direkten Entfaltung einer »politischen Christologie«.[31] Von ihr künden altkirchliche Christusbilder, die in Kunst und Literatur demonstrieren, wie dem himmlischen Herrscher die Züge und Machtfunktionen des irdischen Herrschers zugelegt worden sind.

Der »politische Christus« erschien nicht mehr als Tröster der Bedrängten und Unterdrückten, als Anwalt des gebeugten Rechtes und des verleugneten Lebens, sondern als Befehlshaber, Gesetzgeber und Richter einer triumphierenden Kirche. Und nicht wenige sahen darin die Weissagungen des Alten Testamentes in Erfüllung gehen.

Euseb (um 260/265 — ca. 339), Bischof von Cäsarea, pries die Wende mit den Worten: »Gott selbst, der Großkönig, streckte von oben her seine Rechte zu ihm (dem Kaiser) aus und setzte ihn bis zum heutigen Tage als Sieger ein über alle seine Hasser und Feinde« (laus. Const. 8). Eine christliche Reichsideologie etablierte sich. Der Kaiser herrschte im Namen des himmlischen Christus, und die Ruhmesdaten der Reichspolitik zeugten von der Gegenwart Christi. Zwar scheiterte Eusebs Idee einer Reichskirche — wobei hier offenbleiben kann, ob der Weg von vornherein in eine falsche Richtung führte —, doch die imperiale »politische Christologie« blieb lebendig. Konstantin stellte die aus dem Heer ausgestoßenen Christen mit Rangerhöhung wieder ein. Das Konzil von Arles (314) beschloß, daß jeder Deserteur mit dem Kirchenbann bestraft wird. Und Theodosius II. ordnete 416 durch einen Erlaß an, daß nur noch Christen in die Armee aufgenommen werden dürfen.

Wort und Weg der Friedens*bewegung* Jesu gerieten in den Schatten einer militanten »politischen Christologie«, die zwar nie formuliert, jedoch eifrig praktiziert wurde. Die Scheidung Jesu vom politischen Messianismus konnte nur bis zu Beginn des 4. Jahrhunderts durchgehalten werden.

Mochte der irdische Christus während seines Leidensweges auf die Macht des Schwertes verzichtet haben, der himmlische Christus — so hieß es nun — und seine irdischen Repräsentanten herrschen in Macht und Glorie über die »Feinde Gottes«. Die Züge altorientalischer Herrschermythen, die von den Propheten Israels im Namen Jahwes entmächtigt worden sind, aber im Kult der *pax Romana* zu neuem Einfluß gelangt waren, wurden in ihrer ursprünglichen Tendenz dem erhöhten, himmlischen Christus als Würde- und Herrschaftstitel zugesprochen. Die Praxis dieser »politischen Christologie« verstellte den Zugang zum Verständnis der politischen Dimension der öffentlichen Verantwortung, die Jesus lebte und auch unter Androhung des Todes nicht verleugnete.

Auch Augustin (354–430) blieb der Zugang zum Verständnis der Dramatik des Lebens-Einsatzes Jesu verschlossen. Zwar zeichnete sich seine politische Theologie durch eine klare Unterscheidung von imperialem Reichsfrieden und verheißenem Gottesfrieden aus. Doch war die Absage an die politische Friedens-Metaphysik Roms und ihre »christliche« Neuauflage teuer erkauft. Denn Augustin verwarf wohl die unkritische »Christianisierung« der politisierten römischen »*pax deorum*« zugunsten der Weltdistanz christlicher Friedenshoffnung, doch vermochte er den gleichzeitigen Weltbezug der christlichen Friedenshoffnung nicht wahrzunehmen, da er den Grundformen der *pax Romana* verhaftet blieb. Damit aber wurde *erstens* die Friedens-Bewegung Jesu Christi *entpolitisiert* und *spiritualisiert* und wurden *zweitens* sowohl der himmlische Friede (*pax coelestis*) als auch der irdische Friede (*pax terrena*) unter dem Einfluß der antiken Kosmologie als ein allgemeines, zeitunabhängiges Seinsprinzip gedacht. »Frieden« war für Augustin Inbegriff einer *Ruhe in Ordnung*, sei es die ursprüngliche Ordnung der geschaffenen Dinge oder die unwandelbare Ordnung des ewigen Gottesreiches. Geschichte erschien im Horizont dieses *Ordnungs*-Denkens als tragischer Zwischenfall. Die Dramatik der einzelnen menschlichen Seele auf ihrem Wege zur Ruhe in Gott schien nur durch Sünde und Tod bedingt zu sein. Augustin bedrängte die *Unruhe* des zeitverhafteten Menschen *nur* als Sündenfolge und Todesverhängnis. Seine Bestimmung des Friedens erfolgte unter zwei schwerwiegenden und folgenreichen Voraussetzungen:

1. im *apokalyptischen* Schema der Unterscheidung eines vergehenden alten und eines mit dem Ende der Weltzeit anbrechenden neuen Äon, zu dem jetzt schon die Seele durch Christus gerufen und geführt wird, und

2. im *ontologischen* Schema der Unterscheidung von immer Seiendem und nur zeitlich Seiendem, mit dem Augustin an die Grundformen der klassischen, griechisch-katholischen Welt-Auslegung und Welt-Verwaltung gebunden blieb.

So kam Augustin in Fragen der *Welt*-Verwaltung nicht zu Ansätzen einer Friedenskonzeption, womit er zugleich die christliche Friedenshoffnung als *Selbst*-Verantwortung der einzelnen Seele für ihren Weg zum jenseitigen, ewigen Gottesreich entweltlichte und verinnerlichte.

Der *Weltlauf* wurde als ein von Ewigkeit her geplantes Ordnungs-Gefüge gedacht, das zwar im Unterschied zur griechischen Kosmologie auf eine bestimmte Laufzeit befristet war, jedoch im ganzen durch Gottes Vorsehung (*providentia*) vom ersten Augenblick an in den Keimgründen (*rationes seminales*) aller Dinge bereits total programmiert war.[32] Die *pax terrena* war der Ordnungs-Zustand der Menschen und Dinge, in dem jedes den ihm angemessenen Ort einnahm (*concordia ordinata*). Unvorhersehbare Bewegungen und Wandlungen, die atemberaubende Dramatik der Zeit, konnten nur Ausdruck von Unruhe und Zeichen der Friedlosigkeit sein. Der Zwangsvorstellung eines von Ewigkeit her geordneten Weltlaufes entsprach erneut ein tragisches Friedensbewußtsein, das wider Willen die Friedlosigkeit der Welt als ein in diesem alten Äon unabänderliches Geschick fetischisierte.

Und die *Lebensbewegung* wurde als Weg der einzelnen Seele zur Ruhe in Gott gedacht. Für sie erschien die Welt in ihrer raumzeitlichen Erstreckung *nur* als Durchzugsstrecke auf dem Rück- und Heimweg der Seele zu Gott. Die »Pilgrimschaft der Seele« wurde zur eigentlichen und allein entscheidenden Lebensbewegung. Augustin nannte sie die »*peregrinatio*« (Auslandsreise), da sie für ihn der Rückkehr der Seele aus der Fremde mit in die himmlische, jenseitige Heimat gleichkam. Die Lebensbewegung transzendierte den Zeitraum des alten Äons radikal, um jenseits von Zeit und Raum im neuen Äon zur Ruhe zu kommen, wo der zeitlose Gott am Ende der Zeit sein zeitloses Volk erwartet. Für die Heils-Schau (*visio beatifica*) hing alles an der Zeitlosigkeit Gottes jenseits aller möglichen Unruhe. Da der Weltlauf im Schema der ontologischen Weltauslegung gedacht wurde, blieb auch die Lebensbewegung eingezeichnet. Sie wurde im neuplatonischen Stufen-Schema als Aufstieg der Seele aus der Zeitverfallenheit an die Welt zur zeitlosen Ruhe in Gott gedacht.[33] Die durch Wort und Weg Jesu eröffnete Lebensbewegung wurde auf den individuellen Bereich einer Selbstfindung der Seele in Gott eingegrenzt und auf ein jenseitiges Heilsziel ausgerichtet. Der *Seelen-Frieden* wurde zum leitenden Gesichtspunkt der augustinischen Theologie des Friedens (*theologia cordis*). Um seinetwillen war der Ruf Gottes zum ewigen Frieden mitten in der Zeit laut geworden (Jesus Christus als Ruf und Seelenführer), und um seinetwillen vermittelte die Kirche als Heilsanstalt mitten in der Zeit der Seele für ihren Aufstieg zum himmlischen Frieden die notwendigen Gnadengaben und Geistwirkungen. Bei näherem Zusehen kam der Christologie und der Ekklesiologie nur noch eine Hilfsfunktion zu.[34] Alles diente dem einen Ziel: den Frieden der Seele zu gewährleisten, ihrer Heimkehr zum ewigen Frieden den Weg zu bahnen.

Aus dieser Deutung vom Weltlauf und Lebensbewegung ergab sich bei Augustin in Fragen des Friedens eine doppelte Ortsbestimmung des Christen. Er gehörte einerseits in der Zeitspanne zwischen Geburt und Tod dem Weltlauf zu und hatte andererseits sein eigentliches Lebensziel im weltjenseitigen Gott. Er hatte nach der Verwirklichung des wahren Lebens zu streben, das nur im Genuß der himmlischen Güter zur Erfüllung und Vollendung kommen konnte (*frui Deo*), und er durfte die irdischen Güter nur »zeichenhaft« gebrauchen. Er war zur Aufrechterhaltung der Friedens-Ordnung dieser Welt (*pax terrena*) verpflichtet und zum himmlischen Frieden (*pax coelestis*) berufen, wobei die irdische Friedensverpflichtung im Horizont römischer Staats-Theorie verstanden wurde und die himmlische Friedensverheißung im Horizont spätantiker Heils-Schau.

Die spätantike Verdoppelung von politischem Friedensgedanken und religiöser Friedenssehnsucht, von technokratischem Zwangs-Frieden und religiösem Seelen-Frieden wurde zur tragischen Hypothek des christlich-abendländischen Friedensbewußtseins.

Die Auseinandersetzungen zwischen der politischen Friedensmetaphysik Roms und der dramatischen Friedensbewegung Jesu von Nazareth führten im Zeichen einer hochgespannten apokalyptischen Erwartung zu einem faktisch äußerst konservativen Verhalten.[35]

Augustin billigte in einer Welt, in der die Ungleichheit der Menschen stets den Frieden gefährde und der Widerstreit von Kain und Abel, Romulus und Remus, es nun einmal nicht dazu kommen lasse, daß die Menschen sich als Teilhaber (*consortes*) an allen Lebensgütern vertragen, die Gewaltanwendung. Eine Rechtswahrung ohne Todesstrafe, eine Wirtschaft ohne Sklaverei und eine Politik ohne Krieg waren für ihn undenkbar.

Er rechnete mit Kriegen, die im Auftrag Gottes zu führen sind (›De civitate Dei‹ I, 21: ›*ex Dei iudicio*‹), um den Frieden sicherzustellen (ebd., XV, 4; XIX, 12 ff). Ja, er billigte zu, daß das Imperium Romanum mit seiner von Gewalt und Raubgier mitbestimmten Machtpolitik effektiv vielen Völkern den Frieden gebracht habe (ebd., IV, 4 und V, 17), und befürwortete unter ausdrücklichem Hinweis auf die heilige Schrift, daß in einer Zeit, da die Deiche der Reichsordnung unter dem Ansturm fremder Völkerschaften brechen, die Befriedungsaktionen römischer Legionen notwendig sind (›De catechizandis rudibus‹ 21, 37).

Er nahm die vom römischen Staatsdenken bereitgestellte[36] und von Origenes[37] schon flüchtig erwähnte Unterscheidung von gerechtem und ungerechtem Krieg auf (›De civitate Dei‹ XIX, 7).

In einem Brief an Marcellinus[38] schrieb Augustin im Blick auf die Standespredigt Johannes des Täufers (Lukas 3, 14), daß den Kriegsknechten, die von Johannes einen Rat zum Heil begehrten, doch besser gesagt worden sei, sie sollten die Waffen von sich tun und sich ganz dem Kriegsdienst entziehen, wenn die christliche Zucht alle Kriege verdammte. Tatsächlich aber sei ihnen gesagt worden: tut niemand Gewalt noch Unrecht und laßt euch genügen an eurem Solde. Wenn Johannes diesen Kriegsknechten geboten habe, sie sollten sich an ihrem eignen Solde genug sein lassen, so habe er ihnen sicherlich nicht verboten, Kriegsdienst zu leisten.

Um der Aufrechterhaltung der Ordnung willen erschien die Kriegführung als Notverordnung Gottes unabdingbar. Wer sich dagegen auf dieser Erde in dieser Weltzeit ein so großes Gut wie den verheißenen Frieden erhofft, erschien unvernünftig, da selbst im Reich Salomos nur ein Schattenbild des ewigen Friedens geherrscht habe (ebd., XVII, 13). Die prinzipielle Unterscheidung von Zeit und Ewigkeit — ja von korrupter Zeitlichkeit und unwandelbarer Ewigkeit beherrschte das Denken Augustins. In diesem Schema von vergänglicher Zeitlichkeit und ewiger Ruhe konnte die *civitas terrena* nur als Stätte eines umstrittenen und stets neu bestrittenen Friedens auf Zeit erscheinen, der faktisch nur ein Interim unaufhörlicher Machtkämpfe und Kriege blieb.[39]

Der Begriff des Friedens schien nur als Inbegriff eines in sich ruhenden Ordnungsgefüges, dem alle Dinge wesenhaft zugehören und zustreben, sinnvoll und vernünftig zu sein. Als Zielsetzung gesellschafts-politischen und zeit-geschichtlichen Strebens blieb »Friede« für Augustin eine durch Erbsünden-Last und Todes-Verhängnis bedingte Fehlform des allgemeinen Ordnungs-Friedens (vgl. ebd., XIX, 9 ff). Der irdische Friede konnte »vernünftigerweise«, das heißt *nous-kosmos-gemäß* nur als regulative Ordnungs-Idee und als moralisches Postulat verstanden werden, wobei die Verwirklichung des Postulats faktisch *nie* über die Notverordnungen eines imperialen Zwangsfriedens hinauszukommen vermochte. So teilte Augustin in politischer Hinsicht die Friedenskonzeption der römischen Staatstheorie, und da er ihren utopischen Gehalt zugunsten der Friedenshoffnung des christlichen Glaubens bestritt, fixierte er sie als die endzeitliche und damit endgültige Form des Staates (*civitas terrena*).[40]

Der Friede wurde als *pax terrena* zum Gegenbegriff von Krieg und als *pax coelestis* zu einem mystisch-religiösen Überbegriff. Das Problem des Friedens schien durch die grundsätzliche Unterscheidung von irdischem und himmlischem Frieden gelöst zu sein. Augustin brachte für seine Theologie des Friedens ein Argument vor, das unter den Bedingungen der spätantiken Agrargesellschaft unwiderlegbar schien; er gab zu bedenken: um die irdischen Güter könne man sich nur streiten, da sie durch Teilung kleiner werden und das Angebot der Nachfrage nie zu entsprechen vermag. Allein die himmlischen Güter würden nicht geringer, wenn man sie mit anderen teile, so daß nur das Streben nach ihnen wahren Frieden gewähre. Im Streben der einzelnen Interessen- und Machtgruppen nach den Gütern der Welt schien demgegenüber kein Ende abzusehen zu sein. Kirche und Staat (die realgeschicht-

liche Erscheinungsform der *civitas coelestis* und die Erscheinungsform der *civitas terrena*) unterschieden sich deshalb nach Augustins Überzeugung als zwei verschiedene Friedensbewegungen,
die zwei grundverschiedenen Friedensordnungen zugehörten:
der Ordnung der geschaffenen irdischen Güter und der Ordnung
der ewigen himmlischen Güter. Das Interesse der irdischen Gesellschaft richtete sich auf die irdischen Güter, das der Kirche auf
die himmlischen Güter. Während die Befriedigung der irdischen
Bedürfnisse unter den Bedingungen des alten Äon eine unglückliche Interessenrichtung blieb (*distentio*: Zeit- und Weltverfallen-
heit), war der Befriedigung der himmlischen Bedürfnisse das
Glück der »*vita beata*« verheißen (*intentio*: Selbstfindung und
Selbsterfüllung in Gott). Eine heillose Welt wurde auf ein weltlo-
ses Heil verwiesen.

Der sozialpolitische Friedensaspekt blieb der augustinischen
Theologie des Friedens zweideutig und trügerisch. Ihr im cicero-
nischen Geist gepflegtes Erbe römischen Rechtsdenkens sprengte
nicht die Unterscheidung eines kosmologischen und eines soterio-
logischen Friedensbegriffs zugunsten der Provokation des Scha-
lom-Prozesses.

Zwar wurden die bestehenden Herrschaftsverhältnisse als Notverordnungen eines vergehenden Äons radikal in Frage gestellt,
doch wurden sie damit zugleich für die restliche Laufzeit dieses
Äons bestätigt. Augustin verstand sie samt Todesstrafe, Sklaverei
und Krieg als Notverordnungen Gottes und sah in ihnen die un-
aufhebbaren Lebensbedingungen einer durch die Erbsünde ge-
zeichneten, korrupten menschlichen Gesellschaft.

Inzwischen wird über die Sklaverei anders gedacht. Zwar ist mit
der Überwindung der damaligen Institution der Sklaverei nicht
eine Welt ohne Übel angebrochen. Neue Formen des Menschen-
handels sind seitdem aufgekommen. Doch mit der Entdeckung
neuer Folgen der Selbstgefährdung und Selbstentfremdung kann
an ihrer möglichen Überwindung gearbeitet werden. Wer wagt
schon, Sklaverei und Menschenhandel noch als unumgängliche
Strafe und Notverordnung Gottes hinzunehmen oder andere
Elendszustände, scheinbar irreversible Entwicklungen des sozialen Besitzstandes, Rassen- und Klassendiskriminierungen als
Schicksal und Schuldfolge zu stabilisieren?

In der Kriegs- und Friedensfrage scheinen freilich die Denkge-
wohnheiten und Vorurteile fester und tiefer zu sitzen. Da zeigt
sich, daß die Last des augustinischen Erbes noch keineswegs überwunden ist. Denn das käme einer »Revolution« unserer Denkungsart gleich, die nicht zuletzt das Selbst-Verständnis und Welt-
Verhältnis der Kirche revolutionieren müßte. Oder hat die Kirche
heute die weltpolitischen Dimensionen und die gesellschaftliche
Dramatik des Friedens wiederentdeckt, den die israelitischen
Propheten vertraten und Jesus von Nazareth erfüllte und ermög-

lichte? Diese Frage könnte eine Analyse der kirchlichen Friedens-Verkündigung und Friedenspolitik angesichts der kriegerischen Konflikte dieses Jahrhunderts, der politischen Revolutionen in der sogenannten Dritten Welt und angesichts der technologischen und sozialen Umwälzungen in der hochindustrialisierten Gesellschaft selbst klären.

Anmerkungen

1 Vgl. ›Theologisches Wörterbuch zum Neuen Testament II‹, Sp. 405 f.

2 J. Comblin: ›Theologie des Friedens‹, 1963, S. 104 ff., 162 ff., 420 f.

3 H. Brunner: ›Die Grenzen von Zeit und Raum bei den Ägyptern‹, AfO 17, 1954–1956, S. 143 f.

4 E. Würthwein: ›Chaos und Schöpfung im mythischen Denken und in der biblischen Urgeschichte‹ in: ›Zeit und Geschichte. Dankesgabe an Rudolf Bultmann‹, 1964, S. 317 ff.

5 Nur Prediger 3,8 taucht Friede als Gegenbegriff zu Krieg auf: »Der Krieg hat seine Zeit, und der Friede hat seine Zeit.«

6 J. J. Stamm: ›Der Weltfriede im Lichte der Bibel‹, 1959, S. 23 ff.; – Gerh. von Rad: ›Der Heilige Krieg im alten Israel‹, 1951; R. de Vaux: ›Das Alte Testament und seine Lebensordnungen‹, Bd. I, S. 69 ff.; H. van Oyen: ›Ethik des Alten Testaments‹, 1967, S. 182 ff.; J. Comblin: a. a. O., S. 84 ff.

7 Vgl. 5. Mose 7,2; 20,16 ff.; Josua 6,18–24; 1. Samuel 15; 2. Samuel 8; 1. Könige 11,16.

8 Die Berufung auf das Alte Testament gehört zu den grundlegenden Irrtümern der unhaltbaren Lehre vom gerechten Krieg.

9 In der Zeit zwischen Debora-Schlacht (Richter 4 f.) und der Erhebung Israels unter Saul (1. Samuel 11).

10 J. J. Stamm: a. a. O., S. 21 ff.

11 Die Ausweitung des Gebotes auf Gehorsam gegenüber der Obrigkeit schlechthin, d. h. gegenüber allen Vorgesetzten und Behörden, wie sie in Luthers ›Großem Katechismus‹ (Weimarer Ausgabe 30/I, 424), aber auch im Heidelberger und Genfer Katechismus vertreten wird, ist unhaltbar.

12 H. van Oyen: a. a. O., S. 180 ff.; – G. v. Rad: ›Theologie des Alten Testaments‹, 1957, Bd. I, S. 304 ff.

13 H. W. Wolff: ›Das Kerygma des Jahwisten‹, in: Evangelische Theologie, 24. Jg. (1964), S. 73 ff.

14 J. J. Stamm: a. a. O., S. 55 f.

15 Ebd., S. 32 ff.

16 Der Taufbericht ist sehr viel breiter überliefert als die Geburtsgeschichten, die demgegenüber nur späte Überlieferungsschichten und Randgeschichten darstellen. Vgl. Markus 1,9–11; Matthäus 3,13–17; Lukas 4,1–13 und dazu als unabhängige Überlieferungen Johannes 1,31–34 und die Anspielung Hebräer 5,4 f.

17 Das Eigentümliche dieser Johannestaufe ist nach wie vor unableitbar. Vielleicht liegen hellenistische Einflüsse vor, jedenfalls ist sie nicht allein aus jüdischen Traditionen zu verstehen.

18 Lukas 2, 14. 19. 42; Matthäus 11,2–6; Kolosser 3,15; Johannes 14,27; 16,33 u. ö.

19 Vgl. Platon: ›Gesetze‹ IV,716c und Paulus ›1. Korinther‹ 14,33.

20 Vgl. Lukas 20,1 ff.; Markus 11,15 ff. 27 ff.; Matthäus 21,12 ff. 23 ff.

21 Vgl. Lukas 20,9 ff.; Markus 12,1 ff.; Matthäus 21,33 ff.

22 Markus 2,23–25 und 3,1–6; Matthäus 12,1 ff.; Lukas 6,1 ff.; Johannes 5,1 ff. und 9,1 ff., sowie 7,15 ff.

23 Vgl. ferner: Matthäus 5,44 ff.; 2. Timotheus 2,22; 1. Petrus 3,11; Epheser 2,14 ff.

24 Übersetzung von H. Schlier: ›Der Brief an die Epheser‹, 1957, S. 118.

25 ebd., S. 128 ff.

26 Vgl. H. Fuchs: ›Augustin und der antike Friedensgedanke‹, 1936; E. Biser: ›Der Sinn des Friedens‹, 1960, S. 176 ff.; R. Schaeffler: ›Die Struktur der Geschichts-

zeit‹, 1963, S. 218 ff. H. A. Deane: ›The political and social Ideas of St. Augustine‹, 1963, 2. Aufl. 1966. D. Ritschl: ›Die Last des augustinischen Erbes‹, in: ›Parrhesia. Karl Barth zum 80. Geburtstag‹, 1966, S. 471 ff.

27 A. A. T. Ehrhardt: ›Politische Metaphysik von Solon bis Augustin‹, 1959, II. Band.

28 R. Walker: ›Studie zu Römer 13,1—7‹, in: Theol. Existenz heute, Nr. 132, 1966

29 Vgl. oben den Abschnitt zur Konzeption der pax Romana in der Rowohlt-Edition.

30 Ad. von Harnack: ›Militia Christi‹, 1905

31 W. Elert: ›Der Ausgang der altkirchlichen Christologie‹, 1957, S. 26 ff.

32 R. Schaeffler: a. a. O., S. 218 ff. und 226 ff.

33 U. Duchrow: ›Der Aufbau von Augustins Schriften Confessiones und De trinitate‹ in: Zeitschrift für Theologie und Kirche, 62. Jg. (1965), S. 338 ff.

34 D. Ritschl: a. a. O., S. 483 ff.

35 H. v. Soden: ›Die Krisis der Kirche‹ in: ›Urchristentum und Geschichte‹. Ges. Aufsätze, Bd. I, 1951, S. 25 ff.

36 Cicero: ›De offic.‹ 1,11,34 ff.; ›De re publ.‹ 3,23,35.

37 ›C. Cels.‹ IV,82, VIII,73.

38 Brief 138.

39 Augustin bekannte sich mit Platon und Cicero zum Staat als Naturordnung. Doch gibt es nach seiner Überzeugung diesen natürlichen Staat, dessen Lebensnerv die Gerechtigkeit ist, »in hoc saeculo« niemals.

40 Vgl. H. v. Soden: a. a. O.

Hans-Jürgen Benedict

Schöne Worte jenseits der Fronten?

Die Friedensvoten der Kirchen und die politische Realität

A. Das Dilemma des päpstlichen Aggiornamento

»Ich glaube, daß ich mich aus Liebe zu meinen Mitmenschen der Revolution geweiht habe! Ich habe aufgehört, die Messe zu lesen, um diese Liebe zu den Menschen auf ›weltlichem‹, das heißt wirtschaftlichem und sozialem Gebiet zu verwirklichen. [. . .] Wenn die Revolution vollzogen sein wird, werde ich wieder das Meßopfer feiern [. . .] Der Kampf ist lang. Laßt uns beginnen.«[1]
Der so sprach, sollte die Messe nie wieder feiern. Er fiel am 15. Februar 1966 bei einem Gefecht zwischen Regierungstruppen und Guerillakämpfern in Santander in Kolumbien: Camilo Torres, Priester und Revolutionär, Christ und Rebell in einem. 1965 war er in Konflikt mit der kolumbianischen Hierarchie geraten, als er die Ungerechtigkeit der gesellschaftlichen Verhältnisse anklagte und ihre Veränderung verlangte. In den Laienstand zurückversetzt und der Möglichkeiten zu Reformen beraubt, gab es für ihn nur noch den Weg der revolutionären Gewalt. Doch er berief sich bei diesem Entschluß ausdrücklich auf die neue Friedenslehre der Päpste: durch die Enzyklika ›Pacem in terris‹, in der Johannes XXIII. eine mögliche Zusammenarbeit mit den Kommunisten andeute, habe er sich autorisiert gefühlt.[2]
Diese südamerikanische Pointe kommt überraschend: Kann man die Legitimierung der Revolution wirklich aus jener Friedensenzyklika ableiten? Offensichtlich nur, wenn man ihren Ansatz weiterdenkt: Hat das Fehlen des Friedens in der ungerechten Herrschaft einer kleinen Oberschicht seine Ursache, so kann der Ruf zum Frieden leicht zum Revolutionsappell werden. Doch nur mit der geschärften Optik der Unterdrückten nimmt man diese Implikation der Enzyklika wahr. Als sie im April 1963 erschien, fiel der Blick auf andere Dinge: auf die Zitierung der Menschenrechte zum Beispiel[3], auf die Solidarisierung mit der Arbeit der UNO[4] und die Forderung von Abrüstungsmaßnahmen[5]. Die Zustimmung galt vor allem der Friedensenzyklika, dem Bekenntnis des höchsten Kirchenfürsten zur Notwendigkeit irdischen Friedens, genauer: dem Frieden im Atomzeitalter.
Sie ist also aggiornamento in dem Sinne, daß sie mit den heutigen Weltproblemen gleichzieht. Werden eigene neue Impulse gegeben? Eher ist eine rückwärtsgewandte Tendenz zu beobachten, denn die Formulierung der neuen Friedenspolitik mußte zuvor das Hindernis der traditionellen katholischen Kriegslehre aus dem Weg räumen.

Diese Lehre vom gerechten Krieg war schon längst fragwürdig geworden. Obwohl in ihrer vollendeten spätscholastischen Ausformung eigentlich zur Verhinderung von Kriegen gedacht, hat ihre Grundidee, die gerechte Verteidigung, doch meist als Alibi von Kriegen herhalten müssen. Ihre Kasuistik versagte aber vollends angesichts der heute möglichen Kriege.

Natürlich konnte Johannes XXIII. seinen Appell an »alle Menschen guten Willens« nicht ohne ein klares Wort zu dieser Frage verkünden: Er lehnt es daher ab, »den Krieg noch als das geeignete Mittel zur Wiederherstellung verletzter Rechte zu betrachten«[6]. Zwei Jahre später ruft Paul VI. in der UNO, die Erinnerung an die unzähligen Kriegsopfer beschwörend, aus: »Niemals Krieg, niemals mehr Krieg. Der Friede, der Friede muß das Geschick der Völker und der ganzen Menschheit leiten!«[7] Und nur kurz darauf wird auf dem Zweiten Vatikanischen Konzil die Pastoral-Konstitution ›Die Kirche in der Welt von heute‹ (Schema XIII) verabschiedet, die in dem Kapitel ›Der Friede und die Völkergemeinschaft‹ Fragen des Krieges behandelt. Die klassische Lehre wird hier weitgehend ergänzt. Besonders wichtig ist die Verdammung des totalen Krieges: »Jede Kriegshandlung, die auf die Zerstörung ganzer Städte oder weiter Gebiete und ihrer Bevölkerung unterschiedslos abstellt, ist ein Verbrechen gegen Gott und gegen den Menschen, das fest und entschieden zu verwerfen ist.«[8] Es wird dazu aufgefordert, jene Zeit vorzubereiten, »in der auf der Basis einer Übereinkunft zwischen allen Nationen jeglicher Krieg absolut geächtet werden kann«[9]. Was die bis dahin fortdauernden begrenzten Kriege angeht, so trifft die Konstitution folgende Unterscheidung: Kriege, die gegen die »bleibende Geltung des natürlichen Völkerrechts und seiner allgemeinen Prinzipien« verstoßen, also Kriege, die unter »Einsatz terroristischer Praktiken« geführt werden, und Kriege, die »ein ganzes Volk, eine Nation oder eine völkische Minderheit aus welchem Grunde und mit welchen Mitteln auch immer ausrotten«, sind als verbrecherisch zu verurteilen.[10] Andererseits könne der Verteidigungskrieg nach Scheitern friedlicher Verhandlungen bei fehlender Weltautorität nicht verboten werden.[11]

Diese Äußerungen sind von verschiedenartigen Motivationen bestimmt. Allen gemeinsam ist die Furcht, daß etwa die *bellum iustum*-Idee für einen Atomkrieg benutzt werden könnte. Die schreckliche Geschichte blutiger Kriege, die anklagend auf die Kirche weist, bestimmt die Worte Pauls VI. Das Konzil schließlich versucht der Gegenwart gerecht zu werden, wenn es auch unzureichend geschieht: Die Revolutionsthematik bleibt unberücksichtigt, die Legitimation der Verteidigung stammt aus der Lehre vom gerechten Krieg und ist zu formal; auf der anderen Seite scheinen faschistischer Terror und kommunistischer Krieg einfach gleichgesetzt zu werden.[12] Zwar werden Völkermord und totaler

Krieg verurteilt — daß sie aber in der Gegenwart unter einem anderen Erscheinungsbild auftreten können, wird nicht berücksichtigt. Dabei greift zu jenem Zeitpunkt, als Papst Paul VI. sein beschwörendes »Niemals mehr Krieg« ausruft und das Konzil die Beschlüsse über die Verdammung des Krieges faßt, die größte westliche Industriemacht unter Anwendung ihrer modernsten militärischen Mittel in den vietnamesischen Bürgerkrieg ein und gefährdet dadurch den physischen Bestand eines ganzen Volkes. Mit anderen Worten: In dem Moment, da die Kirche sich zu den demokratisch-liberalen Errungenschaften der westlichen Gesellschaft bekennt, wird deutlich, daß diese auch eine faschistoide, das heißt ihre Prinzipien verleugnende machtpolitische Komponente hat.

Diese Konstellation muß für den Vatikan überraschend gekommen sein. In der UNO-Rede des Papstes wird Vietnam jedenfalls mit keinem Wort erwähnt.[13] Selbst wenn dafür Taktgründe verantwortlich wären: die päpstliche Friedenspolitik scheint deutlich in einem Dilemma zu stecken. Ihr Kennzeichen ist, daß sie die jüngsten Entwicklungen zwar einholt, aber dann doch hinter ihnen zurückbleibt. Einmal: Die Kriegslehre wird mit Hinblick auf den Atomkrieg neu formuliert, Revolution und der konventionelle Krieg aus machtpolitischen Erwägungen jedoch bleiben unberücksichtigt. Und weiter: Während sich schon die Konturen einer neuen päpstlichen Friedenspolitik abzeichnen, bewahrheitet sich auf der Ebene der nationalen Katholizismen — am massivsten in Vietnam — noch einmal die Feststellung Garaudys: »Überall hat die Kirche den Faschismus und die Reaktion begünstigt oder begünstigt sie noch.«[14]

Katholizismus und Politik oder: Fermente der Zersetzung in Südvietnam

Im Jahre 1955 wurde der aus einer alten aristokratischen Familie stammende Katholik Ngo Dinh Diem mit Hilfe amerikanischer Unterstützung Staatspräsident Südvietnams.[15] Es war vor allem Diems radikaler, aus ideologischen wie familiären Motiven (die Vietminh hatten 1945 seinen Bruder getötet) sich nährender Antikommunismus und seine Abneigung gegen die französische Politik einer Einhaltung der Genfer Vereinbarungen, die ihn für die von Dulles bestimmte amerikanische Außenpolitik des *roll back* prädestinierten. Eindämmung Chinas und der Sowjetunion war ihr Schlagwort, und in diesem Konzept hatte Vietnam als Aufmarschgebiet einen wichtigen Platz. Vor allem deswegen waren die USA der Schlußerklärung der Genfer Konferenz nicht beigetreten, sondern hatten anderthalb Monate später den Südostasiatischen Verteidigungspakt (SEATO) gegründet, in dessen Verteidigungsgebiet auch Südvietnam einbezogen wurde.

In den USA bildete sich eine Vietnam-Lobby, die die Rettung Südvietnams vor dem kommunistischen Ansturm auf ihre Fahnen geschrieben hatte. Einer ihrer ›Ideologen‹ war Kardinal Spellman, der Diem während dessen Exilszeit kennengelernt hatte. Spellman betrachtete Vietnam als Vorposten des südostasiatischen Katholizismus; für ihn war allein schon um des Schutzes des katholischen Bevölkerungsteiles willen das amerikanische Engagement in Südvietnam gerechtfertigt.

Diem war also der amerikanischen Protektion in zweifacher Hinsicht versichert. Die konfessionellen Interessen der katholischen Kirche deckten sich mit den machtpolitischen Interessen der USA — eine Konstellation, die zum Keim des heutigen Vietnamkriegs wurde. Vielleicht hätten die Amerikaner auch mit einer anderen Regierung versucht, die für 1956 vorgesehenen gesamtvietnamesischen Wahlen zu verhindern — doch keine andere Regierung als die Diems war derart prädestiniert dafür, so schnell eine nationale Widerstandsbewegung in Südvietnam hervorzurufen.

Allein die Bedeutung, die er dem Katholizismus einräumte, entfremdete ihn der Masse des Volkes. Kolonisierung und Missionierung waren in Vietnam nämlich Hand in Hand gegangen.[16] Die französische Kolonialherrschaft stützte sich von Anfang an (seit 1860) auf die katholische Kirche. Diese Zusammenarbeit und ihre zahlreichen Privilegien machten die Katholiken zu einem Fremdkörper im vietnamesischen Volk. Selbst noch während des Indochina-Krieges standen sie nicht in der nationalen Bewegung, die sonst alle Schichten umfaßte. Kurz: Auf Grund ihrer Vergangenheit war also die katholische Minderheit denkbar ungeeignet zur Führung eines Staates, der die Möglichkeit eines nichtkommunistischen Nationalismus unter Beweis stellen sollte. In Südvietnam war der Anteil der Katholiken sowieso recht gering. Erst die mit Hilfe übler Praktiken organisierte Massenflucht von 700 000 Katholiken aus dem Norden[17] schuf die Basis für das neue Regime. Allein bei diesen streng antikommunistischen Flüchtlingsmassen, deren Führer wichtige Funktionen in Diems Regierung erhielten, fand Diems Politik der fortgesetzten Teilung des Landes Anklang. Die Masse des Volkes war weiterhin nationalistisch eingestellt; bei ihr war der Mandarin Diem kaum populär. Praktisch regierte er allein mit seiner Familie: die Rolle des Ehepaars Nhu ist bekannt; sein Bruder Can war Polizeichef und sein Bruder Thuc als Erzbischof von Hué der Primas der Kirche.

Ideologisch untermauert von der an katholischen Vorbildern orientierten Staatsphilosophie Nanh Vi, entwickelte sich Südvietnam innerhalb kurzer Zeit zu einem klerikal-faschistischen Regime. Gemäß dieser Lehre begann Diem seine Herrschaft mit der »Zerstörung der Triebkräfte der Demoralisierung« (wie seine offizielle Biographie formuliert). Das heißt: mit der Ausschaltung der bürgerlichen Opposition, der Refeudalisierung des Landbesitzes, der

Organisierung eines allmächtigen Polizeiapparates zur Kujonie-
rung der Landbevölkerung, dem grausamen antikommunistischen
Terror und einem vor Repressalien gegenüber den Buddhisten
nicht zurückscheuenden Konfessionalismus. All das waren aber
nicht einfach zufällige Untaten eines Diktators. Sie wurden erst
ermöglicht durch die Allianz zwischen einem pervertierten Katholizismus, der die ihm gegebene Überlebenschance zur Ausnutzung eigener Interessen mißbrauchte, und dem selbsternann-
ten Beschützer, für den der Antikommunismus die einzige
Voraussetzung war, die eine südvietnamesische Regierung mit-
bringen mußte.

Untragbar wurde Diem nicht wegen der ausgebliebenen sozialen und demokratischen Reformen, die die Amerikaner von ihm
verlangt hatten[18], sondern im Zusammenhang mit den Buddhi-
stenunruhen im Herbst 1963, als die Weltöffentlichkeit auf die
undemokratischen Zustände in Südvietnam aufmerksam wurde.[19] Der Sturz Diems und die darauf folgende völlige Erschütterung des vietnamesischen Regierungs- und Militärsystems, das
unaufhaltsame Vordringen der Befreiungsfront bis Ende 1964
und die direkte Übernahme der Kriegführung durch die Amerikaner zeigten, wie sehr die Vermischung von Katholizismus und
Politik in Südvietnam als Ferment der Zersetzung gewirkt
hatte.

Seit dem Sturz Diems hat sich die Situation nicht entscheidend
verändert. Allerdings ist Diems Bruder Thuc, der berühmt-be-
rüchtigte Erzbischof von Hué, nicht mehr die beherrschende Fi-
gur des südvietnamesischen Katholizismus. Diese Position nimmt
jetzt der Erzbischof von Saigon, Binh, ein Mann der Verständigung, ein. Überhaupt war ja der einheimische südvietnamesische
Katholizismus gemäßigter, aufgeschlossener gegenüber anderen
Religionsgemeinschaften und nicht derart militant antikommunistisch wie die Nord-Katholiken.[20] Allerdings sind der öffentliche
Friedensbrief der elf katholischen Priester vom 1. Januar 1966 und
Stellungnahmen wie die der fortschrittlichen katholischen Vereinigung Song-Dao noch Ausnahmen.[21] Eine unter dem Vorsitz des
päpstlichen Delegaten Pignodeli im Herbst 1966 tagende Bischofskonferenz konnte sich nur mühsam zu einem Friedensauf-
ruf entschließen. Dem Interesse am eigenen Zusammenhalt kor-
respondiert eine Lethargie in politischen Fragen.

Ein Zeichen der Hoffnung ist es allerdings, daß die südvietnamesische Bischofskonferenz am 7. 1. 68 einen Appell zur Beendigung
des Krieges veröffentlichte, in dem auch die Politik der Saigoner
Regierung kritisiert wird.[22] Damit gewinnt ein Teil der Katholiken Anschluß an die Friedenspolitik der Buddhisten, die sich
während ihres Widerstandes gegen Diem im Jahre 1963 ironi-
scherweise auf die Enzyklika ›Pacem in terris‹ beriefen.[23] Noch
aber bestimmen die straff organisierten Flüchtlingskatholiken die

Szenerie; unvermindert antikommunistisch, kategorisch gegen jede neutralistische Politik und Verhandlungen mit der Befreiungsfront eingestellt, treten sie begeistert für die Amerikaner ein und befürworten sogar den Angriffskrieg auf Nordvietnam und China. Der Sturz der Regierung Phan Huy Quat im Juni 1965 ging nicht zuletzt auf katholische Kritik an seiner Friedenspolitik zurück. Massendemonstrationen des militanten ›Katholischen Kampfbundes‹ sind an der Tagesordnung: im Mai 1966 gingen etwa 70 000 Nord-Katholiken auf die Straße, um gegen jede Verhandlungsbereitschaft in Vietnam zu demonstrieren. Daß über die Hälfte des südvietnamesischen Offizierskorps katholisch ist und damit gegen jede Verständigung mit der Befreiungsfront und mit Hanoi, wird die Lage in Zukunft auch nicht entschärfen. Der südvietnamesische Katholizismus ist in seiner Struktur und seinem Verhalten zweifellos ein Überbleibsel des Kolonialismus. Als Produkt der westlichen Gesellschaft ist er also objektiv unschuldig an seiner jetzigen Misere. Das Eingreifen der USA in Vietnam hat ihm den schmerzlichen, aber notwendigen Prozeß einer wirklichen Umwandlung erspart. In der jetzigen Situation scheint daher die Ausschaltung dieses Katholizismus (zusammen mit der nur ihre Eigeninteressen verfolgenden Oberschicht) eine der unerläßlichen Bedingungen für eine entscheidende Veränderung der innersüdvietnamesischen Lage geworden zu sein.

Paul VI. hat mehrfach versucht, die militanten Katholiken zurechtzuweisen, doch ohne Erfolg.[24] Das Dilemma, in dem er steckt, ist beträchtlich: Man kann dem Papst nicht anlasten, was in nationalen Katholizismen geschieht, und doch fällt es auf ihn beziehungsweise die Kirche zurück. Er kann andererseits die anderthalb Millionen Katholiken in Südvietnam nicht einfach fallenlassen, was aber wiederum die Mißstände prolongiert. Neue Friedens- und überkommene Interessenpolitik müssen so unvermeidlich in Kollision geraten. Die Friedensappelle des Papstes tragen die Spuren dieses Zusammenstoßes.

Die ersten Appelle — verspätet, zurückhaltend

Die Chronik der päpstlichen Friedensbemühungen im Vietnam-Konflikt verläuft keineswegs synchron zur Eskalation des Krieges. Sie beginnt bekanntlich am 19. Dezember 1965 mit einem Aufruf zu einer Weihnachtswaffenruhe. Zu diesem Zeitpunkt aber lagen die entscheidenden Veränderungen im Vietnam-Krieg schon ein Jahr zurück: die seit dem Zwischenfall im Golf von Tonking, August 1964, mit vereinzelten Bombardierungen Nordvietnams sich ankündigende und seit Februar 1965 endgültige Ausdehnung des Krieges auf Nordvietnam und die direkte Übernahme der Kriegführung in Südvietnam durch die Amerikaner zur selben Zeit (Erhöhung der Truppenzahl von 22 000 auf 185 000 Mann bis Ende 1965, Intensivierung der Strategie der Verbrannten Erde).

Diese Eskalation[25] war, wie schon erwähnt, die Antwort auf die prekäre Lage der südvietnamesischen Regierung, die nach dem Sturz Diems im Kampf gegen die Nationale Befreiungsfront immer deutlicher auf eine Niederlage zusteuerte. Da gleichzeitig auch in Saigon unter dem Einfluß der Buddhisten der Friedenswille wuchs, war zu diesem Zeitpunkt die Chance für einen Verhandlungsfrieden gegeben. Die USA lehnten jedoch mehrere von Frankreich und U Thant unterbreitete Verhandlungsangebote ab, und zwar im Herbst 1963, im Juli 1964 und im Dezember 1964. Noch Anfang Februar 1965, als die Eskalation noch nicht definitiv war (die Bombenangriffe galten nur als Vergeltungsschläge für die Feuerüberfälle der Befreiungsfront), schlugen U Thant und de Gaulle eine Neueinberufung der Genfer Konferenz vor. Die USA lehnten diesen Vorschlag genauso ab wie ein Verhandlungsangebot Hanois im Mai 1965. Damit taten sie offen kund, daß sie Friedensverhandlungen nur unter für sie günstigen Bedingungen zustimmen würden. Diese aber hofften sie durch verstärkten militärischen Druck zu erreichen. Mit der Eskalation aber wuchs auch allgemein die Entrüstung über die grausame amerikanische Kriegführung. Um dem zu begegnen, erklärte Präsident Johnson in einer Rede, die er am 7. April 1965 an der John-Hopkins-Universität hielt, daß die Vereinigten Staaten »bedingungslosen Verhandlungen« zustimmen würden. Mitte Mai wurden dann die Bombardierungen Nordvietnams für fünf Tage eingestellt. Diese zur Beruhigung des Weltgewissens gedachten rein taktischen Gesten erreichten auch ihren Zweck: Hanoi mußte die Ernsthaftigkeit dieser und weiterer Angebote bezweifeln und seine ablehnende Haltung verstärken. Dadurch setzte es sich dem Verdacht aus, der Hauptschuldige an der Verhinderung des Friedens zu sein. Ende 1965 schließlich taten die USA einen weiteren Schritt zur Demonstration ihrer Verhandlungsbereitschaft: ein Bombenstopp wurde verfügt und amerikanische Diplomaten in verschiedene Länder geschickt, um die Möglichkeiten für Verhandlungen zu erkunden. Das geschah jedoch in der Weise, daß man Hanoi und die Befreiungsfront überging und sich die Bombardierungen als Druckmittel vorbehielt.

In dieser Situation fordert der Papst am 19. Dezember 1965 zur Waffenruhe am Weihnachtsfest auf. Ein derartiges Angebot war von der Befreiungsfront schon am 7. Dezember gemacht worden[26], blieb jedoch von seiten der USA und Südvietnams unbeantwortet. Deshalb wohl hatte U Thant in einem Schreiben vom 18. Dezember den Papst gebeten, seine Autorität für eine Kampfpause zu verwenden.[27] Obwohl die USA den Appell des Papstes begrüßten, bezog sich bei der Bekanntgabe einer dreißigstündigen Waffenruhe in Saigon nur die südvietnamesische Heeresleitung darauf. Offensichtlich war die päpstliche Initiative der gerade beginnenden amerikanischen ›Friedensoffensive‹ in die Quere gekommen.

Der Vatikan konzentrierte nun seine Anstrengungen auf eine Verlängerung der Waffenruhe. Aus Anlaß des Weihnachtsfestes wurden zwei gleichlautende Telegramme an die Präsidenten Nord- und Südvietnams geschickt, in denen dem Wunsch Ausdruck gegeben wurde, »daß aus der friedlichen Weihnacht ein Schritt zur Errichtung eines gerechten und brüderlichen Friedens für ganz Vietnam werde«[28]. In getrennten Telegrammen von Silvesterabend bittet der Papst das sowjetische Staatsoberhaupt Podgorny und den chinesischen Parteivorsitzenden Mao Tse-tung darum, sich für eine friedliche Lösung in Vietnam einzusetzen.[29]

Auch in einer Antwortbotschaft an Präsident Johnson, die er dem amerikanischen UN-Botschafter Goldberg bei einem Besuch im Vatikan mitgibt, weist der Papst auf die Notwendigkeit einer friedlichen Regelung hin. Neben diesen diplomatischen Schritten kommt er bei fast allen Gelegenheiten, von der traditionellen Weihnachts-Rundfunkbotschaft angefangen bis zur Ansprache an das Diplomatische Korps beim Neujahrsempfang, auf das Vietnam-Problem zu sprechen und hört nicht auf, zum Frieden zu mahnen. Vergeblich — die Kampfhandlungen werden wiederaufgenommen. Immerhin war der Friedensinitiative ein Teilerfolg beschieden, denn die vorübergehende Waffenruhe kam unter Beteiligung des Papstes zustande. Trotzdem muß in Frage gestellt werden, ob die päpstliche Friedenspolitik, wie sie sich Weihnachten 1965 dargeboten hat, wirklich auf der Höhe ihrer Möglichkeiten war. Schon, daß sie so verspätet einsetzte, ist bezeichnend. Für das westlich-liberale Lager scheint es charakteristisch zu sein, daß erst von dem Moment an gegen den ›schmutzigen Krieg‹ protestiert wird, wo die Unmenschlichkeit in der *Art* der Kriegführung (Bombenteppiche, Napalm, Gas und Dum-Dum-Geschosse) gesteigert wird. An dieser Haltung partizipiert auch der Papst, ruft er doch in seinem ersten Appell vom 19. Dezember aus: »Aber wir können nicht darüber schweigen, daß unser Herz voll Traurigkeit ist über die vielen Spaltungen, Streitigkeiten und Gegensätze, die die ganze Menschheit in den verschiedenen Teilen erregen und Konflikte unter den Völkern hervorrufen. Unter ihnen ist auch Vietnam, ein Land, das uns sehr teuer ist und einen hervorragenden Platz in der Kultur einnimmt. Der Krieg in Vietnam wird immer heftiger und blutiger. Es wächst die Zahl der Kämpfenden, es wächst die Zahl der Opfer, es wächst die jammervolle Menge der Flüchtlinge, und es wächst die Gefahr noch ausgedehnterer Kriege. Wo ist der Friede und wo ist das Weihnachtsfest der Menschheit und der Christenheit?«[30]

»Niemals mehr Krieg«, forderte der Papst in der UNO-Rede. Jetzt aber leitet er den Zwang zum Frieden nur mehr aus der To-

talität des Krieges ab. Und im Mittelpunkt des Appells scheint
vor allem seine eigene Traurigkeit zu stehen. Mehr noch als die
Opfer beklagt der Papst die Erschütterung, die *ihm* durch die
Vorstellung des Krieges widerfährt. Entsprechend sind seine konkreten Vorschläge ganz auf den Ton besorgter väterlicher Ermah-
nung abgestimmt: »Wir wissen von vielen bereitwilligen Staats-
männern, die die schwierige Streitfrage zu lösen versuchen, aber
wir wissen auch ganz besonders, daß Millionen von Herzen in
Angst leiden und zittern, darauf warten, daß der Friede zurück-
kehre. Wir zollen allen denen unsere Zustimmung, die sich in
Loyalität darum bemühen, den Streit beizulegen. Wir wünschten,
daß zum allermindesten der Vorschlag für einen Waffenstillstand
angenommen und verwirklicht werden könnte. Jedenfalls möge
das Weihnachtsfest für alle der heilige Tag des Friedens sein.
Dies empfehlen wir der Weisheit und dem Herzen der verantwortlichen Obrigkeiten, und wir sprechen den Wunsch aus, daß
dem Waffenstillstand das Verhandeln und schließlich der Ausgleich, die Eintracht und der Friede folgen möge.«
Es ist erstaunlich, daß der Papst so viele Worte für die Friedens-
vermittler findet, aber den Freiheitskampf des vietnamesischen
Volkes nicht erwähnt. Wie ist denn der ›Streit‹ in Vietnam entstanden, fragt man sich. Er wird doch Ursachen haben, Schuldige,
die man benennen kann! Doch im Papst-Text korrespondieren
nur starke Emotionen und vage Bezeichnung des Konflikts miteinander. Und das abendländische Traditionsgut in den Schluß-
wünschen gehört angesichts der blutigen Realität in Vietnam nur
mehr in den großen, aber unfruchtbaren Bereich schöner Worte.

Vorbehalte gegenüber den ›jungen Völkern‹

Ist die Zurückhaltung in der Ansprache vom 19. Dezember 1965
ein Akt der Diplomatie oder resultiert sie aus einer Fehleinschät-
zung der politischen Lage? Das letztere scheint eher zuzutreffen,
wenn man einen Blick auf die Adressaten der oben erwähnten
Telegramme wirft: es sind das der südvietnamesische Staatspräsident Nguyen Van Thieu, Ho Tschi Minh, Podgorny und
Mao Tse-tung. Ist es denn zu diesem Zeitpunkt nicht fast schon
ein Gemeinplatz der Weltpresse, daß die Regierung in Saigon
total von den USA abhängt und die Fortdauer des Krieges sozusagen ihr Existenzgrund ist? Ebenso weltweit publiziert aber ist
auch Ho Tschi Minhs Verhandlungsbereitschaft unter angemessenen Bedingungen. Die Appelle an die beiden kommunistischen
Großmächte zur Friedensvermittlung aber müssen den Eindruck
erwecken, als liege die Gewinnung des Friedens entscheidend an
ihnen, anders gewendet: als werde der Frieden von den Kommunisten verhindert. Nichts ist falscher als dieser Eindruck, selbst
wenn man zugesteht, daß die militärische Hilfe der UdSSR und

Chinas für Nordvietnam bei dem riesigen Ausmaß des amerikanischen Einsatzes eine gewisse Berechtigung hat. Jedenfalls ist es allein den vielgeschmähten Kommunisten zu danken, daß die auch vom Papst so gefürchtete Ausweitung des Konfliktes bisher nicht stattgefunden hat.

Ein Mißverständnis dessen, was sich jetzt in Südostasien abspielt, zeigt sich auch in der Rundfunkbotschaft vom 22. Dezember 1965. Schon in dem Aufruf zur Waffenruhe hatte der Papst von seiner »Traurigkeit über die vielen Spaltungen, Streitigkeiten und Gegensätze« gesprochen, zu denen auch der Vietnam-Konflikt gehöre. In der Weihnachtsansprache wird diese Thematik weiter ausgeführt: »Auch in dieser Stunde gilt von neuem unsere Apologie für den Frieden. Wir tun es nicht nur, weil der Friede ein hervorragendes Gut ist, sondern weil er gerade heute ein gefährdetes Gut ist. An Stelle der neuen Ansätze, die die tragischen Erfahrungen des letzten Krieges inspiriert hatten, treten alte und eingewurzelte nationalistische Tendenzen oder neue Ideologien des Umsturzes und der Vorherrschaft [. . .] Niemand darf anfangen, mit betrügerischer Hinterlist und geschürter Unruhe die Ruhe des anderen zu stören. Niemand dürfte den Nachbarn (heute sind wir alle Nachbarn!) verpflichten, zu bewaffneter Verteidigung seine Zuflucht zu nehmen, und niemand darf sich rechten und redlichen Verhandlungen zur Wiederherstellung von Ordnung und Freundschaft entziehen. Der Friede muß aufgebaut werden in einer mutigen Revision der fehlerhaften Ideologien des Egoismus, des Kampfes und der Hegemonie [. . .]«[31]

Ähnlich wie in der gängigen Sprachregelung die Dritte Welt als ›Unruheherd‹ bezeichnet wird und man sich dadurch von der Aufgabe, nach den Ursachen zu fragen, salviert, wird auch hier in unzulässiger Weise verallgemeinert. Es stimmt einfach nicht, daß die revolutionären Bewegungen nur ›Umsturz und Vorherrschaft‹ im Auge hätten. Gerade das Beispiel Nordvietnams und der Befreiungsfront, das mit unter dieses Verdikt der Papst-Rede fällt, ist geeignet, dieses Argument zu widerlegen. So war der Kampf der vietnamesischen Befreiungsfront (Vietminh)[32] im Zweiten Weltkrieg zugleich ein Kampf um nationale Unabhängigkeit und für die soziale Emanzipation des Landes, zu deren Programm die Einführung des allgemeinen Wahlrechts, Gleichstellung von Mann und Frau, Schutz der ethnischen Minderheiten, die allgemeine Schulpflicht, der 8-Stunden-Tag und die Industrialisierung des Landes gehörten. Durch die Intervention Frankreichs im Jahre 1945 wurde die begonnene soziale Revolution zunächst unterbrochen. Der in der Folgezeit von den Vietminh geführte Guerilla-Krieg, genauer: der revolutionäre Volkskrieg nach der Theorie Mao Tse-tungs war nicht zuletzt Gegenwehr gegen den gewaltsamen Prozeß der Rekolonialisierung. Als nach dem Sieg bei Dien Bien Phu der Vietminh durch die Beschlüsse der Genfer

Konferenz (1954) zum zweitenmal um die volle Unabhängigkeit des Landes gebracht worden war, konnte doch die Realisierung des Sozialismus wenigstens in einem Teil Vietnams ungehindert in Angriff genommen werden.[33] Nach der Teilung Vietnams wurde vom Norden aus keineswegs eine Vorherrschaft erstrebt, sondern auf die Erfüllung der Beschlüsse der Genfer Konferenz gewartet. Ähnlich liegen die Dinge bei der Nationalen Befreiungsfront Südvietnams (FNL)[34]. Auch der Kampf dieser Widerstandsbewegung kann mit Recht als Gegengewalt definiert werden: Er entstand, als die terroristische Unterdrückung jeglicher Opposition und die Ausbeutung der Bauern immer unerträglicher wurde. Die Befreiungsfront umfaßt die verschiedensten oppositionellen Kräfte; ihr Gründungsprogramm vom Dezember 1960 sieht als Nahziel die Wiederherstellung der demokratischen Rechte in Südvietnam, die Abschaffung der Unterdrückung und die Besserung der Lebensbedingungen des Volkes vor, danach die schrittweise Wiedervereinigung der beiden Landesteile. Ihre Außenpolitik ist neutralistisch, worin sie mit Nordvietnam übereinstimmt. In den von ihr beherrschten Gebieten hat die Befreiungsfront eine eigene Verwaltung aufgebaut und mit der Verwirklichung sozialer Reformen (zum Beispiel Landverteilung) begonnen. Von einer bloßen ›Ideologie des Kampfes‹ jedenfalls wird die FNL auch in ihrem harten Widerstand gegen den rücksichtslosen Einsatz der US-Militärmaschine nicht getrieben.

Diese Beispiele zeigen, daß der Papst schon genauer reden müßte, wenn er wirklich eine Analyse der Lage geben will. Einige Formulierungen der Ansprache sehen so jedenfalls wie eine Verurteilung der Befreiungsfront aus (denn im Kontext des Vietnam-Konfliktes ist eine solche Rede ja notwendig gesprochen, auch wenn der Name selbst nicht fällt).

Wird hier nicht wieder der liberalistische Standpunkt sichtbar, der zwar prinzipiell das Recht der Völker der Dritten Welt auf Selbstverwirklichung gutheißt, aber zurückzuckt, wenn es ernst wird? Mit dem Topos von der Gefahr der nationalistischen und ideologischen Bestrebungen, der immer wieder in den Papstreden bemüht wird[35], ist die komplexe Situation jedenfalls nicht adäquat zu erfassen. Wenn das noch eines Beweises bedürfte, könnte es am Begriff Nationalismus leicht demonstriert werden: der Nationalismus hat in der Dritten Welt wenig mit den Erscheinungen gemein, die in Europa unter diesem Namen Geschichte gemacht haben. Sein Recht ist dort so unbestreitbar wie die Notwendigkeit, daß diese Völker endlich Subjekte ihrer eigenen Geschichte werden. Kurz: Der Papst kann nicht die Aufnahme der jungen Völker in die UNO begrüßen[36], ihnen zugleich aber Nationalismus und völlige Befreiung verwehren wollen.

Das Besondere der Papstreisen liegt bekanntlich in ihrem Symbolcharakter. Als gelegentliche Ausfahrten in die Wirbelzentren der modernen Welt aber, als Gesten aus sakraler Haft, sind sie angewiesen auf eine eher mittelalterliche Weltsicht. Das macht sie trotz weltweiter massenmedialer Publizität immer unverständlicher: die arrangierte Epiphanie wird zum sensationellen Spektakel. Doch scheint sich hier in letzter Zeit eine Veränderung vollzogen zu haben: wenn Paul VI. am Anfang der neuen Enzyklika[37] auf seine Reisen hinweist (§ 4), so deutet er damit einen Funktionswandel an. Sie sind für ihn zum Katalysator der Weltprobleme geworden, in diesem Fall: sie erst haben ihm die volle Erfahrung von der Not der armen Völker vermittelt, die das Thema der Enzyklika ist.

Eingebracht in dieses neue Lehrschreiben ist aber auch eine andere Erfahrung: die Enttäuschung über die Wirkungslosigkeit dieser Gesten, vor allem die Wirkungslosigkeit der Appelle beim Eucharistischen Kongreß in Bombay und vor der UNO, wo der Papst sich zum Anwalt der armen Völker gemacht hatte. Die von vielen beobachtete scharfe Kritik am Kapitalismus in dieser Enzyklika erklärt sich aus dieser Enttäuschung. Das heißt aber: dem *aggiornamento* an die westlich-demokratische Tradition (›Pacem in terris‹, Schema XIII, UNO-Rede) folgt nun eine Distanzierung von der sie begleitenden Wirtschaftsform wegen ihrer mangelnden Initiative bei der Herstellung einer gerechten Sozialordnung in der Welt.

Dies war schon ein hervorragendes Thema der päpstlichen Soziallehre unter Pius XII. und besonders unter Johannes XXIII. (›Mater et Magistra‹.) Paul VI. setzte diese Tradition in seinen Ansprachen (zum Beispiel Weihnachten 1963 und 1964) und durch seine Reisesymbolik fort.[38] Ihre geringe Effizienz und die Sorge um den Weltfrieden, die den Papst bewegte, drängten so auf eine umfassende Erörterung dieser Problematik hin. »Es eilt. Zu viele Menschen leiden, und es wächst der Abstand, der den Fortschritt der einen von der Stagnation, oder besser, dem Rückschritt der anderen trennt [...]« (§ 29) »Es gibt gewiß Situationen, deren Ungerechtigkeit zum Himmel schreit. Wenn ganze Völker das Notwendigste entbehren und in einer Abhängigkeit leben, die sie an der Initiative und Verantwortung sowie am kulturellen Aufstieg hindert und der Teilnahme am sozialen und politischen Leben beraubt, dann ist die Versuchung groß, solches gegen die menschliche Würde verstoßende Unrecht mit Gewalt zu beseitigen.« (§ 30) »Trotzdem: Jeder revolutionäre Aufstand — ausgenommen im Fall der eindeutigen und lange dauernden Gewaltherrschaft, die die Grundrechte der Person schwer verletzt und dem Gemeinwohl des Landes schwer schadet — zeugt neues Unrecht, bringt neue Störungen des Gleichgewichts mit sich, ruft neue Zerrüttung hervor. Man darf ein Übel nicht mit einem noch größeren Übel vertreiben.« (§ 31)

Das Problem der Revolution, im Schema XIII noch so gut wie ausgeklammert, wird hier zum erstenmal etwas ausführlicher behandelt. Die Antwort der Enzyklika ist in ein delikates ›Zwar — aber‹ gebracht: Zwar gibt es Situationen, in der allein eine Revolution noch helfen kann, aber es ist besser, darauf zu verzichten, da sie nur neues Unrecht erzeugt etc. Sie ist eine verständliche, oft zwangshafte Versuchung, aber eben doch eine *Versuchung!* Der Revolution ist deshalb nach Meinung der Enzyklika mit Reformen zuvorzukommen. (§ 32)

Mit anderen Worten: Die Enzyklika sieht die Dritte Welt in einer halbrevolutionären Lage, deren Problematik aber nicht revolutionär, sondern höchstens pararevolutionär zu lösen ist. Zwar »haben die sozialen Konflikte ein weltweites Ausmaß angenommen«, heißt es in § 9. »Eine starke Unruhe, die sich der armen Klassen in den sich industrialisierenden Ländern bemächtigt hat, greift auch auf jene über, deren Wirtschaft noch fast agrarisch ist. Auch die Bauern werden sich ihres unverdienten Elends bewußt.« Geschürt wird diese revolutionäre Stimmung durch die Lebensweise der privilegierten Oberschichten in den armen Ländern. Die Gefahr einer plötzlichen Explosion nimmt zu. Denn »in dieser Verwirrung wächst die Versuchung, sich Messianismen zu verschreiben [...] Wer sieht nicht die daraus erwachsenden Gefahren: Gewalttaten der Völker, Aufstände, Hineinschlittern in totalitäre Ideologien?« (§ 11) Dieses Zitat macht es noch einmal deutlich: Zwar werden die ungerechten Zustände genau erfaßt und als Warnung an die Adresse der Verantwortlichen vertiert. Doch zugleich soll der Hinweis auf Anarchie und Chaos der Revolution deren Legitimität in Frage stellen. Dabei vergißt die Enzyklika nur, daß die revolutionären Unruhen ja erst an den unhaltbaren, anarchischen Zuständen entstehen, somit nichts gegen die Revolution selbst besagen. Diese verlaufen im Gegenteil trotz gelegentlicher Exzesse nach ganz bestimmten Zielvorstellungen von Humanität und Gerechtigkeit.

Zur Ausschaltung der nicht am Gemeinwohl interessierten Oberschicht in Entwicklungsländern macht die Enzyklika folgende Vorschläge: einmal, in Wiederholung von § 71, 6 der Pastoralkonstitution ›*Die Kirche in der Welt von heute*‹, die Erlaubnis zu Enteignungen, wenn Latifundienbesitzer ihren Boden nicht recht zu nutzen wissen (§ 24), zum anderen den Eingriff in den Fällen, wo »Staatsbürger mit übergroßem Einkommen aus den Schätzen und der Arbeit des Landes davon einen großen Teil ins Ausland schaffen, zum ausschließlichen persönlichen Gebrauch, ohne sich um das offensichtliche Unrecht zu kümmern, das sie ihrem Land damit zufügen«. (§ 24) Die Frage ist allerdings, wie solche Reformen, die ja Teilrevolutionen gleichkommen, möglich sind ohne Veränderung der Machtstrukturen (zum Beispiel in Südamerika, auf das die Vorschläge in erster Linie Bezug nehmen).

Die Existenz der privilegierten Schichten ist ja vor allem eine Folge der Kolonialzeit. Eine andere Hinterlassenschaft dieser Periode besteht nach Meinung der Enzyklika in einer »verwundbare(n) wirtschaftliche(n) Situation, die zum Beispiel an den Ertrag einer Monokultur ausgeliefert war, deren Preise jähen und breiten Schwankungen unterworfen war«. (§ 7) Auf Grund dieses Nachteils seien die armen Länder im »Spiel des freien Handels« gegenüber den reichen von vornherein nicht konkurrenzfähig. (§ 56) Also folgert die Enzyklika: »Die Spielregeln der freien Marktwirtschaft können für sich allein die internationalen Beziehungen nicht bestimmen.« (§ 58) Erst müsse durch Entwicklungshilfe und Verträge »eine gewisse Gleichheit der Chancen« hergestellt werden. (§ 61) Diese Programme dürften jedoch nicht von einem »Neokolonialismus« bestimmt sein, »der unter dem Schein finanzieller und technischer Hilfe politischen Druck und wirtschaftliches Übergewicht ausübt und zugleich eine Vormachtstellung verteidigt oder aufbaut«. (§ 52) Im Gegenteil: »Bei der wachsenden Not der unterentwickelten Länder ist es [...] als durchaus normal anzusehen, wenn die reichen Länder einen Teil ihrer Produktion zur Befriedigung der Bedürfnisse der anderen abzweigen [...]« (§ 48) »Tun sie es nicht«, summiert die Enzyklika dann, »so wird ihr hartnäckiger Geiz das Gericht Gottes und den Zorn der Armen erregen. Die Folgen werden unabsehbar sein. Würden sich die heute wohlhabenden Kulturen in ihrem Egoismus verschanzen, so verletzten sie ihre höchsten Werte; sie opferten den Willen, mehr zu sein, der Gier, mehr zu haben [...]« (§ 69)

An dieser Stelle und ähnlich §§ 18, 26, 84 wird ein entscheidender Fehler der Enzyklika sichtbar: aus Enttäuschung über die bisher ausgebliebene Solidarität mit den armen Völkern beurteilt sie die westliche »Gesellschaft im Überfluß« in unangemessenen moralisch-individuellen Kategorien, das heißt sie führt auf individuelle ›Laster‹ wie Habsucht, Gier und Luxussucht (§§ 18, 49, 84) zurück und hält daher durch den Appell für abstellbar, was für den Fortbestand dieser Gesellschaftsform unerläßlich und daher vom bösen Willen einzelner unabhängig ist. »Der Überfluß der reicheren Länder soll den Armen dienen«, lautet das Postulat der Enzyklika. (§ 49) Das ungeschriebene Gesetz der westlichen Gesellschaft aber heißt: Der durch die technische Kapazität ermöglichte »Überfluß«[39] muß für unproduktive Güter und Dienstleistungen verwendet werden, um den Fortbestand der jetzigen Gesellschaftsform zu sichern. Lange Arbeitszeiten und Vollbeschäftigung wären auf Grund des technischen Fortschritts (Automation!) an sich nicht mehr notwendig. Da aber ihr Abbau die Herrschaftsverhältnisse insgesamt tangieren würde, muß die Produktion von Rüstungs- und Luxusgütern beschleunigt werden. Die Einsicht in diesen widersinnigen Zustand wird vor allem durch die relative Steigerung des Lebensstandards verhindert. Ins-Gewissen-Reden und Drohungen sind in dieser Lage zwecklos. Gefordert ist vielmehr Aufklärung über die Überflüssigkeit der Arbeit in dem eben geschilderten Sinn. Könnte nämlich die Produktion in Richtung auf sinnvollere gesellschaftliche Verwendung geändert werden, so würden auch die jetzigen »dominierenden gesellschaftlichen Interessen auf der Strecke bleiben, mit anderen Worten, es würde zur Beschränkung des privaten Unternehmertums, zur Abschaffung der Marktwirtschaft und zum Abbau der Politik ständiger Bereitschaft und Intervention kommen: an deren Stelle würde die Zusammenarbeit zwischen Ost und West, zwischen den reichen und den armen Nationen treten«[40]. Die vielbeachtete Kritik der Enzyklika betrifft zum Teil zwar dieselben Zusammenhänge (§ 26), aber sie deckt nicht den Grundwiderspruch dieser Wirtschaftsgesellschaft auf: daß sie als System der Bedürfnisse organisiert ist und damit solidarisches Denken und Handeln vorerst nicht zuläßt. Der Krieg in Südostasien beweist das zur Genüge und entwertet in diesem Fall auch das Prinzip *»abusus non tollit usum«*, das die Enzyklika vertritt (§ 26).

All dies — die vorgegebene wirtschaftliche Rückständigkeit, die Herrschaft einer parasitären Oberschicht, schließlich die Existenz einer Überflußgesellschaft, die an wirklicher Hilfe für die armen Länder nicht interessiert sein kann, vielmehr in Zusammenarbeit mit der einheimischen Elite sie weiter ausnutzt — vergrößert natürlich die Kluft zwischen realer Möglichkeit und tatsächlicher Lage in der Dritten Welt. So wird zum Normalfall, was die Enzyklika als exzeptionell bezeichnet: Situationen, in denen sowohl die Grundrechte der Person als auch das Gemeinwohl des Landes schweren Schaden erleiden. (§ 31)

Dadurch aber wird revolutionäre Gewalt als Gegengewalt notwendig, um, wie Herbert Marcuse formuliert, »höhere Formen der Freiheit gegen den Widerstand der etablierten Formen zu sichern«[41]. In China, das durch seine Revolution die Kluft zwischen Möglichkeit und Realität zu schließen begonnen hat, hat dieser Begriff der Freiheit ein neues Verständnis erfahren: als kollektive Befreiung vom Naturzwang.

»Wenn wir den Klassenkampf führen, wenn wir die Widersprüche im Volke lösen, ist das Endziel die Vereinigung aller Kräfte der Gesellschaft, um einen Kampf gegen die Natur zu führen, die mächtige Natur zu besiegen und das Glück der Menschheit zu verwirklichen. Die Entwicklung, in der die permanente Revolution besteht, treibt uns dazu, den Worten Engels' einen noch konkreteren Sinn zu geben: ›Die Epoche des Sozialismus ist die Epoche, in der das Menschengeschlecht den Sprung aus dem Reich der Notwendigkeit in das Reich der Freiheit macht.‹ Aus dem Blickwinkel des historischen Entwicklungsprozesses ist die Verwirklichung dieses Sprungs ein Prozeß der permanenten Revolution [. . .]«[42]

Diese Art und Weise, die Natur als Feind zu betrachten, den es zu besiegen gilt, um ihm die Reichtümer, deren der Mensch zu seiner Entfaltung bedarf, zu entreißen, ist nicht nur Reflex der Situation Chinas. Sie gilt praktisch für alle unterentwickelten Länder. So wird die Theorie von der permanenten Revolution zum »adäquate(n) Ausdruck der Bedürfnisse und Forderungen von Menschen, deren Glück und deren Überleben in entscheidendem Maße vom wirtschaftlichen Entwicklungstempo abhängen [. . .]«[43] Die große Ähnlichkeit dieser Formulierungen mit der These der Enzyklika: »Die Güter der Erde sind für alle da« fällt sofort auf:

»Erfüllt die Erde und macht sie euch untertan: die heilige Schrift lehrt uns auf ihrer ersten Seite, daß die gesamte materielle Schöpfung für den Menschen da ist. Freilich, er muß seine geistige Kraft daran setzen, um ihre Werte zu entwickeln und sie durch seine Arbeit sich dienstbar zu machen. Wenn aber die Erde dazu da ist, um jedem die Mittel für seine Existenz und seinen Fortschritt zu geben, dann hat jeder Mensch das Recht, auf ihr das zu finden, was er nötig hat« (§ 22).

»Es geht darum, eine Welt zu bauen, wo jeder Mensch, ohne Unterschied der Rasse, der Religion, der Abstammung, ein wirkliches menschliches Leben führen kann, frei von Versklavung von seiten der Menschen oder *von Naturkräften, die noch nicht vollständig beherrscht werden* [. . .]« (§ 47)

Der entscheidende Unterschied zwischen päpstlicher und chinesischer Theorie liegt darin, daß die chinesische den Weg weist, wie ein alleingelassenes armes Land sich selbst helfen und von Hunger und Analphabetentum befreien kann. Im Gegensatz zur Enzyklika ist sie realistisch: sie geht davon aus, daß bei dem gegenwärtigen Zustand weder eine entscheidende ausländische Hilfe noch eine gerechte Verteilung aller Güter der Welt zu erwarten ist.

Daß die Enzyklika weiter darauf hofft (§ 79), ist ihr gutes Recht: aber zeigt sie nicht etwas zuviel Vertrauen angesichts der fatalen Lage? Gewiß könnte eine umfassende Entwicklungshilfe den Völkern der Dritten Welt die Barbarei der Frühindustrialisierung à la Rußland oder China ersparen. Die Grundvoraussetzung einer wirklichen Verbesserung aber bleibt auch dann, daß die latenten Energien eines Volkes selbst freigesetzt werden.[44] Diese Erfahrung, sein Schicksal selbst in die Hand nehmen zu können, scheint für die Dritte Welt nur noch durch Revolutionen ermöglicht zu werden.

Zwar stellt auch die Enzyklika dies Ziel als notwendig hin:
»Wir müssen erreichen, daß eine immer wirksamer werdende weltweite Solidarität es allen Völkern erlaubt, ihr Geschick selbst in die Hand zu nehmen.« (§ 65)
Das Vorbild zu seiner Verwirklichung aber bietet wieder die chinesische Theorie. Zu dem Einwand, der revolutionäre Aufbau versetze das Volk in Hochspannung, meint Liu Tschao Schi:
»Wäre nicht gerade ebensosehr eine gespannte Situation zu befürchten, wenn man mehr als 600 Millionen Menschen lange Zeit in Armut und kultureller Rückständigkeit leben lassen wollte, wenn sie gezwungen wären, die größten Anstrengungen zu machen, um gerade elend dahinzuvegetieren, wenn sie infolgedessen nicht imstande wären, wirksam Naturkatastrophen zu widerstehen, wenn sie keiner fremden Aggression schnell Einhalt gebieten könnten und sich in einer wehrlosen Lage befänden, absolut unfähig, ihr Schicksal selbst zu bestimmen? Um einer solchen Lage zu entrinnen, haben sich Hunderte von Millionen unseres Volkes mit größter Zuversicht in leidenschaftliche Arbeit und heißen Kampf gestürzt.«[45]
Fassen wir zusammen: Ein besserer Erweis, wie dringlich Hilfe ist, ein umfassenderer Appell an das Gewissen der Menschheit als in der Enzyklika sind kaum möglich: »Die Zeit des Handelns ist gekommen: das Leben so vieler unschuldiger Kinder, der Aufstieg so vieler unglücklicher Familien zu einem menschlichen Leben, der Friede der Welt, die Zukunft der Kultur stehen auf dem Spiel. Alle Menschen, alle Völker haben ihre Verantwortung zu übernehmen.« (§ 80)
Doch die Vision einer »Zivilisation weltweiter Solidarität« umgeht die schwerste Problematik: Zwar wird eine »Situation voll dunkler Drohungen« (§ 64) konstatiert und Ungerechtigkeit, Gewalt, Elend, Armut, Ausbeutung, Haß und Trennung als ihre Charakteristika genannt (§§ 9, 21, 30, 33, 63), doch für die Abänderung dieses Zustandes wird auf die »Hochherzigkeit« derer gerechnet, die ihn momentan noch zementieren helfen (§§ 32, 47, 76). Bodenreformen und Eingriffe des Staates (§ 33) werden zwar anempfohlen, doch im allgemeinen soll die Veränderung auf friedlichem Wege geschehen. Damit bringt sich die Enzyklika selbst um die Früchte ihrer Analyse; auf einer letzten Ebene verschließt sie die Augen vor Unrecht und Gewalt und verdrängt es damit. Denn die These: Jede Revolution zeugt neues Unrecht (§ 31) würde zwar einem Hobbes oder Descartes Ehre machen, aber sie ist historisch einfach nicht wahr. Denn »die objektive Tendenz der großen Revolutionen der Neuzeit (bestand) in der Erweiterung des gesellschaftlichen Spielraums der Freiheit [...]«[46] Und was die Revolution der Dritten Welt betrifft (China, Nordvietnam, Kuba), so ist es unabweisbar, daß durch sie gerechtere soziale Verhältnisse entstanden sind. Da sich zudem die Chancen

einer künftigen Gesellschaft gegenüber der bestehenden im Hinblick auf den menschlichen Fortschritt heute mit rationalen Kriterien und auf der Grundlage quantifizierbaren Materials berechnen lassen, ist die Enzyklika an diesem Punkt zu korrigieren. Sie schließt bekanntlich mit dem Satz: »Entwicklung ist der neue Name für Frieden.« (§ 87) Viele haben das als kühnes Wort empfunden — und das ist es, verglichen mit der Tradition, wohl auch. Angesichts der offensichtlichen Bestrebungen aber, sozialen Wandel zu unterbinden (notfalls durch einen blutigen Krieg), ist dieses Fazit der Enzyklika eher enttäuschend.

Frieden unter dem Diktat der Atomdrohung?

Die Mängel der ersten Friedensappelle des Papstes waren die Mängel des Liberalismus. »Liberal«, schreibt H. M. Enzensberger, »sind die tonangebenden Zeitungen der reichen Welt, die Sonntagsreden ihrer Minister und die Neujahrsbotschaften des Vatikans. Sie wenden sich ›im Prinzip‹ gegen die Ausbeutung der armen Länder, gegen den ›übertriebenen‹ Kolonialismus; gegen ›unnötige‹ militärische Interventionen. Sie protestieren aber auch gegen die ›maßlosen Ansprüche‹ der Kolonisierten, gegen die ›Überfälle‹ der Partisanen und gegen den ›Terror‹ der Rebellen. Sie sind fortschrittlich, aber sie wissen dabei maßzuhalten.«[47] Gewiß kann man gute Gründe für die päpstliche Zurückhaltung angeben. Die einseitige Anrede der kommunistischen Seite zum Beispiel war zu einem nicht geringen Teil wohl auch dadurch bedingt, daß die amerikanische Regierung gleichzeitig ihre ›Friedensoffensive‹ begann. Diese aber stellte sich schließlich nur als vorbeugende Rechtfertigung der Ausweitung der militärischen Maßnahmen heraus, nachdem der Versuch erwartungsgemäß ohne Ergebnis geblieben war. Hat diese ernüchternde Erfahrung und die Tatsache der permanenten Verstärkung der amerikanischen Position in Südvietnam (bis Ende 1966 erhöhte sich die Truppenzahl auf 382 000 Mann) eine entscheidende Modifikation der päpstlichen Einstellung bewirkt? Hat sie zur Überschreitung der Grenzen des Liberalismus geführt?
Nachdem der Papst im Februar 1966 — vergebens — versucht hatte, die neutralen Mächte als Vermittler ins Spiel zu bringen[48], war die Veröffentlichung der Enzyklika ›Christi Matri‹ am 15. September 1966 der nächste wichtige Schritt bei seinen Friedensbemühungen. Sie ist ein Appell an die Gläubigen, im Rosenkranzmonat Oktober in besonderer Weise zur Mutter Christi, der »Königin des Friedens«, um Frieden zu beten, und sie hat daher mehr den Charakter eines Mahn- als eines Lehrschreibens. Besonders der erste Teil geht auf die aktuellen Bedrohungen des Friedens ein und redet die Verantwortlichen direkt an:
»Noch immer wütet im Fernen Osten ein schwerer Krieg und

noch wird grausam gekämpft. Das gemahnt uns, für die Aufrechterhaltung des Friedens, soweit es in unserer Macht liegt, aufs neue und noch eindringlicher einzutreten [...] In dieser Stunde rufen wir wiederum ›unter Klagen und Tränen‹ (Hebr. 5, 7) die Lenker der Staaten innig bittend, sich mit aller Kraft zu bemühen, den Brand zu löschen, damit er nicht weiter um sich greife [...] Alle also, denen sichtlich daran liegt, sollen jene Voraussetzungen schaffen, die es ermöglichen, einen Waffenstillstand zu schließen, bevor durch den Druck der Ereignisse diese Möglichkeit vorüber ist. Alle, die für das Wohl der Menschheit verantwortlich sind, sollen wissen, welch schwere Gewissenspflicht auf ihnen liegt. Sie sollen bedenken, daß ihr Name gesegnet sein wird, wenn sie diesen Anruf in Weisheit befolgt haben. Im Namen Gottes rufen wir: Haltet ein! Wir müssen zusammenfinden und ohne Vorbehalte zu gegenseitigen Abmachungen kommen. Jetzt muß Friede werden, wenn auch unter Nachteilen und Unannehmlichkeiten; denn später ist der Friede vielleicht nur mit ungeheuren Verlusten und mit einem Zusammenbruch zu erkaufen, wie man es sich heute nicht einmal vorstellen kann. Aber es muß ein Friede zustande kommen, der auf Gerechtigkeit und Freiheit beruht, der Rücksicht nimmt auf Menschen- und Völkerrecht, sonst wird er zerrinnen und zerbrechen.«[49]

Verglichen mit dem Appell vom 19. Dezember 1965 fällt die Intensität der Anrede auf, der beschwörende Tonfall, der fast einen Unterton von Verzweiflung hat. Obwohl mit Wendungen der innerkirchlichen Sprache durchsetzt, ist dieser Passus zunächst von großer Überzeugungskraft. »Im Namen Gottes rufen wir: Haltet ein!« Ein solcher Satz ist, an der Tradition gemessen, progressiv. Aber jenseits aller spontanen Akklamationen ist nach dem sachlichen Gehalt der päpstlichen Vorschläge zu fragen, danach, ob sie mit den Fakten Schritt halten.

Eine realistische Einschätzung der Lage drückt sich jetzt darin aus, daß zu einem Friedensschluß in Vietnam nach Meinung des Papstes die Inkaufnahme von Nachteilen und Unannehmlichkeiten gehört. Nur wäre das damit Bezeichnete zu präzisieren: Könnte man zum Beispiel den Abzug der amerikanischen Truppen aus Südvietnam als eine ›Unannehmlichkeit‹ für die USA bezeichnen? Offenbar nur gemäß einer ideologischen Auffassung von der nationalen Ehre, die dadurch Einbuße erleiden würde. Ganz gewiß nicht nach den Maßstäben des Menschen- und Völkerrechts, das nach Meinung des Papstes für den Frieden konstitutiv sein soll: So stellt die Bombardierung Nordvietnams einen Bruch des Völkerrechts dar, und die Taktik der Verbrannten Erde mit der Verwendung von Napalm und Gas erfüllt nach internationalem Recht den Tatbestand eines Kriegsverbrechens.

Hat derjenige recht, der (und das liegt in der Konsequenz des Papstwortes) den Rückzug der Amerikaner aus Vietnam als

Opfer bezeichnet? Oder derjenige, der wie Kossygin meint: »Wir sind dafür, daß die Vereinigten Staaten Vietnam verlassen. Schließlich kann man nicht erwarten, daß die Vietnamesen Vietnam räumen werden«?[50] Mit anderen Worten: begünstigt nicht die paritätische Rede die Seite, die offensichtlich im Unrecht ist? Die Ursache für diese Lücke in dem päpstlichen Vorschlag scheint die Furcht vor der größeren Katastrophe zu sein. Mehrmals äußert sich der Papst in der Enzyklika zu diesem Punkt. Gleich zu Beginn heißt es: »Wir rufen zu besonderen Bitten zur Mutter Gottes auf, denn es wächst die Gefahr eines noch größeren und weiter um sich greifenden Unheils, das die Menschheit bedroht.« Dann spricht Paul VI. in Erinnerung an seine Friedensinitiativen davon, daß er »nicht aufgehört (habe), diejenigen, auf denen die Last der Verantwortung liegt, zu ermahnen, die drohende unheimliche Katastrophe von den Menschen abzuhalten«. In dem schon zitierten Abschnitt schließlich geht es Schlag auf Schlag: es sei nötig, »den Brand zu löschen, damit er nicht weiter um sich greife«; einen Waffenstillstand zu schließen, bevor durch den »Druck der Ereignisse diese Möglichkeit vorüber ist«; Frieden zu machen, »denn später ist der Friede vielleicht nur mit ungeheuren Verlusten und mit einem grauenhaften Zusammenbruch zu erkaufen [...]« Kurz: das am Horizont auftauchende Schreckbild des Weltenbrandes soll ein Höchstmaß an Bereitwilligkeit provozieren. Doch so nötig diese Friedensbereitschaft ist, mit dieser Begründung wird sie kaum erreicht. Im Gegenteil, sie verhindert nur eine genaue Analyse des Konfliktes, verstellt seine Genese und die jetzige Lage durch den Blick auf die drohende Zukunft. Deren Schatten wird vom Papst ins Ungeheure verzerrt. Tatsächlich ist die atomare Ausweitung des Konfliktes jedoch ziemlich unwahrscheinlich. Die UdSSR und China werden sich auf Waffenlieferungen beschränken. Ihre vereinzelten Drohungen[51] sind kein Hindernis für die USA, die Eskalation voranzutreiben. Deren gestreckte Vernichtungskraft aber ist im Ergebnis kaum weniger verheerend als ein Atomschlag. Fixiert auf die große Katastrophe nimmt der Papst nicht jene Skrupellosigkeit wahr, der unterhalb der atomaren Schwelle jegliches Mittel der Kriegführung bis hin zum Völkermord recht ist. Die Eskalationstheorie erweist ihre Wirksamkeit nicht so sehr auf dem politischen Sektor (als Abschreckung) als vielmehr auf dem psychologischen: Sie gewöhnt die Öffentlichkeit nach und nach an immer schrecklichere Formen des Krieges, ohne ihr das Bewußtsein zu nehmen, das Schrecklichste stehe noch bevor.

Selbstüberlistung zum Frieden?

Wie sich der Papst einen Friedensschluß in Vietnam vorstellt, das konkretisiert er in zwei Ansprachen am 8. und 22. Dezember

1966. Ausgehend von den schon vereinbarten Feuereinstellungen — Weihnachten, Jahresende und buddhistisches Neujahrsfest — versucht er die Möglichkeit plausibel zu machen, »daß die Waffenruhe sich in einen Waffenstillstand wandle, und daß der Waffenstillstand die gute Gelegenheit zu loyalen Verhandlungen bietet, und daß diese schließlich zum Frieden führen [. . .]«[52] Und zwar soll das so geschehen, daß man die verschiedenen Feuereinstellungen zu einer durchgehenden Waffenruhe verbindet. Der geheime Gedanke dabei ist: Die kriegführenden Parteien, einmal an die Waffenruhe gewöhnt, könnten sich sozusagen selbst überlisten und die Pause zu erfolgreichen Friedensgesprächen benutzen. Ist der erste Schritt erst einmal gewagt, so imponiert sich der Frieden gewissermaßen von selbst, die Evolution des Friedens wird unwiderstehlich.

Das Unrealistische dieser Vorstellung liegt auf der Hand. Weder Johannes XXIII. noch Paul VI. konnten in ihren Aussagen den Bann der traditionellen harmonistischen Soziallehre brechen. Wer sich den Weltfrieden als harmonische Entwicklung erhofft, verfällt einer politischen Idyllik. Nötig wäre es, ihn als Koexistenz zu konkretisieren. Denn nur so, als Koexistenz der verschieden Bleibenden, mit der Anerkennung des Lebensrechtes der anderen, auch einer sich sozialistisch regulierenden Gesellschaft, als Vorbedingung, können die ersten Friedensschritte in Vietnam getan werden, auf die es dem Papst ja ankommt. Staaten und Regierungen von der Angst vor dem anderen zu befreien, wäre deshalb die vordringlichste Aufgabe politischer Seelsorge.

In einem Abschnitt seiner Weihnachtsansprache kommt der Papst dem sehr nahe:

»Die Fortsetzung des Krieges hängt nicht so sehr von einer schicksalhaften Verkettung von Ursachen ab (wie in so vielen anderen Fällen der Kriegsgeschichte) als vielmehr vom Willen der Menschen, die in ihm verwickelt sind: Es genügte, daß sie den Willen hätten, gleichzeitig auf beiden Seiten, und der Krieg wäre zu Ende, die Furcht vor großen Bränden wäre beruhigt, die Ehre der Kämpfenden wäre gewahrt [. . .] Der gute Wille hat den Schlüssel zum Frieden in den Händen. Die Schwierigkeit liegt in der Tatsache, daß dieser Schlüssel von den verantwortlichen Männern beider Fronten gleichzeitig zu handhaben ist. Diese ehrliche und wirkliche Gleichzeitigkeit müßte das Wunder dieser Weihnacht sein. Wir wollen es noch für möglich halten: dieses Wunder des guten Willens [. . .]«[53]

Es ist nichts dagegen zu sagen, daß der Papst in diesem Fall der Johnson-Regierung die tentative Vorgabe des guten Willens macht. Nur so ist es ja noch möglich, mit einer irrational gewordenen Politik zu reden. Leider findet sich jedoch nirgends in den Papst-Appellen ein Hinweis darauf, daß die amerikanische »Arroganz der Macht« (Fulbright) durchschaut wäre! Es fehlen deswegen auch die minimalsten Auflagen an die Adresse der USA, etwa analog zu U Thants Drei-Punkte-Programm vom 9. März 1966: Stopp der Bombenangriffe, beiderseitige De-Eskalation, Mitbeteiligung der Befreiungsfront an Verhandlungen.[54]

Als Paul VI. dann am 24. Mai 1967 zum erstenmal derartige konkrete Forderungen erhebt, sind sie zu gut ausbalanciert, um als Fortschritt bezeichnet werden zu können:

»Deswegen ist es notwendig, daß die Bombardierungen Nordvietnams aufhören und gleichzeitig die Einstellung von Waffen und Kriegsmaterial nach dem Süden beendet wird. Ebenfalls müssen alle Terrorakte aufhören, die nicht zum Besten des guten und arbeitsamen vietnamesischen Volkes oder zu Eintracht und Frieden, die sehnlichst herbeigewünscht werden, beitragen. Mit einem Wort, jede Form von Gewalttat muß aufhören!«[55]

Auch am 22. Dezember 1967 war von Paul VI. wieder nichts zu hören als paritätische Forderungen an beide Seiten — Bombardierungsstopp der Amerikaner und »ernsthafte Verhandlungsbereitschaft Hanois«[56]. Sicherlich war in dieser Ansprache die Forderung an die Amerikaner stärker akzentuiert — aber eben diese Eindeutigkeit wurde dadurch wieder hinfällig, daß der Papst nur einen Tag später den aus Vietnam zurückkehrenden amerikanischen Präsidenten zu einer Audienz empfing, die er schon wegen des ungewöhnlichen Termins hätte verweigern können. Doch das wäre wider die Gepflogenheiten der vatikanischen Diplomatie gewesen. So kam Johnson ohne große Anstrengung zu einer Demonstration für die katholische Wählerschaft in den USA. Die Chance Pauls VI. aber, über den bloßen Appell zu einem wirklich politischen Protest vorzustoßen, blieb ungenutzt.

»Jenseits der Fronten . . .«? Ein Resümee

Paul VI. hat einmal geäußert, seine »Politik«, das, was er für den Frieden tun könne, sei reden und beten — das Wort der Wahrheit und der Liebe ausrichten und das Gebet, das niemals vergeblich ist.[57] Das ist ein fast zu bescheidenes Wort für jene neue Einstellung zu weltpolitischen Fragen, die mit Bombay und der UNO-Reise begann und in der Enzyklika ›Populorum progressio‹ vorerst ihren Höhepunkt fand. Was der Friedenspolitik Pauls VI. ihren Antrieb verleiht, ist weniger ein »Hochhuth-Komplex«, wie zuweilen recht kurzschlüssig behauptet wird[58], als vielmehr die Sorge um die weltweite Katastrophe, die droht, wenn bestimmte Probleme nicht gelöst werden. Sie zu verhindern durch die Unterstützung der Organisation der Vereinten Nationen, durch die Belehrung, daß der Krieg kein Mittel der Politik mehr ist, durch das Eintreten für die armen Nationen — das ist die Chance einer durch keine direkten Machtmittel gedeckten moralischen Autorität, wie das Papsttum sie darstellt. Mit einem Wort: Paul VI. hat die Zeichen der Zeit erkannt und versucht, ihnen zu entsprechen. Die UNO-Rede und die neue Enzyklika sind dafür hervorragende Beispiele. Mit ihnen hat sich zugleich ein neuer Stil kirchlicher Intervention herausgebildet.

Für die Äußerungen zum Vietnam-Konflikt scheint die erwähnte Bemerkung Pauls VI., Reden und Beten sei seine »Politik«, allerdings zuzutreffen. Ihre Beziehung zur UNO-Rede ist zwar evident: sie sind ja nichts weiter als spezifische Anwendungen des Satzes »Niemals mehr Krieg«. Traditionsgeschichtlich aber gehören sie letztlich in die lange Reihe vergeblicher päpstlicher Beschwörungen in Kriegszeiten. Verläßt sich Paul VI. hier nicht zu sehr auf das »moralische Gewicht« der Kirche? Zwar hat der Papst als Repräsentant der großen katholischen Religionsgemeinschaft von vornherein seine Autorität. Doch besteht diese auch für viele Katholiken keineswegs nur in einer rational nicht weiter ableitbaren, übernatürlichen Wirklichkeit. Sie liegt vielmehr in der Summe der Erwartungen, die die Welt auch heute noch seinen Äußerungen entgegenbringt. Dies gibt der ›Stimme des Papstes‹ die transzendente Aura.

Kurz: Die moralische Autorität des Papstes besteht in der größeren Publizität und Glaubwürdigkeit seiner Äußerungen. Redet er zu allgemein und unkonturiert, so wird sie entwertet. Genau das aber ist in der Vietnam-Frage der Fall. Die wiederholten Friedensappelle sollen allein, weil sie vom Papst sind, etwas bewirken? Was Paul VI. einmal selbst als unnötige Befürchtung abtut, die Gefahr nämlich, sich durch die ständigen Friedensaufrufe rhetorischer Übertreibung oder überflüssiger Worte schuldig zu machen, genau das ist inzwischen eingetreten.[59] »Es ist nunmehr schon fast zur Tradition geworden, daß der Papst bei drohender Gefahr oder bei politischen Umstürzen, vor allem im afro-asiatischen Bereich, aus unmittelbarem Anlaß zu Ruhe und Frieden mahnt. Vietnam bleibt dabei [. . .] im Vordergrund der Bemühungen.« Dieser lapidare Satz der *Herder-Korrespondenz* vom November 1966 läßt (wohl gegen seine Absicht) den Mangel der päpstlichen Adressen deutlich werden: innerhalb eines Jahres veränderten sie sich nicht grundlegend; eingespielt auf die Mahnung zu Ruhe und Frieden kamen sie selten aus der Reserve des allgemein gehaltenen Appells heraus. Der Vorteil der moralischen Autorität erweist sich, so besehen, als Nachteil, scheint er doch unabtrennbar verbunden mit einer Position »jenseits aller politischen Blockbildungen und Gesellschafts- und Weltanschauungssysteme«.[60]

Diese letzte Formulierung der *Herder-Korrespondenz* beweist, daß es nicht nur einen alle Kirchen umfassenden Konsensus hinsichtlich der Ablehnung des Krieges, sondern auch in der Art der Friedenspolitik gibt. Denn in der protestantischen Friedensarbeit wird ja seit der Konferenz von Amsterdam gleichfalls von einem

Standpunkt jenseits der Fronten ausgegangen.[61] Diese Unabhängigkeit ist für die Friedensarbeit von Vatikan und Ökumenischem Rat gewiß vonnöten. Sie gibt den Kirchen einen Vertrauenskredit bei *allen* Völkern, so daß ihre Appelle in Krisensituationen auch wirklich gehört werden. Neutralität wird jedoch unglaubwürdig, wenn sie um jeden Preis bewahrt wird. In bestimmten Situationen müssen Taktik und politisches Kalkül von der christlichen Verpflichtung zur Parteinahme durchkreuzt werden. Da entscheidet sich, ob die Kirchen noch zur prophetischen Rede fähig sind. Die Aufgabe der alttestamentlichen Propheten beschränkte sich keineswegs auf die bloße Vorhersage kommender Ereignisse.[62] Sie waren vor allem Deuter ihrer Zeit und Gesellschaft. Sie nahmen Partei für die Unschuldigen, Armen und Entrechteten, traten für die Sache der Witwen und Waisen ein, die den Mächtigen hilflos ausgeliefert waren. Kompromißlos deckten sie die Übertretungen des Gottesrechts auf und scheuten selbst bei Gefahr für ihr eigenes Leben nicht vor der Anprangerung der offiziellen Politik zurück.

Was heute in Vietnam geschieht, verlangt diese eindeutige prophetische Stellungnahme von den Kirchen. Sie haben in der Nachfolge der Propheten und Jesu von Nazareths sich auf die Seite der Unterdrückten zu stellen. Sie müßten anklagend darauf hinweisen, daß in Vietnam die Prinzipien der Menschenwürde und des Völkerrechts durch die amerikanische Kriegführung verletzt werden. Sie sollten bloßstellen, daß dort im Namen westlicher Freiheit ein Krieg geführt wird, der praktisch zur Ausrottung eines ganzen Volkes führt. Sie sind gerade angesichts der neuesten Entwicklung auf dem Kriegsschauplatz dazu verpflichtet, der einseitigen Berichterstattung über die Befreiungsfront (Identifizierung mit ›Kommunisten‹ und ›Terror‹) durch Hinweis auf die Entstehungsgeschichte des Krieges entgegenzutreten.

Solange das nicht geschieht, bleiben die meisten ihrer Äußerungen nichts als ›schöne Worte jenseits der Fronten‹.

B. Das späte Erwachen — Die Friedensarbeit des Welt-Protestantismus in der Ära des Kalten Krieges

Die Sensation war da. Die erste, 1948 in Amsterdam stattfindende Vollversammlung des Ökumenischen Rates hatte ihren Skandal, als im Plenum der Ost-West-Gegensatz seine ökumenische Premiere erlebte. Es fing damit an, daß John Foster Dulles, der spätere amerikanische Außenminister, bündig als christliches Votum zum besten gab, was er dann in den fünfziger Jahren so überzeugend praktizieren sollte: die Politik der Zurückdrängung des Kommunismus, der, wie Dulles vor den Vertretern von 147 Kirchen ausführte, die großen religiösen Prinzipien des Westens nicht anerkenne und daher eine ständige Bedrohung für den Weltfrieden sei. Angesichts dieser pauschalen Abqualifizierung erhielten die an sich behutsamen Ausführungen des Prager Professors Joseph Hromadka eine ganz andere Schärfe und versetzten das Plenum in helle Aufregung: Der Westen müsse unbedingt seine »fast metaphysische Angst« vor der neuen Strömung in der Welt und ihrem östlichen Führer, der UdSSR, aufgeben. Vor allem dürfe sich die Kirche nicht mit dem Westen identifizieren, zumal auch der Kommunismus viel von der sozialen Kraft des Christentums enthalte.[63]

Genau neunzehn Jahre später, auf der Tagung des Zentralausschusses des Ökumenischen Rates in Heraklion, ein ähnliches Bild: Sieben osteuropäische Delegierte distanzieren sich von der Vietnam-Erklärung des Zentralausschusses mit der Begründung, sie ignoriere die eigentliche Ursache des Krieges und den Weg zur Lösung des Konfliktes. Der Ökumenische Rat habe zwar wiederholt seine Solidarität mit dem leidenden Volk Vietnams zum Ausdruck gebracht und einen Eskalationsstopp gefordert. Von ihrem Standpunkt aus sei jedoch »die völlig ungerechtfertigte militärische Intervention der USA« die wahre Ursache des Konfliktes und der bedingungslose Rückzug der amerikanischen Truppen der wichtigste Schritt zu seiner Lösung.[64]

Diese beiden Ereignisse lassen etwas von den Schwierigkeiten erkennen, mit denen die Friedensarbeit des Welt-Protestantismus in neuerer Zeit zu kämpfen hatte. Die Kirchen waren auf diese Komplikationen in einer politisch geteilten Welt schlecht vorbereitet, weil sie sich der Sache des Friedens erst sehr spät angenommen hatten. Die Wahrnehmung dieser Aufgabe war bis ins 20. Jahrhundert den sogenannten ›Historischen Friedenskirchen‹ (›Kirche der Brüder‹, Quäker, Mennoniten) überlassen geblieben. Der Erste Weltkrieg, einerseits eine letzte Aufgipfelung der Vermischung von Nationalismus und Christentum, machte andererseits mit dem Chaos, das er zurückließ, auch den Großkirchen die Notwendigkeit einer weltweiten christlichen Friedensarbeit deutlich. Treibende Kraft der neuen Ökumenischen Bewegung[65] war der ›Weltbund für Freundschaftsarbeit der Kirchen‹, am Vorabend des Weltkrieges gegründet und besonders von freikirchlichen Impulsen getragen. 1925 wurde auf der Weltkonferenz für Praktisches Christentum in Stockholm die Friedensfrage zum erstenmal in den Rang eines kirchlich-theologischen Themas erhoben. Die hier geäußerten gegensätzlichen Meinungen zur politischen Verantwortung der Kirchen[66] verloren mit dem Aufkommen des Faschismus bald ihren akademischen Charakter. Die Notwendigkeit, eine Organisation zu schaffen, über die die Kirchen gemeinsam vor der Weltöffentlichkeit Stellung nehmen könnten, wurde von allen Zweigen der Bewegung als immer dringlicher empfunden. Doch lange Versäumtes ließ sich in so kurzer Zeit nicht nachholen. Ein Vorläufiger Ökumenischer Rat der Kirchen wurde zwar 1938 gegründet, aber eine entscheidende Einflußnahme auf den Gang der Dinge war nicht mehr möglich. Das lag vor allem daran, daß der ökumenische Friedensgedanke nicht das national-protestantische Erbe der deutschen Kirchen hatte brechen können — der fehlende kirchliche Widerstand auf Massenbasis machte die militärische Bewältigung des Faschismus unter ungeheuren Opfern und Leiden unumgänglich.

Mit dem Sieg der Alliierten eröffneten sich neue Perspektiven für die Friedensarbeit der nichtrömischen Christenheit. Allerdings waren die Anstrengungen primär darauf gerichtet, eine kirchenamtliche Organisation zu schaffen, die sozusagen *per se* ein politisches Faktum darstellen sollte. So fand im August 1948 die erste Weltkirchenkonferenz in Amsterdam statt, die zur endgültigen Konstituierung des Ökumenischen Rates der Kirchen führte. War damit auch ein christlicher Wunschtraum in Erfüllung gegangen, so blieb den Teilnehmern doch kaum Zeit für sentimentale Rückblicke. Die Botschaft der Konferenz zeugt von ihrer Realitätsbezogenheit. Es heißt darin u. a.: »Wir müssen wieder aufs neue miteinander lernen, mutig im Namen Christi zu unseren Völkern zu sprechen und zu denen, die Macht über sie haben. Wir müssen lernen, dem Terror, der Grausamkeit, dem Rassenhaß zu widerstehen, dem Ausgestoßenen, dem Gefangenen, dem Flüchtling zur Seite zu sein und die Kirche überall zum Mund zu machen für die Stummen und zur Heimat, in der jeder ein Zuhause finden kann.«[67]

Als wohl wichtigstes Ergebnis dieser Konferenz ist die Verurteilung des Krieges anzusehen. Es heißt im Bericht der 4. Sektion: »Die herkömmliche Annahme, daß man für eine gerechte Sache einen gerechten Krieg mit gerechten Waffen führen könne, ist unter solchen Umständen (d. h. angesichts der Möglichkeit eines totalen Krieges mit Atomwaffen, d. Verf.) nicht mehr aufrechtzuerhalten.«[68]

Obwohl diese Position noch mit verschiedenen Unklarheiten belastet war[69], schloß Amsterdam mit dieser Formulierung das Konstantinische Zeitalter der Rechtfertigung und der Hinnahme des Krieges ab und eröffnete ein neues Kapitel christlicher Friedensarbeit. Der Beginn dieser Friedensarbeit stand jedoch unter einem unglücklichen Stern. Mit dem Zerfall der antifaschistischen Allianz und dem anhebenden Ost-West-Gegensatz hatte auch die Ökumene ihren eindeutigen politischen Standort verloren. Seit den fünfziger Jahren entsprach ja der Krieglosigkeit auf der einen Seite eine im System der Abschreckung geregelte Friedlosigkeit auf der anderen Seite, die immer wieder zu Konflikten und Spannungen führte. Die Ökumene antwortete jedoch darauf nicht mit einer neuen Friedensstrategie, sondern machte das bloße Aushalten dieser Spannungen zum Kriterium ihrer Festigkeit.

Waren in den Anfängen der Ökumenischen Bewegung der Wille zur christlichen Einheit wie zur internationalen Verantwortung gleich stark vertreten gewesen, so überflügelte jetzt der kirchenpolitische Impuls den weltpolitischen. Die Ökumene als solche bekam besondere Gewichtigkeit, die Kräfte richteten sich auf den Ausbau und die Stabilisierung der Einheit. Politisch zog man sich auf einen Standpunkt jenseits der Fronten zurück. Seit Amsterdam hieß es jedenfalls immer wieder, die Kirchen dürften sich nicht mit der einen oder anderen Seite identifizieren.[70] War das aber nicht ökumenische Ideologie?

Im Zusammenspiel von Ökumenischem Rat und ihrem politischen Berater, der Kommission für Internationale Angelegenheiten, wurde jetzt zwar regelmäßig zu internationalen Fragen Stellung genommen. Doch waren diese Voten von nur halb geklärten Voraussetzungen bestimmt: Die politische Einstellung bildete sich teils *ad hoc*, teils unter westlichen Vorzeichen. — Zwar unterschrieb man nicht einfach die machtpolitische Säkularisierung des puritanischen Missionsbewußtseins Amerikas zur antikommunistischen *Containment*-Politik (Dulles in Amsterdam) — stand aber doch unter ihrem Einfluß.

Die schrecklichen Auswirkungen dieser Politik bedrängen die Welt heute mehr denn je: Ließ sich der *roll back* im Europa der fünfziger Jahre noch als kalter Krieg betreiben, so hat er bei den auf Selbstbefreiung drängenden Völkern im Südostasien der sechziger Jahre inzwischen zum heißen Krieg geführt. Von Dulles' Behauptung, der Kommunismus gefährde den Frieden, bis zu der Konstruktion einer nordvietnamesischen Aggression durch die amerikanische Regierung führt eine gerade Linie.

Die Ökumene hat die Gefährlichkeit dieser Ideologie des Antikommunismus nicht rechtzeitig erkannt. Sie hätte die Manipulation jener untergründigen Ängste, die nach dem Krieg bei den Völkern zurückblieben, einer entschiedenen Kritik unterziehen müssen. Aber die Kirchen schienen selbst nicht frei von diesen Ängsten und sahen im übrigen ihre Aufgabe darin erfüllt, im Rahmen der Ökumene kirchlichen Ost-West-Kontakt aufrechtzuerhalten.

Wie also steht es mit dem Protest der Kirchen gegen das Unrecht in *jeglichem* System?[71] Die bedrohlich erscheinende Ausdehnung des kommunistischen Machtbereichs in den ersten Nachkriegsjahren und das abschreckende Beispiel der stalinistischen Diktatur haben zu einer anderen Entwicklung geführt. Bis zur Kuba-Krise wurde weithin als selbstverständlich vorausgesetzt — nicht im Sinne ausdrücklicher Parteinahme, aber doch als Prämisse —, daß die Sache der Freiheit im Westen verteidigt wird. — Seit Kuba — damals warnte Dr. Frederick Nolde, Direktor der Kommission für Internationale Angelegenheiten, die USA vor unilateralen militärischen Maßnahmen[72] — scheint die Ökumene umzudenken. Sie widmet sich eigenständig den Problemen der Dritten Welt (Weltkonferenz für Kirche und Gesellschaft 1966 in Genf) und ist gegenüber der bisherigen Interpretation der Ereignisse in diesem Bereich skeptisch geworden.

Allerdings kann lange Versäumtes, besonders in der Frage des Antikommunismus, in so kurzer Zeit nicht wiedergutgemacht werden. Denn inzwischen haben ja weite Teile des amerikanischen Volkes ihrer Regierung die These abgenommen, die Intervention in Vietnam richte sich gegen die sogenannte kommunistische Aggression in Südvietnam. Wieder einmal stehen die Kirchen vor den vollendeten Tatsachen, die eine rigorose Machtpolitik geschaffen hat; wieder einmal bleibt ihnen nur der Weg der nachträglichen Kommentierung und des Appells. Wird wenigstens dieser mutig sein und Unrecht Unrecht nennen?

Die Tragödie von Vietnam (I)
(Der Ökumenische Rat der Kirchen zum Vietnam-Krieg)

»Der Zentralausschuß des Ökumenischen Rates der Kirchen, der zur Zeit in Genf tagt, drückt seine tiefe Teilnahme an der Tragödie von Vietnam aus. Diese Teilnahme wurde von vielen Mitgliedskirchen und beigeordneten Räten der ganzen Welt ausgesprochen. Das Leiden eines Volkes, das bereits allzulange gelitten hat, die Verkehrung der menschlichen Möglichkeiten des Aufbaues zur Zerstörung, die Gefahr der Steigerung zu einem weltweiten Konflikt, die Erkenntnis, daß es bisher nicht eine internationale, vom Recht bestimmte Gemeinschaft oder auch nur eine ausreichende Verständigung darüber gibt — diese unglücklichen Realitäten erinnern uns an unsere Berufung, den Frieden zu suchen und zu vertreten [...]«

So, im Stil eines Kondolenzschreibens, beginnt die Einleitung zu einer 10-Punkte-Erklärung des Ökumenischen Rates[73], die im Februar 1966 veröffentlicht wurde — und man fragt sich warum. Damals war bekanntgeworden, daß die halbe Maßnahme eines sechswöchigen Bombenstopps verbunden mit einer amerikanischen ›Friedensoffensive‹ ergebnislos geblieben war, während das Treffen zwischen Präsident Johnson und dem Chef der Generalsjunta von Saigon, General Ky, auf Honolulu eine Intensivierung der Kriegsanstrengungen zur Folge hatte. Eine eindeutige Situation also, die ganz in der Kontinuität der vorhergehenden Entwicklung steht, aber keinesfalls eine besondere Situation, die die plötzliche ›Anteilnahme‹ der Ökumene begründete. Deren Zeitpunkt ist zufällig, nämlich der einer Routinesitzung des Zentralausschusses. Nicht zufällig ist die Wahl der Terminologie: Die Tragödie von Vietnam als Trauerfall — unglücklicher konnte man sich kaum ausdrücken, und doch entspricht dieser Ausdruck nur dem Standort der so Formulierenden.

Denn das ist ja das allgemeine Gefühl aller nicht unmittelbar Beteiligten: Was dort in Vietnam geschieht, ist zwar bedauerlich, aber es hat sich nun mal so entwickelt, irgendwie und schicksalhaft. Sucht man einen Ausdruck, der dieser Misere und der eigenen Ohnmächtigkeit entspricht, so bietet sich sofort das Wort ›Tragödie‹ an. Damit aber mythisiert man das Geschehen und dispensiert sich von der eigenen Verantwortlichkeit.

Der Ökumenische Rat hat sich zwar von dem Leiden der vietnamesischen Bevölkerung ergreifen lassen, doch er ergreift nicht ihre Partei. Er verzichtet darauf, Schuldige an dem Massenmorden zu benennen. Großzügig geht er über die Rolle Diems und der amerikanischen Regierung bei der Entstehung des Konfliktes hinweg.[74]

»Das Ziel unserer Worte ist jedoch nicht, ein Urteil zu fällen über das, was uns jetzt zu unserer beschwörenden Stellungnahme bewegt, *denn alle sind in gleicher Weise unausweichlich beteiligt*.« (Hervorhebung vom Verf.)

Was hier vielleicht als besonders christlich in der Intention empfunden wird — keine vorschnelle Verurteilung —, ist tatsächlich unchristlich in der Konsequenz: wegen des fatalistischen Einschlags in dem Wort »unausweichlich« zum einen, wegen des Unrechts, das man mit dieser undifferenzierten und resignierten Betrachtungsweise den Opfern antut, zum anderen. Solcher Appell an die Mächtigen stellt deren Handeln nicht in Frage und muß daher wirkungslos bleiben.

Wie aber hätte der Protest sonst aussehen können?

Es mag zwar im allgemeinen unsinnig sein, nach Ausbruch eines Krieges die Frage zu stellen: ›Ist der Frieden noch zu retten?‹ Ebenso scheint es von nur mehr akademischem Interesse, wie bald nach Kriegsbeginn sich die Menschen zum Protest gegen den Krieg gedrängt fühlen. Nicht so im Fall des Vietnam-Krieges! Und das nicht einfach deswegen, weil heute jeder begrenzte Krieg zum globalen Atomkrieg sich ausweiten kann. Der Grund liegt vielmehr darin, daß die langsame militärische Eskalation — in Vietnam umfaßt sie einen Zeitraum von über 10 Jahren — zugleich die Bevölkerung psychologisch so präpariert, daß sie sich ohne Protest mit allen militärischen Aktionen bis hin zur totalen Intervention abfindet.[75] So wurde die entscheidende Maßnahme in diesem Krieg, die im Februar 1965 beginnenden Bombardierungen von Nordvietnam, vor allem deshalb hingenommen, weil ihr eine jahrelange psychologische Gewöhnung an den Krieg mittels eines unscheinbar sich steigernden Engagements in Vietnam vorausgegangen war. Und zwar sah die Technik dabei so aus, daß jeder kleine Schritt in der Eskalation als ein logisch unvermeidbares Ergebnis eines früheren kleinen Schrittes hingestellt wurde. Hinzu kam eine durch Nachrichtenlenkung erzielte einseitige Interpretation des Geschehens, die der amerikanischen Bevölkerung die wahren Ursachen des Konfliktes (unhaltbare Zustände in Südvietnam) und die wirklichen Absichten ihrer Regierung (Behauptung der weltweiten amerikanischen Einflußsphäre) verschwieg.

Mit dem Beginn der Bombenangriffe und der Landung von Marinetruppen wurde die amerikanische Regierung schließlich geständig: Nicht länger ließ sich verheimlichen, daß sie der militärische Hauptakteur und dies ihr Krieg war. In diesem Augenblick war aber auch die Chance gegeben, daß ein weltweiter Protest zusammen mit einer Aufklärung der amerikanischen Bevölkerung das gesamte Gebäude, das über dem amerikanischen Engagement in Vietnam errichtet worden war, zusammenstürzen ließ. Wenn die psychologischen Manipulationen, die zur Gewöhnung an eine unrechtmäßige Intervention angewandt wurden, als solche durchschaubar gemacht worden wären, hätte vielleicht die Eskalation noch gestoppt werden können.

Es ist bekannt, daß dies in einem größeren Ausmaß nicht oder zu spät geschah. Unter anderem brachte auch die protestantische Ökumene nicht die Voraussetzungen mit, um dieser Aufgabe gerecht zu werden. Die Stellungnahmen der Kommission für Internationale Angelegenheiten[76] verraten nur allzu deutlich, daß sie den Entstehungsprozeß dieses Konfliktes nicht verfolgt hat. Die einzelnen Voten enthalten zwar viele richtige Details und Lösungsvorschläge, aber sie sind von einer erschreckenden Ahnungslosigkeit hinsichtlich dessen, was hier wirklich gespielt wird: daß über die Perhorreszierung der chinesischen Gefahr die amerikanische Regierung versucht, auch um den Preis eines Völkermordes ihre Vormachtstellung in der Welt zu verteidigen.

Selbst die ein Jahr nach Aufnahme der Bombardierungen veröffentlichte Erklärung des Ökumenischen Rates, aus deren Einleitung schon zitiert wurde, beruht auf einer unzureichenden politischen Analyse des Krieges. Die Forderungen an die Adresse der amerikanischen Regierung sind nicht so unausweichlich gestellt, als daß sie dieser nicht mit gutem Gewissen den Hinweis erlaubten: So verhalten wir uns ja. Wenn es zum Beispiel heißt: »Die Vereinigten Staaten und Südvietnam beenden die Bombardierung des Nordens und Nordvietnam beendet die militärische Infiltration in den Süden«, so wird dabei übersehen, daß die nordvietnamesische Unterstützung der Befreiungsfront mehr Folge denn Ursache der amerikanischen Angriffe ist. In ungezählten Analysen und unfreiwillig selbst durch die amerikanischen Weißbücher,[77] die die nordvietnamesische Aggression beweisen sollen, ist die Theorie eines von Hanoi gelenkten Aufstandes in Südvietnam widerlegt worden. Nicht ohne Grund verlangt also Nordvietnam, daß die Bombenangriffe bedingungslos eingestellt werden.

Der geforderten Aufklärung über die Art und Weise, wie heute durch Meinungsmanipulation die Menschen in den westlichen Demokratien an eine neokolonialistische Politik gewöhnt werden können, entsprechen am ehesten noch die Punkte 6—8 der Erklärung:

»Alle Parteien, und besonders westliche Länder, anerkennen die Bedeutung dessen, daß das, was in Vietnam geschieht, Teil einer sozialen Revolution ist. Sowohl Nord- als auch Südvietnam sollten ohne fremde Intervention in der Lage sein, ihre Zukunft selber zu bestimmen unter angemessener Beachtung des Gebotes, Frieden und Sicherheit in Südostasien zu erhalten.

Alle Parteien sollten die Sinnlosigkeit militärischer Handlungen zur Lösung der dahinterliegenden politischen, sozialen und wirtschaftlichen Probleme Vietnams erkennen. Massive und großzügige Entwicklungsprogramme sind notwendig.

Um die gegenwärtige internationale Spannung zu erleichtern, überprüfen und modifizieren die Vereinigten Staaten ihre Politik der ›Eindämmung‹ des Kommunismus, und kommunistische Länder überprüfen und modifizieren ihre Politik der ›Befreiungskriege‹.«

Allerdings sind auch diese Ausführungen nicht frei von Unklarheiten. Dazu gehört vor allem der Begriff ›Teil einer sozialen Revolution‹. Die Befreiungsfront ist, wie zuvor schon der Vietminh, eine sozialrevolutionäre Bewegung, die den Kampf um die nationale Selbstbestimmung mit dem Kampf um die Beseitigung des massenhaften Elends verbindet. Sie ist also nicht einfach eine Erscheinung der sich so und so vollziehenden technischen Umwälzung, unabhängig von politischen Vorzeichen (*rapid social change*, wie die Amerikaner sagen), sondern der Träger des ganz bestimmten Versuchs, wie in China und Nordvietnam durch sozialistische Formen der Produktion das Elend der Bauernmassen zu überwinden.

In Korrektur der ökumenischen Stellungnahme müßte es daher heißen, daß das, was in Vietnam geschieht, zunächst Teil der Verhinderung von sozialem Fortschritt ist, Auswirkung einer *ungenügenden* sozialen Entwicklung. Selbst der amerikanische Verteidigungsminister McNamara vertrat im August 1965 diese Auffassung, als er bemerkte, daß es »in Vietnam um mehr als um die Frage (geht), ob ein kleines Land dem Kommunismus anheimfällt [. . .] In diesem Falle (das heißt eines Sieges der Befreiungsfront) müßten wir uns darauf gefaßt machen, es mit der gleichen Form der Aggression auch in anderen Teilen der Welt aufzunehmen, und zwar überall dort, wo eine Regierung schwach und das Sozialgefüge nicht gefestigt ist.«[78] Und warum das Sozialgefüge nicht gefestigt ist, läßt eine Äußerung Robert Kennedys erkennen: »Wir geben militärische und andere Mittel an Länder, die sie dazu gebrauchen, um notwendige Reformen zu verhindern.«[79] Lassen offizielle amerikanische Äußerungen es also nicht an Offenheit über die Motive ihrer Politik fehlen, so müßten kritische Stellungnahmen ihnen mit derselben schonungslosen Offenheit antworten, wenn sie denn noch als kritisch, als Protest gelten sollen. In diesem Falle müßte gefragt werden, woher die Johnson-Administration sich das Recht nimmt, schwache Regierungen gegen ihre eigenen Völker zu verteidigen, sofern diese sich aus sozialen Gründen erheben sollten.

Die peinlichen Fragen sind auch später von der Ökumene nicht gestellt worden. Sie bleibt bei ihren wohlabgewogenen Mahnungen an beide Seiten, wie die Erklärung des Exekutivausschusses vom Februar 1967 in Windsor beweist:

»Der Frieden kann nicht von einer Seite allein hergestellt werden [. . .] Möge jede Partei durch ihre eigene Initiative und durch ihre Erwiderung der Initiativen anderer demonstrieren, daß sie einer friedlichen Regelung verpflichtet und bereit ist, vernünftige Risiken einzugehen.«[80]

Die amerikanische Regierung wird außerdem bei ihren wiederholt geäußerten guten Absichten und ihrer demokratischen Tradition behaftet, so in einem Telegramm an Präsident Johnson vom 1. Juli 1966 nach Bekanntwerden der Angriffe auf Hanoi und Haiphong.

»Trotzdem glauben wir, daß die Vereinigten Staaten in Treue zu ihrer Tradition und angesichts ihrer Position als einer vorherrschenden Macht in der heutigen Welt ihre Bemühungen, sich ohne Verzug vom Schlachtfeld an den Konferenztisch zu begeben, verstärken und jedes praktische und denkbare Mittel zur Erreichung diese Ziels [. . .] erproben sollten.«[81]

Diese Argumentationsweise ist nicht unberechtigt. In ihrer eigenen Vorstellung treibt die amerikanischen Politiker tatsächlich so etwas wie gute Absicht. Es wäre zu einfach, den Vietnam-Krieg nur als Ausfluß ihrer Böswilligkeit zu betrachten. Trotzdem führt ihre Politik in Südostasien zu den schändlichsten Verbrechen seit den Greueln der Naziherrschaft. Eine einleuchtende Erklärung für dieses Rätsel gibt es kaum. Gewiß spielt der puritanische Reinheitskomplex eine Rolle, der zur Beseitigung des mit dem Schmutz identischen Feindes zu Formen der Kriegführung wie Entlauben, Ausbrennen und Vergiften greift. Ebenso wichtig ist die Abhängigkeit von der innenpolitischen Situation, von Meinungsumfragen oder der bevorstehenden Präsidentschaftswahl, die je nachdem zur Eskalation oder aber zu einer Friedensoffensive führen kann.

Allerdings darf diese verständnisvolle Anrede, die das Syndrom von subjektiver Aufrichtigkeit, archaischer Angst und innenpolitischer Infamie in Rechnung setzt, nicht zu weit getrieben werden. Nicht nur, weil die amerikanische Regierung immer sehr bewußt machtpolitisch gehandelt hat, sondern weil sie diese Art von Appell, die ja nur die Funktion einer Therapie hat, als Bestätigung mißverstehen kann.

Nach zweieinhalb Jahren Vietnamkrieg ist es nur allzu deutlich: die Kirchen haben in dieser Frage die aufklärerische Praxis versäumt, die moralisch-appellative aber hat sich abgenutzt. Wie der Papst repetiert auch die Ökumene seit geraumer Zeit immer dieselben Argumente. Ohne Schwierigkeiten läßt sich voraussagen, wie etwa die künftigen Appelle aussehen werden.[82]

Das dritte Stadium aber, die Mobilisierung der Masse der christlichen Gruppen zum Widerstand, ist noch gar nicht in Sicht. Voraussetzung dafür wäre eine genaue Aufklärung über die Hintergründe des Vietnamkrieges. Diese aber bedeutete Parteinahme, und gerade dazu kann sich der Ökumenische Rat nicht entschließen. Generalsekretär Blake drückte es in einem Interview[83] zur Erklärung von Heraklion so aus: Es habe in der Vietnamfrage gegensätzliche Meinungen gegeben, doch schließlich sei die Einigung auf einen »mittleren Weg« gelungen. Darin zeige sich eine »Einigkeit, die die der UNO übersteigt« und die ihren Grund in der »Loyalität gegenüber Christus« habe, »an den wir alle glauben«. Doch dies ist ein Mißverständnis der hebräisch-christlichen Tradition vom Frieden. Das wäre Loyalität gegenüber einem Christus, der die aristotelische Lehre von der rechten Mitte zwischen den unvernünftigen Extremen verkündigt hätte. Es wäre aber nicht Loyalität gegenüber Jesus von Nazareth, der die konkrete politische Auseinandersetzung um den Frieden bis zur letzten Konsequenz trieb, dessen Tod als Unruhestifter alle nur an Ordnung interessierten Friedenssicherungen bloßstellte.

Die Tragödie von Vietnam (II)
(Die Christliche Friedenskonferenz zum Vietnam-Krieg)

»Die Solidarität der fortschrittlichen Mächte der Welt mit dem vietnamesischen Volk ähnelt der bitteren Ironie, die der Beifall des Pöbels für die Gladiatoren im römischen Zirkus bedeutete. Es geht nicht darum, den Opfern der Aggression Erfolg zu wünschen, sondern an ihrem Schicksal teilzunehmen.«[84]

Dieser Satz Che Guevaras scheint mit seiner eindeutigen Gewaltimplikation von vornherein die Kirchen als Adressaten auszuschließen. Und doch versteht man nur in seinem Licht das Ungenügende auch jener christlichen Kräfte, die ganz bewußt mit einer politisch bestimmten Welt rechnen und auch in ihrer Organisationsform nicht mehr die Arbeitsteilung von christlichem und politischem Bereich mitmachen. Das beste Beispiel dafür ist die Christliche Friedenskonferenz, die 1957 von Prof. Hromadka in Prag gegründet wurde und sich aus offiziellen Vertretern der östlichen Kirchen und einer nichtoffiziellen Minderheit aus dem Westen zusammensetzt.[85]

Sie soll keine rote Gegen-Ökumene sein, und doch stellt ihre Existenz eine berechtigte Kritik an der allzu selbstverständlich gewordenen Ineinssetzung von Christentum und westlicher Lebensform dar. Sie hat durch ihre Bezeichnung die kirchliche Friedensarbeit nicht gepachtet, und doch war vor allem sie es, die versuchte, das Evangelium von Jesus Christus politisch zu explizieren.[86] Sie mochte auf Grund ihrer politischen Äußerungen gewiß oft als Sprachrohr des Ostens erscheinen, aber angesichts der Wandlung der aggressiven östlichen Außenpolitik zu einer Koexistenz- und Friedenspolitik[87] kann das kein Vorwurf mehr sein.

Konkret gesprochen: Man kann der Christlichen Friedenskonferenz nicht vorwerfen, sie repetiere in der Vietnamfrage nur den kommunistischen Standpunkt und leiste einer »Selbstrechtfertigung des Ostens« Vorschub.[88] Denn die Verurteilung dieses Krieges ist ja kein östliches Privileg mehr, sondern geschieht inzwischen aus politischen wie aus humanitären Gründen überall auf der Welt. Entscheidend ist vielmehr die Frage, worin die *differentia specifica* der Christlichen Friedenskonferenz gegenüber anderen kirchlichen Äußerungen liegt, genauer: wie sie über diesen Krieg spricht und welche Interpretation sie ihm gibt.

Zwar spricht auch die Christliche Friedenskonferenz vom »tragischen Ernst der Situation«, aber ihre Erklärungen sind doch von Anfang an schärfer und unmißverständlicher als die der Ökumene. Einstellung der Bombardierungen und des Kolonialkrieges sowie Verhandlungen auf der Basis der Genfer Vereinbarungen von 1954 lauten die Forderungen schon im März 1965. Und die Resolution, die die Konferenz 1966 in Sofia faßt, summiert in nachahmenswerter Weise die wichtigsten Punkte.

»Wir appellieren an alle Regierungen, an die Weltöffentlichkeit, an die verantwortlichen Persönlichkeiten in Kirchen und Religionsgemeinschaften, mit aller Intensität und gebotenen Eile folgende Forderungen zu unterstützen, um dem Blutvergießen in Vietnam und der damit verbundenen Bedrohung des Weltfriedens ein Ende zu machen:

a) die sofortige und bedingungslose Einstellung der Bombenangriffe auf die Demokratische Republik Vietnam und die Beendigung aller militärischen Aktionen der USA und ihrer Verbündeten;

b) die Anerkennung der Nationalen Befreiungsfront als legitimen Vertreter der südvietnamesischen Bevölkerung;

c) die Erfüllung des Genfer Abkommens von 1954, damit die südvietnamesische Bevölkerung ihre Angelegenheiten ohne fremde Einmischung selbständig entscheiden kann und das ganze vietnamesische Volk garantierte Gelegenheit erhält, über seine staatliche Einheit selbst zu entscheiden;

d) die Zurückziehung aller amerikanischen und mit ihnen verbündeten Truppen aus Vietnam;

e) die Auflösung aller militärischen Stützpunkte der USA in Süd-vietnam;

f) ökonomische Hilfe für Vietnam, und zwar durch Entschädigungen seitens der USA und internationale Hilfe für den Wiederaufbau Vietnams. Außerdem müssen dem leidenden Volk in Vietnam sofort Medikamente und andere Hilfsmittel zur Verfügung gestellt werden.«[89]

So klar hatte vorher nur der Generalsekretär der Ostasiatischen Christlichen Konferenz, der Ceylonese D. T. Niles, die amerikanische Vietnampolitik verurteilt. Seine schon im März 1965 abgegebene Erklärung[90] schloß mit der Frage: »Die amerikanische Regierung sagt, daß es früher oder später zu einer Konfrontation zwischen der Volksrepublik China und den USA kommen muß und daß Vietnam Zeit und Ort dafür sind. Hierauf können wir nur fragen: Ist das menschliche Leben in Asien so billig?« Die zitierten Erklärungen sind Musterbeispiele für ›prophetische Parteinahmen‹. Daraus folgt aber nicht, daß sie wirksam werden.

Bei der ›Christlichen Friedenskonferenz‹ (und ebenso bei den asiatischen Christen) liegt das vor allem daran, daß das Gewicht ihrer Stimme gering ist. Sie repräsentiert hauptsächlich Kirchen, die ihre öffentliche Funktion schon lange eingebüßt haben, die die Gesellschaft, in der sie leben, zwar unterstützen, sie aber nicht mitgeformt haben. Aufs Ganze gesehen ist ein wenig Wahrheit in dem Satz eines Gegners der Konferenz: »Der Struktur nach ist die Christliche Friedenskonferenz [...] eine Versammlung von Christen, die nichts repräsentieren als sich selbst.«[91] Ihre Untätigkeit, das heißt, ihre Beschränkung auf Worte, spiegelt die des östlichen Lagers: Sie ist halb eine erlittene — die Vereinigten Staaten sind zu stark —, halb eine gewollte — der Atomkrieg würde die eigenen Errungenschaften gefährden.

Die Stellungnahmen der Christlichen Friedenskonferenz verdoppeln in gewisser Weise nur die der sozialistischen Länder. Aber läßt das nicht eher auf einen Mangel im Westen als auf Gleichschaltung im Osten schließen? Die unmißverständlichen Forderungen der Christlichen Friedenskonferenz in der Vietnamfrage müßten von den westlichen Kirchen erhoben und von den hinter ihnen stehenden Massen unterstützt werden. Aber wie ist das möglich? Gibt es Einwirkungsmöglichkeiten von christlicher Seite, die über den moralischen Appell und die prophetische Stellungnahme hinausgehen?

Christlicher Ungehorsam am Beispiel der USA

Die Protestbewegung gegen den Vietnamkrieg in den USA ist so alt wie die Eskalation selbst. Mit der Belagerung des von Polizisten umstellten Pentagon erreichten am 21. Oktober 1967 die

Anti-Vietnam-Demonstrationen vorerst ihren Höhepunkt. Tausende von Wehrpflichtigen verbrannten damals widerrechtlich ihre Einberufungsbefehle und wurden dabei von Geistlichen unterstützt, die ihnen ihre Kirchen als Zufluchtsstätten zur Verfügung stellten.[92] Der aktive Widerstand der studentischen Komitees gegen Johnsons Vietnam-Politik wird also von kirchlichen Gruppen aufgegriffen. Im Februar 1967 hatten an einer Demonstration des Komitees ›Clergy and Laymen concerned about Vietnam‹ zweieinhalbtausend Pfarrer und Laien teilgenommen.[93] Am wichtigsten aber war die Entscheidung Martin Luther Kings, ganz offen die Anti-Vietnam-Bewegung zu unterstützen. Mit Kings Rede vom 4. April kommt ein neuer Akzent in diese Protestbewegung hinein. Denn King erwähnt nicht nur die nachteiligen Folgen der Eskalation in Vietnam für die Bürgerrechtsbewegung und den Kampf gegen die Armut, sondern bekennt sich in einer vorher nicht gekannten Weise zur konkreten politischen Verteidigung der Feinde: »Eine noch schwierigere, aber keineswegs weniger dringende Aufgabe besteht darin, für diejenigen zu sprechen, die als unsere Feinde bezeichnet werden. Was hat es mit der Nationalen Befreiungsfront auf sich, jener seltsam anonymen Gruppe, die wir Vietkong oder Kommunisten nennen? Was müssen sie von uns Amerikanern denken, wenn ihnen klar wird, daß wir die Unterdrückung und Grausamkeit eines Diem erlaubten, die ja erst der Grund für ihren Zusammenschluß als Widerstandsgruppe im Süden wurde? Was denken sie über unsere Zustimmung zu den Gewalttaten, die sie zu den Waffen greifen ließ? Wie können sie an unsere ehrlichen Absichten glauben, wenn wir jetzt von ›Aggression aus dem Norden‹ sprechen, als ob es nicht sehr viel entscheidendere Ursachen des Konfliktes gäbe? Wie können sie uns vertrauen, wenn wir sie jetzt, nach der langen Zeit des mörderischen Diem-Regimes der Gewalttaten bezichtigen, und das, während wir zugleich alle möglichen neuen todbringenden Waffen in ihr Land senden? Wir müssen verstehen, was sie bewegt, selbst wenn wir mit ihrem Handeln nicht einverstanden sind [...] Ich spreche als ein Kind Gottes und als Bruder der Leidenden und Armen in Vietnam. Ich spreche für die, deren Land verwüstet wird, deren Häuser zerstört werden, deren Kultur untergraben wird. Ich spreche für die Armen in Amerika, die einen zweifachen Preis zahlen: den der zerbrochenen Hoffnungen daheim und den des Todes und der Korruption in Vietnam [...]«[94]

Gerade die letzten Sätze machen deutlich, wie sehr King die Opfer in Vietnam und in den Vereinigten Staaten auf einer Linie sieht. Aber er vernachlässigt auch nicht die Unterschiede zwischen ihnen, jene Unterschiede, die noch die Hoffnung auf eine Wendung der Dinge in sich tragen. Denn obwohl die amerikanischen Neger erheblich von diesem Krieg betroffen sind, können sie doch für die, die nur noch die Freiheit zu sterben haben, ihre Stimme erheben. Mehr noch: sie können sich wehren — kaum direkt, wie die Aufstände in den Slums zeigten, aber indirekt. In einem Interview mit der *New York Times* sagte King am 2. April 1967: »Wenn unsere Nation darauf besteht, den Krieg zu eskalieren, so wird es nötig sein, zivilen Ungehorsam zu leisten, um das Gewissen der Nation noch mehr wachzurütteln und um klarzumachen, daß solche Maßnahmen unserem Land schaden.« Und im August 1967 forderte er »*civil disobedience on a massive scale*«, zivilen Ungehorsam, der das Leben ganzer Städte zum Erliegen bringt,[95] um die Regierung zu den nötigen Reformmaßnahmen im Rassenkonflikt und damit zur Deeskalation des Krieges zu zwingen. Der erste Versuch dieser eskalierten Form des Protestes wird im April 1968 in Washington stattfinden: Hunderttausende von Weißen und Farbigen werden in die Hauptstadt marschieren und die Regierungsgebäude belagern.[96] Noch mehr als Kings Aufforderung an die an der vietnamesischen Front so nötig gebrauchten Neger, den Kriegsdienst zu verweigern, wird dieser militante zivile Ungehorsam die Administration in Verlegenheit bringen: Schon jetzt wird versucht, King von seinem Vorhaben abzubringen, weil man gewalttätige Zusammenstöße größeren Ausmaßes zwischen den Demonstranten und der Polizei fürchtet, bürgerkriegsähnliche Auseinandersetzungen außerhalb der schwarzen Slums.[97]

Bürgerrechts- und Anti-Vietnam-Bewegung gehen also ineinander über. Die Methoden der Bürgerrechtskämpfer werden immer mehr auch von den Kriegsgegnern angewendet. Das macht vor allem auch die neueste Entwicklung in der kirchlichen Opposition gegen den Vietnamkrieg deutlich. Seit der ›Botschaft an die Kirchen über Vietnam‹, die von der Generalversammlung des Nationalrates der Kirchen in den USA am 3. 12. 1965 angenommen wurde, ist von den verschiedensten protestantischen Kirchenleitungen und neuerdings auch von katholischen Bischöfen immer wieder Kritik an der Vietnampolitik der Johnson-Administration geäußert worden.

Die Opposition in Form kritischer Stellungnahmen hat bei der Mehrzahl der amerikanischen Christen bisher jedoch nicht zu einer entschiedenen oppositionellen Haltung geführt. Radikale Kriegsgegner waren hauptsächlich die Pfarrer. Sie gingen notfalls bis zum illegalen Widerstand (Aufforderung zur Zurücksendung der Einberufungsbefehle)[98] und nahmen bei ihrer Opposition auch die Abwahl durch ihre Gemeinden in Kauf. Es bezeichnet nun ein neues Stadium der kirchlichen Opposition gegen den Krieg, wenn auf einer Konferenz für Kirche und Gesellschaft in Detroit vom Oktober 1967 die christliche Bevölkerung aufgefordert wurde, bei einer weiteren Eskalation des Krieges in einen offenen Proteststreik zu treten. Die Konferenz verlangt vom Nationalrat der Kirchen, daß bei einem Angriff gegen China, einer Invasion Nordvietnams oder einer Bombardierung der Deiche des Roten Flusses »die führenden religiösen Persönlichkeiten unseres Landes die Gläubigen dazu aufrufen, innerhalb von 36 Stunden ihre Geschäfte und Fabriken, ihre Verkehrsmittel und ihre Schulen einen Tag lang zu schließen [. . .]« Gleichzeitig sollten Massendemonstrationen gegen die Politik der Regierung stattfinden.[99]

Es ist fraglich, ob dieser Vorschlag von den amerikanischen Kirchen aufgenommen wird. Der Weg zum aktiven Widerstand würde ihnen zweifellos erleichtert werden, wenn der Ökumenische Rat der Kirchen und für die katholische Seite der Vatikan diesen Aufruf zur radikalen Opposition unterstützten und darüber hinaus auch für die europäischen Kirchen verbindlich machten. Doch die Spitzengremien schweigen wieder einmal zur Frage des christlichen Widerstandes gegen eine Politik des Völkermordes — und dieses Schweigen wiegt schwerer als vor 30 Jahren. Pius XII. schwieg zu Auschwitz und zur Ausrottung der Juden in den Konzentrationslagern, weil er die deutschen Katholiken nicht der Gefahr des Martyriums aussetzen wollte. Heute besteht in den rechtsstaatlich verfaßten Staaten der westlichen Welt bei illegalem Widerstand keine Gefahr für das Leben des einzelnen, wenn man auch mit Brutalitäten von seiten der Polizei, mit Geld- und Gefängnisstrafen, wie jetzt schon in den USA, rechnen muß. Daß unter diesen Umständen weder vom Papst noch von der Ökumene auch nicht eine einzige Aufforderung an die Gläubigen zum aktiven Widerstand gegen die Vietnampolitik ihrer Regierung ergangen ist, ist nicht mehr zu entschuldigen.

Nachtrag: Vietnamisierung statt Frieden

Über die psychologische Gewöhnung an die Fortsetzung des Krieges

Präsident Nixons »*big decision*« (*Time*) vom 30. April 1970, amerikanische Truppen zur Vernichtung der feindlichen »*sanctuaries*« in Kambodscha einmarschieren zu lassen, kam für die Weltöffentlichkeit überraschend. Vielen schien dieser Schritt das genaue Gegenteil der zuvor von der Administration verfolgten Vietnam-Politik zu sein. Sie demonstrierten damit unfreiwillig, wie erfolgreich Washington bei seinem Bemühen gewesen war, der Öffentlichkeit einen neuen, auf Beendigung des Vietnamkrieges abzielenden Kurs vorzuspiegeln.

Beginnen wir zum Beweis dieser These dort, wo meine Untersuchung über die kirchlichen Friedensvoten und -aktivitäten im Zusammenhang des Vietnamkrieges aufhörte: Anfang 1968. Ende 1967/Anfang 1968 hatte die Protestbewegung gegen die amerikanische Vietnampolitik einen gewissen Höhepunkt erreicht, ohne jedoch zu nachhaltigen Wirkungen gelangt zu sein. Das wurde besonders in der ersten Januarwoche des Jahres 1968 deutlich, als die amerikanische Regierung ein ernsthaftes Friedensangebot Hanois einfach ignorierte. Mit verschiedenen westeuropäischen Regierungen intervenierten auch der Papst und der Weltkirchenrat in Washington und boten ihre Vermittlungsdienste an. Die Johnson-Administration erhöhte jedoch nur ihre Bedingungen für einen Bombardierungsstopp. Sie folgte der von General Westmoreland im November 1967 ausgegebenen Devise, man sei im Begriff, den Krieg militärisch zu gewinnen. In seiner Botschaft über die Lage der Nation am 17. 1. 1968 erklärte Johnson sogar, das Pazifizierungsprogramm mache befriedigende Fortschritte. Zwei Wochen später begann in 32 von 44 südvietnamesischen Provinzen die Tet-Offensive der Befreiungsfront und zerstörte diese Illusionen mit einem Schlag. Die zeitweilige Eroberung der amerikanischen Botschaft in Saigon, die Besetzung des Chinesenviertels Cholon und der sechswöchige Kampf um Hué wirkten wie ein Schock auf die amerikanische Öffentlichkeit. Am 13. März erzielte der Präsidentschaftskandidat McCarthy in den Vorwahlen von New Hampshire einen spektakulären Erfolg. Zwei Tage später gab Robert Kennedy seine Kandidatur bekannt. Die Regierung mußte sich der wachsenden Kritik stellen: Am 22. März wurde die Ablösung Westmorelands als Oberbefehlshaber in Vietnam bekanntgegeben. Am 31. März verfügte Johnson eine teilweise Einstellung der Bombardierungen und verzichtete zugleich auf die Präsidentschaftskandidatur, um sich ganz der Vietnamfrage widmen zu können. Die neue Strategie hieß »Kämpfen und Verhandeln« (Johnson am 15. April in Hawaii). Ihre innenpolitische Abzweckung war eindeutig; an den Voraussetzungen und Zielen der US-Politik in Vietnam dagegen änderte sich wenig: mögliche Deeskalationen von amerikanischer Seite sollten durch Intensivierung der militärischen Kraft Südvietnams ausgeglichen werden.

Bei dieser Politik einer Schein-Deeskalation ist auch die neue Nixon-Administration geblieben. Johnson hatte noch kurz vor den Wahlen, am 31. 10. 1968, die völlige Einstellung der Bombardierungen verfügt; der demokratische Kandidat Humphrey verlor trotzdem. Der Beginn der Verhandlungen zögerte sich hinaus; währenddessen eskalierten die USA den Krieg in Vietnam noch einmal. Die Bombardierungen in Südvietnam wurden fast verdoppelt und zahlreiche Operationen zur Rückgewinnung der vom Vietkong kontrollierten Gebiete eingeleitet. Im Februar 1969 antworteten die Nordvietnamesen und die Befreiungsfront mit Gegenangriffen. Die Verluste der amerikanischen Truppen stiegen erneut rapide an und überschritten im April 1969 die Korea-Marke (33 630). Über ein Jahr lang war es der Administration gelungen, die Öffentlichkeit über den unveränderten Charakter des Krieges hinwegzutäuschen. Ostern 1969 fanden zum ersten Mal seit dem Amtsantritt Nixons wieder Protestaktionen gegen den Vietnamkrieg in fast allen größeren Städten Amerikas statt. Die Enttäuschung über die stagnierenden Pariser Verhandlungen konnte durch die wiederholten Hinweise auf Geheimverhandlungen nicht mehr aufgefangen werden. Nixon mußte sich endlich erklären. Am 14. Mai legte er in einer Fernsehansprache einen Acht-Punkte-Plan vor, der zwar eine elastischere Haltung (mögliche Neutralisierung Südvietnams) zeigte, aber wegen der Forderung eines *gleichzeitigen* Truppenabzuges kaum außenpolitische Fortschritte erzielen konnte. Anders sah seine innenpolitische Wirkung aus: Zusammen mit dem seit April kursierenden Gerücht eines Teilabzuges amerikanischer Truppen noch im Jahre 1969 sollte er die Öffentlichkeit beruhigen, ohne grundsätzlich etwas an der bisherigen Südostasienpolitik zu ändern — Nixon am 14. Mai: »Würden wir unsere Bemühungen in Vietnam einfach aufgeben, könnte die Sache des Friedens den Schaden, der dem Vertrauen anderer Völker in *unsere Zuverlässigkeit* zugefügt würde, nicht überleben.«

Die SEATO-Konferenz in Bangkok und das Treffen Nixon-Thieu auf den Midway-Inseln am 8. Juni bekräftigten diese Feststellung: die USA erklärten sich bereit, zwar den Vietnam-Krieg zu entamerikanisieren (zunächst Abzug von 25 000 der insgesamt 541 000 Mann bis August), wollten aber keineswegs Südvietnam aus ihrem Einflußbereich entlassen bzw. ihre Polizistenrolle in Südostasien aufgeben.

Zu diesem Zweck beabsichtigte man, die unfähige und korrupte Regierung Thieu in Saigon wenn möglich so lange zu halten, bis die südvietnamesische Regierungsarmee mit amerikanischer Ausrüstung zur schlagfähigen Truppe geworden war. Mit dieser Gewißheit im Rücken konnte Thieu nach der Midway-Konferenz kategorisch jede Idee einer Koalitionsregierung ablehnen und Oppositionelle, die auf einen schnellen Friedensschluß drängten, um so rigoroser unterdrücken. Daraufhin ging die Befreiungsfront zur politischen Offensive über und gab die Bildung einer provisorischen Revolutionsregierung bekannt. Diese Regierung wurde von einem ›Kongreß der Vertreter des südvietnamesischen Volkes‹ gewählt und verfügte über eine im ganzen Land verbreitete, funktionsfähige und äußerst wirksame Organisation. Folgerichtig ersetzten Vertreter der Provisorischen Regierung die Delegation der FNL in Paris. Doch die Unterstützung des kompromißunwilligen Saigoner Regimes, die Absage an die Lösung der vietnamesischen Probleme durch freie Wahlen (garantiert durch eine Koalitionsregierung) und die eindeutige Absicht der USA, mit 250 000 Mann auf ihren südvietnamesischen Basen zu bleiben, ließen die Pariser Vietnamgespräche endgültig stagnieren. Außerdem sorgten die gleichbleibenden amerikanischen Verluste sowie die Entdeckung, daß im August die Zahl der in Südvietnam stationierten amerikanischen Soldaten sich keineswegs verringert hatte, erneut für Unruhe in der amerikanischen Öffentlichkeit. Die Protestbewegung begann Washingtons Taktik der Verwirrung durch Erweckung immer neuer Hoffnungen zu durchschauen und nahm im Oktober ihre Kampagne zur Beendigung der US-Aggression in Vietnam wieder auf. Es war zumal die Nixon-Rede vom 3. November, die, zur Beruhigung der zweiten inneramerikanischen Front gedacht, dieser die Augen öffnete. In seiner Rede erklärte Nixon, daß er einen Plan für den Abzug aller Bodenkampftruppen habe. Er müsse diesen Plan jedoch geheimhalten, weil »die Bekanntgabe eines festen Zeitplans für unseren Abzug dem Feind jeglichen Anreiz zur Aushandlung eines Abkommens nehmen (würde)«. Ermöglichungsgrund für diesen Plan sei die Übernahme der Kriegführung durch die südvietnamesischen Streitkräfte. Für wie wenig sicher allerdings selbst Nixon eine baldige Vietnamisierung des Krieges hielt, erhellte aus der Warnung an Hanoi und FNL, das Abzugsprogramm nicht mißzuverstehen: »Wenn die Infiltration oder unsere Verlustrate zunehmen, während wir uns um eine Verminderung der Kampfhandlungen bemühen, so wird das die Folge einer bewußten Entscheidung des Feindes sein. Hanoi könnte keinen größeren Fehler machen, als anzunehmen, daß verstärkte Gewaltanwendung ihm Nutzen bringt. Wenn ich zu dem Schluß komme, daß vermehrte Feindaktivität unsere restlichen Truppen in Vietnam gefährdet, werde ich ohne Zögern scharfe und wirksame Maßnahmen zur Bereinigung dieser Lage ergreifen.«

Anders gesagt: Gibt Hanoi den USA keine Schonfrist, um in Ruhe Saigons Militär aufzubauen, so sind die USA bereit, ihre Kriegsanstrengungen wieder zu eskalieren. Nixons Rede verpflichtete die USA so in aller Öffentlichkeit auf einen Kurs, der als ›Krieg ohne Ende‹ bezeichnet werden kann. Nicht Beendigung des Krieges hieß das Programm, sondern seine Fortsetzung unter für die USA günstigeren Bedingungen. Denn die Knappheit an militärischem Menschenpotential und seine qualitative Verminderung durch Verweigerung, Desertierung und offene Rebellion in der Armee selbst verlangten dringend nach einer Lösung. Aus diesen Schwierigkeiten, nicht aus dem Wunsch nach Frieden, wurde das Vietnamisierungsprojekt geboren. Eine Zeitlang konnte es die amerikanische Öffentlichkeit wieder beruhigen. Das Bekanntwerden des Massakers von My Lai Ende November und die darauffolgende ›Gewissenskrise‹ Amerikas lenkten sogar von diesem Problem ab. Am 15. Dezember erklärte Nixon zum zweiten Mal, er werde »harte und wirksame Maßnahmen« treffen, falls der Feind aus dem amerikanischen Rückzug militärische Vorteile ziehen würde. Anfang Februar 1970 beendete der Senatsausschuß für außenpolitische Fragen mit der Wiederaufnahme der Vietnamhearings die Nixon gewährte Schonfrist und unterzog seine Vietnamisierungspolitik einer heftigen Kritik. Was werden wir tun, fragte sein Vorsitzender Senator Fulbright, wenn die Vietnamisierung fehlschlägt? Werden wir dann wieder amerikanische Truppen einsetzen und den Krieg reeskalieren? Diese Kritik wurde verschärft, als Anfang März Einzelheiten über das Ausmaß des Engagements von US-Bodentruppen in Laos bekannt wurden. Die befürchtete Ausdehung des Vietnamkonflikts auf ganz Indochina nahm noch konkretere Gestalt an, als am 18. März Prinz Norodom Sihanouk, der Staatschef des Vietnam benachbarten Kambodscha, gestürzt wurde. Es kann als sicher gelten, daß bei diesem Staatsstreich des Generals Lon Nol der amerikanische Geheimdienst seine Hand im Spiel hatte. Der im Volk sehr beliebte Sihanouk hatte eine kunstvolle Neutralitätspolitik verfolgt, durch die er sein Land vor der Zerstörung, die Vietnam und Laos heimsuchte, bewahren konnte. Innenpolitisch aber war er nicht mit dem wachsenden Druck der rechtsgerichteten Oberschicht fertig geworden, die in der Hoffnung auf einen größeren Anteil an der wirtschaftlichen und politischen Macht bereit war, den Neutralitätskurs aufzugeben und Anlehnung bei den USA zu suchen.

Den US-Militärs war es seit langem ein Dorn im Auge gewesen, daß die Truppen Hanois und der FNL seit 1967 im kambodschanischen Grenzgebiet Zuflucht suchen konnten. Obwohl die USA ihren Bomberkrieg in Indochina von ›sanctuaries‹ aus führen, die von Thailand und Südvietnam über die Philippinen und Guam bis Okinawa reichen, von den Marineeinheiten zu schweigen, wird der Rückzug des Gegners in *sanctuaries* wie dem kambodschanischen als unrechtmäßiger Vorteil angesehen. Aus diesem Gefühl heraus hatten die USA und ihre Verbündeten, wie einer UNO-Dokumentation zu entnehmen, allein bis Mai 1969 in Kambodscha 1864 Grenzverletzungen und 5149 Verletzungen des Luftraumes begangen, ohne dabei auch nur einen Vietkong, aber dafür 300 Kambodschaner zu töten. Ein Machtwechsel in Pnom Penh bot also Gelegenheit, ohne Beschränkungen die von Präsident Nixon ausgesprochenen Drohungen gegenüber Hanoi zu realisieren. Beschleunigt wurde das Eingreifen jedoch durch innerkambodschanische Vorgänge. Es stellte sich bald heraus, daß die USA mit dem Regime Lon Nol einen neuen Klienten in Südostasien bekommen hatten, den sie wegen seiner fehlenden Basis im Volk durch militärische Hilfe stützen mußten. Denn Sihanouk war nach Peking gegangen und hatte sich mit der bis dahin unbedeutenden Befreiungsbewegung seines Landes (den Roten Khmers) verbündet. Auf einer Gipfelkonferenz des indochinesischen Volkes in Peking am 25. April wurden die Bewohner von Laos, Kambodscha und Vietnam aufgefordert, ihre Zusammenarbeit zu stärken, um »den amerikanischen Imperialismus und seine Agenten« zu schlagen. Allerdings verzichtete die FNL auf einen durchaus möglichen schnellen Erfolg (wie die Eroberung Pnom Penhs), sondern ging daran, in Kambodscha ›befreite Zonen‹ zu errichten, in denen die Roten Khmers ihre eigenen Armeen aufbauen konnten. Das neue Regime, ohne die Unterstützung der Bauernschaft, versuchte zuerst mit Pogromen gegen die vietnamesische Minderheit sich aus der Klemme zu befreien und bat dann um »auswärtige Hilfe jeder Herkunft«. Am 17. April wurde bekannt, daß die USA schon vor diesem Hilfeersuchen mit Kambodscha einen Waffenlieferungsvertrag abgeschlossen hatten. Die Beunruhigung über diesen Schritt wurde jedoch durch die Rede Präsident Nixons am 20. April gedämpft, in der er den Abzug von 150 000 Mann im Verlauf eines Jahres ankündigte. Obwohl damit das bisherige Reduzierungstempo sich nicht veränderte (etwa 12 000 Mann pro Monat), wurde diese Ankündigung von vielen als Beweis für den Willen Nixons zur Beendigung des Vietnamkrieges angesehen. Sie berücksichtigten dabei allerdings nicht, daß Nixon wiederum den Abzug mit einer Warnung an Hanoi verband — bei weiterer Eskalation seiner militärischen Operationen in Vietnam, Kambodscha und Laos werde er »nicht zögern, harte und wirksame Maßnahmen zu ergreifen«. 10 Tage später machte Nixon seine Worte wahr. In einer Ansprache, deren nationalistisch-aggressive Rhetorik und Argumentation einen Vergleich mit bestimmten Passagen aus Hitlers Rede am 1. 9. 1939 zum Überfall auf Polen aushält, begründete er den Einmarsch in Kambodscha u. a. damit, »daß die vom Feind innerhalb der letzten 10 Tage unternommenen Aktionen das Leben der Amerikaner, die, nach dem möglichen Abzug der 150 000 Soldaten, in Vietnam bleiben werden, gefährden«.

Die Begründung ist natürlich absurd (und gab zu entsprechenden Karikaturen Anlaß — zwei US-Soldaten im Dschungel: »*You see the reason we are in Indochina is to protect us boys in Indochina*«), enthüllt aber so viel: geschützt werden soll die Vietnamisierung, die offensichtlich gefährdet ist — trotz der 250 000 Mann, die für Luftkrieg, Logistik und Beratung in Südvietnam zurückbleiben werden. Und da die Vietnamisierung wenig Aussicht auf Erfolg hat, geht man präventiv zur Zerstörung des Landes und zur ›Kontrolle‹ der Bevölkerung über. Auch Kambodscha wird so peu à peu wie vorher schon Südvietnam und Laos in eine ›Feuerfrei-Zone‹ verwandelt nach der Methode: Der Volkskrieg ist am besten durch Eliminierung des Volkes zu bekämpfen. Indem Nixon den Fehlschlag der Vietnamisierung durch eine neue Eskalation angesichts einer angeblichen Bedrohung kaschieren wollte, zerstörte er jedoch nur die

Vietnamisierung als Mittel psychologischer Gewöhnung an die Fortsetzung des Krieges. Seit 30. April weiß die Protestbewegung, daß Vietnam nicht ein Betriebsunfall war, nach dessen Behebung man wieder zu einem glücklicheren Amerika zurückkehren kann. Als bei einer der ersten heftigen Demonstrationen gegen die Intervention die Nationalgarde vier Studenten erschoß, nahm die Empörung bisher nicht gekannte Ausmaße an. Auch der in der Entscheidung über Krieg und Frieden weitgehend entmachtete Senat wurde aktiv: Eine Gesetzesvorlage, die das Eingreifen in Kambodscha nachträglich rechtfertigen sollte, wurde am 11. Juni abgelehnt. Und am 30. Juni nahm der Senat mit 58 gegen 37 Stimmen das sogenannte *Church-Cooper-Amendment* an, das Präsident Nixon vom 1. Juli an die Haushaltsmittel für die Finanzierung ausländischer Truppen in Kambodscha sperrte und die direkte Luftunterstützung kambodschanischer Truppen untersagte. Innenpolitisch eine schwere Niederlage für Nixon, schränkte diese Entschließung außenpolitisch seine Bewegungsfreiheit gleichwohl nur geringfügig ein. Am 26. August konnte sich Vizepräsident Agnew bei seinem Besuch in Saigon gegen eine Koalitionsregierung und beschleunigten Truppenabzug aussprechen, einen Tag später sicherte er Lon Nol in Pnom Penh weitere Militärhilfe zu. Am 1. September lehnte der Senat ein von den Senatoren Hatfield und McGovern eingebrachtes Gesetz zur Beendigung des Krieges in Vietnam (Abzug aller Truppen bis zum 31. 12. 1971) ab.

Es scheint, daß die herrschenden Kreise in den USA die amerikanische Präsenz in Indochina zur Garantie der von ihnen errichteten südostasiatischen Nachkriegsordnung auch in Zukunft für unerläßlich halten werden, solange es die politische Großwetterlage (Konflikt Rußland—China) erlaubt.

Die Änderung eben dieser Außenpolitik aber hatte das Leitungsgremium des Nationalrats der Kirchen Christi in den USA Ende Februar 1968 gefordert. Vom Vatikan und dem Ökumenischen Rat wurde diese Forderung jedoch nicht aufgegriffen. Man gab sich mit dem Teilstopp der Bombardierungen und den Pariser Vorverhandlungen bzw. der vollständigen Einstellung der Bombenangriffe und dem Beginn der Vierergespräche zufrieden. Die Weltkirchenkonferenz von Uppsala im Jahre 1968 verabschiedete sogar eine Erklärung, in der es heißt: »Wir sind dankbar, daß es beiden Seiten endlich möglich wurde, am Konferenztisch zusammenzukommen.« Hier wird als Geschenk des Himmels hingenommen, was ganz im Gegensatz dazu ein Erfolg der Waffen war. Erst die von der Befreiungsfront unter großen Opfern durchgeführte Tet-Offensive hat ja (im Zusammenspiel mit der öffentlichen Kritik in den USA) dazu geführt, daß die amerikanische Regierung sich zur Einstellung der Bombardierungen und zu Verhandlungen bereit fand. Die Vietnam-Erklärung aber tut so, als seien die Pariser Verhandlungen das Ergebnis später Einsichten endlich doch zur Vernunft gekommener Politiker. Wie schon in den Stellungnahmen der Jahre 1966/67 fehlt die genaue politische Analyse, die das Neue an der amerikanischen Politik als die Fortsetzung des Alten mit anderen Mitteln begreifen könnte. Im übrigen hatten die Kirchen mit ihrer bloß paritätischen Forderung nach Einstellung der Bombardierungen sich sozusagen selbst an die Kette gelegt. Was sollten sie nach der Entscheidung Johnsons vom 31. Oktober 1968 von den USA noch fordern?

Es entsprach daher durchaus dem Trend ihrer bisherigen Stellungnahmen, daß sie die Entwicklung abwarteten und sich im übrigen unter dem Stichwort ›Nachkriegshilfe‹ noch mehr dem karitativen Bereich zuwandten. So forderte die Erklärung von Uppsala, »sofort mit der Vorbereitung der Nachkriegshilfe zu beginnen [...] Die Planung der kirchlichen Programme, die die Betroffenheit und Hilfsbereitschaft zum Ausdruck bringen, muß so schnell wie möglich vorangetrieben werden.« Eine ›Koordinationskonferenz für den Wiederaufbau in Vietnam‹ sollte zu diesem Zweck im Herbst 1969 gegründet werden. Niemand wird die Wichtigkeit solcher Vietnam-Hilfe durch die Kirchen bestreiten. Aber sie darf nicht dazu führen, daß die Aufklärungsarbeit über Vietnam in den eigenen Gruppen und in der Öffentlichkeit vernachlässigt wird und die Forderung einer grundsätzlichen Änderung der amerikanischen Politik wieder unter den Tisch fällt. Daß die westlichen Kirchen ihren Reichtum für die Notleidenden in der Dritten Welt einsetzen, ist nur recht und billig; aber noch wichtiger ist, *wie* sie ihn verwenden. Kirchliche Nachkriegshilfe in Südvietnam unter amerikanischer Aufsicht würde nur dazu beitragen, die Konflikte dort zu verewigen. Es scheint, als beginne der Ökumenische Rat das einzusehen. Die geplante Koordinationskonferenz kam auf Drängen asiatischer Mitarbeiter nicht zustande — ihr Argument: Hilfsprogramme gibt's genug, kümmern wir uns erst um die Herstellung wirklichen Friedens.

Auch in den öffentlichen Voten machte sich ein gewisser Wandel bemerkbar. Auf der Tagung des Zentralausschusses des Ökumenischen Rates, die im August 1969 in Canterbury stattfand, wurde eine vorbereitete Vietnam-Erklärung, die auf einem »beschleunigten Abzug der US-Truppen« insistierte, noch nicht angenommen. Sie scheiterte an dem Einspruch weniger Delegierter, ihr nur bei gleichzeitiger Apostrophierung Hanois und sowjetischer Besetzung der CSSR zustimmen zu können.

Ein halbes Jahr später, am 19. Februar 1970 in Genf, versuchte der Exekutivausschuß zwar das Schweigen des Ökumenischen Rates durch den Hinweis zu rationalisieren, eine »Erklärung (hätte) die schwierigen Verhandlungen über jene Fragen, in denen nach wie vor grundsätzliche Meinungsverschiedenheiten bestanden, beeinträchtigen« können. Daß es aber weniger taktvolle Zurückhaltung als eine falsche Einschätzung der Lage war, gibt der Exekutivausschuß durch die weiteren Ausführungen in seiner Stellungnahme indirekt zu. Er muß nämlich konstatieren, daß »die offiziellen Pariser Gespräche während der letzten sechs Monate keine sichtbaren Fortschritte gebracht haben und daß weiterhin die Gefahr einer Reeskalation besteht«. Er fordert daher »rasche Maßnahmen, damit gemeinsam mit dem vietnamesischen Volk der Friede in Vietnam hergestellt wird«. Noch deutlicher wird der Ausschuß mit dem folgenden Satz: »Dazu gehört zumindest eine entschlossene Absage an jede Re-Eskalation auf militärischem Gebiet sowie an alle Aktionen, die eine solche Re-Eskalation auslösen und den Krieg auf Nachbarländer ausdehnen oder in ihnen intensivieren könnten (wie gegenwärtig in Laos der Fall).« Allerdings: Diese eindeutige Kritik findet keine Anwendung auf die eingangs aufgestellte Behauptung, die US-Regierung habe ihre Vietnam-Politik geändert, indem sie den Konflikt nicht länger auf dem militärischen, sondern auf dem Verhandlungswege beizulegen suche. Immerhin war mit dieser Stellungnahme die Voraussetzung dafür geschaffen, daß die leitenden Amtsträger des Ökumenischen Rates sofort auf den Einmarsch in Kambodscha reagieren konnten. Ihre Stellungnahme vom 3. Mai zeigt zum ersten Mal einen Ökumenischen Rat, der mit den Ereignissen wirklich Schritt hält und auch in der Argumentation jene Schärfe erreicht, die zur Demaskierung der amerikanischen Machtpolitik nötig ist. So werden die von Nixon angegebenen Gründe für seine Entscheidung mit den Worten kommentiert: »Sie lassen auf Gleichgültigkeit gegenüber den Verlusten an Menschenleben unter den indochinesischen Bevölkerung schließen, da er den Anspruch erhebt, das Leben der amerikanischen Truppen schützen zu wollen.«

Eben diese Frage hatte der Ceylonese D. T. Niles in einer der ersten Stellungnahmen von asiatischen Christen zum Vietnamkrieg schon vor über fünf Jahren im März 1965 gestellt. Angesichts der hemmungslosen amerikanischen Politik aus Geringschätzung der asiatischen Rasse, die zu unkontrollierten Schlägen überall in Südostasien führen kann, hatte er gefragt: »Ist das menschliche Leben in Asien so billig?«

Zieht man in Betracht, daß die pausenlose Bombardierung Nordvietnams bis 1968, Laos' und Südvietnams bis in die Gegenwart nach Aussagen von Experten Vietnam als »kulturelle und historische Einheit mit der Auslöschung bedroht«, so kommt die Kritik des Ökumenischen Rates zu spät. Diese Verspätung ist z. T. auf mangelnde Information, z. T. auf die einseitige Konzentrierung auf den Bombenstopp für Nordvietnam zurückzuführen. Der amerikanische Vernichtungskrieg in Südvietnam mit seinen Entlaubungs- und Evakuierungsprogrammen blieb dadurch weitgehend unkommentiert.

Spätestens seit Bekanntwerden des Massakers von My Lai hätten der Ökumenische Rat und der Vatikan darauf aufmerksam machen müssen, daß dies nicht ein isoliertes Verbrechen, sondern die logische Konsequenz jenes laut General Westmoreland »technologisch erfolgreichen Krieges« gegen Land und Bevölkerung Vietnams ist. Aber die Kirchen sind immer noch auf ihre paritätisch-neutrale Sicht des Krieges fixiert, nach der eine Lösung des Konflikts in einem gleichzeitigen Rückzug der nordvietnamesischen und amerikanischen Kampftruppen liegt. Diese Haltung ließ den Ökumenischen Rat auch noch in seiner letzten Stellungnahme eine nordvietnamesische Eskalation in Laos konstruieren, die dann parallel mit dem Einmarsch in Kambodscha verurteilt werden konnte.

Kurz gesagt: Die Kirchen (und die liberale Protestbewegung) haben bislang nicht begriffen, daß es in Vietnam um den essentiellen Zusammenhang von Weltfrieden und Revolution geht, also um Opposition gegen eine Politik, die um ihrer eigenen *raison d'être* willen nicht den Erfolg von Befreiungsbewegungen zulassen kann. Die Schlagworte ›Frieden für Vietnam‹ und ›Sieg im Volkskrieg‹ gehören letztlich unabdingbar zusammen. Vor dieser Synopse und dem daraus resultierenden politischen Engagement haben sich die Kirchen gescheut. Nach dem Einmarsch in Kambodscha wissen sie, daß die Vietnamisierung Vietnam niemals den Frieden bringen kann. Wenn sie ihre Friedenspraxis wirklich ernst nehmen, bleibt ihnen nichts anderes übrig, als für den totalen Abzug der US-Truppen und für ein neutrales Südvietnam zu plädieren.

Anmerkungen

1 Zitiert in: Friedrich Heer: ›Friede — einige oft übersehene Kampfmittel‹, Radius, Heft 2 (1967), S. 24. Vgl. zu Torres jetzt die Monographie von H. Lüning, ›Camilo Torres — Priester, Guerillero‹. Konkretionen VI, Hamburg 1969.

2 Heer: a. a. O., S. 24.

3 ›Die Friedensenzyklika Papst Johannes' XXIII.‹ Mit Einführung und Kommentar von A.-F. Utz OP, Freiburg 1963, S. 87 ff.

4 ›Die Friedensenzyklika‹, a. a. O., S. 130 f.

5 a. a. O., S. 120 ff.

6 a. a. O., S. 125.

7 Zitiert in: Herder-Korrespondenz, 19. Jahrgang, Heft 14 (1964/65), S. 650.

8 K. Rahner/H. Vorgrimler: ›Kleines Konzilskompendium. Alle Konstitutionen, Dekrete und Erklärungen des 2. Vaticanums‹, Freiburg 1966, S. 540 und die Einleitung S. 444 f.

9 a. a. O., S. 541.

10 a. a. O., S. 538.

11 a. a. O., S. 539.

12 a. a. O., S. 538 — die Formulierung in § 79, 2 der Pastoralkonstitution scheint gegen revolutionäre Befreiungskriege zu zielen, während § 79, 3 die Ausrottung der Juden durch den Nationalsozialismus im Auge hat.

13 Daß dies ihr Hauptversäumnis ist, kritisierte auch The Guardian in einem Artikel vom 6. 10. 1965.

14 Interview mit Roger Garaudy im *Spiegel*, 21. Jahrgang, Nr. 6. (1967). S. 82.

15 Vgl. zum folgenden R. Scheer: ›*The Genesis of United States Support for Ngo Dinh Diem*‹ in: M. E. Gettleman: ›*Vietnam. History, Documents, and Opinion on a Major World Crisis*‹, Penguin Books 1966, S. 246 ff; J. Horlemann/P. Gäng, ›*Vietnam. Genesis eines Konflikts*‹, Frankfurt a. M., 1966, S. 78 ff.

16 Vgl. Thich Nhat Hanh: ›*Lotos im Feuermeer, Vietnam in Geschichte und Krise*‹, München 1967, S. 29 49. (›*Der Einzug des römischen Katholizismus*‹), besonders die Zitate auf S. 43, und Harry Haas: ›*South Vietnam's Catholic and the War*‹ in: *Christian Century*, March 20, 1965, S. 350–352.

17 »Den katholischen Bauern Nord-Vietnams wurde von ihren Geistlichen erzählt, die Jungfrau Maria sei nach Süd-Vietnam gezogen, und die Frommen sollten es ihr gleichtun.« Horlemann/Gäng, a. a. O., S. 79.

18 Diese Reformen hatte Präsident Eisenhower 1954 in einem an Diem gerichteten Brief gefordert, s. ›*China, Südostasien und der Krieg in Vietnam. Bericht und Analyse einer amerikanischen Sachverständigenkommission im Auftrag der Quäker*‹, Frankfurt a. M., 1966, S. 54 f.

19 Vgl. dazu Halberstam: ›*Vietnam oder Wird der Dschungel entlaubt?*‹ Reinbek 1965, S. 110 ff.

20 Vgl. die *Herder-Korrespondenz*, 21. Jahrgang, Heft 1 (1967), S. 8 ff. (›*Für die Kirche in Vietnam*‹. Missionsgebetsmeinung für Februar 1967) und Thich Nhat Hanh: a. a. O., S. 49–54.

21 Thich Nhat Hanh, a. a. O., S. 50, 52, der Text S. 129 f.

22 Haas, a. a. O., S. 352; *Ökumenischer Pressedienst* Nr. 2, 1968.

23 *Herder-Korrespondenz*, 18. Jahrgang, Heft 1 (1963/64), S. 239.

24 Die Telegramme Papst Pauls VI. an Podgorny und Mao Tse-tung Weihnachten 1965 wurden von der katholischen Saigoner Presse nur an unscheinbarer Stelle erwähnt, während die Schlagzeilen den Forderungen Goldwaters akklamierten, Hanoi und China notfalls mit Atombomben zu bombardieren. s. Haas, a. a. O., S. 351.

25 Vgl. zum folgenden Horlemann/Gäng, a. a. O., S. 145 ff., ›*China, Südostasien . . .*‹, a. a. O., S. 61 ff. (›*Das Puzzle-Spiel der Verhandlungen*‹) und vor allem F. Scher-mann, P. D. Scot, R. Zelnick: ›*The Politics of Escalation in Vietnam*, Greenwich‹, 1966.

26 *New York Times International* vom 21. 12. 1965.

27 *Frankfurter Allgemeine Zeitung* vom 29. 12. 1965, S. 4: ›*Die Friedensfühler des Vatikans*‹; *New York Times International* vom 28. 12. 1965.

28 *Herder-Korrespondenz*, 20. Jahrgang, Heft 2 (1966), S. 76.

29 Zu dieser und den folgenden Initiativen s. *Herder-Korrespondenz*, a. a. O., S. 77.

30 ›*Römische Warte*‹, Beilage der *Deutschen Tagespost*, Nr. 48, 1965. Dort auch das nächste Zitat.

31 *Deutsche Tagespost* vom 28. 12. 1965.

32 Vgl. zum folgenden Horlemann/Gäng, a. a. O., S. 41 ff. und Gettleman, a. a. O., S. 42 ff., 69 ff.

33 Vgl. Horlemann/Gäng, a. a. O., S. 81 ff. (›*Die Entwicklung in Nord-Vietnam*‹); Bo Gustavsson: ›*Versuch über den Kolonialismus*‹ in: *Kursbuch 6*, hg. von H. M. Enzensberger, 1966, S. 128 ff.

34 Vgl. Horlemann/Gäng, a. a. O., S. 120 ff.; ›*Das Programm von 1960*‹, S. 199 ff.; inzwischen sind diese Ziele in einem neuen Programm vom August 1967 weiter-entwickelt worden.

35 Vgl. auch die Weihnachtsbotschaft des Papstes von 1964, *Herder-Korrespondenz*, 19. Jahrgang (1964/65), S. 202.

36 So in der Rede vor der UNO, s. *Herder-Korrespondenz*, 19. Jahrgang, Heft 14 (1964/65), S. 649.

37 ›*Über den Fortschritt der Völker. Die Entwicklungs-Enzyklika Papst Pauls VI. Populorum progressio*‹. Mit Kommentar und Einführung von H. Krauss, SJ, Freiburg 1967; vgl. J. Bopp: ›*Populorum Progressio. Aufbruch der Kirche*‹, Stuttgart 1968.

38 Weitere Äußerungen Papst Pauls VI. zu dieser Thematik in: ›*Die Entwicklungs-Enzyklika*‹, a. a. O., S. 102–104.

39 Nicht berücksichtigt wird im folgenden die Tatsache, daß eine andere Form des Überflusses, der Kapitalexport in Länder der Dritten Welt, gerade zur Stabilisie-rung ihrer Ausbeutung beiträgt.

40 Herbert Marcuse: ›Aggressivität in der gegenwärtigen Industriegesellschaft‹, Neue Rundschau, 78. Jahrgang, Heft 1 (1967), S. 12 f.

41 Herbert Marcuse: ›Ethik und Revolution‹, in: ders.: ›Kultur und Gesellschaft‹ 2, Frankfurt a. M. 1965, S. 137.

42 Dieser Text von Sun Ding-guo ist abgedruckt in: Stuart R. Schram: ›Die permanente Revolution in China, Dokumente und Kommentar‹, Frankfurt a. M. 1966, S. 91.

43 Stuart R. Schram, a. a. O., S. 83.

44 Vgl. dazu Felix Greene: ›Listen, Lügen, Lobbies. China im Zerrspiegel der öffentlichen Meinung‹, Darmstadt 1966, S. 155 ff.

45 Stuart R. Schram, a. a. O., S. 72.

46 S. H. Marcuse: ›»Ethik und Revolution‹, a. a. O., S. 414.

47 Hans Magnus Enzensberger: ›Europäische Peripherie‹, in: ders.: ›Deutschland, Deutschland unter anderem‹, Frankfurt a. M. 1967, S. 170 f.

48 Frankfurter Allgemeine Zeitung vom 19. 9. 1966.

49 Enzyklika ›Christi Matri‹ in: Junge Kirche, 27. Jahrgang, Heft 10 (1966), S. 558–560, hier S. 558 f.

50 Zitiert in: Der Spiegel, 21. Jahrgang, Nr. 8 (1967).

51 Vgl. dazu das Dossier 2: ›Vietnam und die Weltrevolution. Eine Kontroverse‹, in: Kursbuch 9, 1967, S. 130–141.

52 Deutsche Tagespost vom 21. 12. 1966.

53 Deutsche Tagespost vom 27./28. 12. 1966.

54 Die Zeit, Nr. 2 (1967). S. 9: ›Tauben aus Nord-Vietnam?‹ – dort auch die Standpunkte Hanois und Washingtons.

55 International Herald Tribune vom 25. 5. 1967, vgl. auch Frankfurter Rundschau vom selben Tag.

56 Zu diesen und anderen Appellen im Dez. 1967 und Jan. 1968 s. Herder-Korrespondenz, 22. Jahrgang, Heft 2 1968, S. 57 f.

57 Deutsches Pfarrerblatt, 66. Jahrgang, Nr. 21 (1966), S. 695 f.

58 So Romanus: ›Mao ließ den Brief liegen‹, Sonntagsblatt, Nr. 1, 1967.

59 Friedens-Gottesdienst vom 4. 10. 1966, s. Herder-Korrespondenz, 20. Jahrgang, Heft 11 (1966), S. 502.

60 Herder-Korrespondenz, 20. Jahrgang, Heft 2 (1966), S. 78.

61 S. dazu Hans-Joachim Barkenings: ›Der Frieden als Aufgabe‹, Evangelische Theologie, 25. Jahrgang, Heft 9 (1965), S. 483–512, hier S. 501.

62 Vgl. dazu Hans P. Schmidt Teil B, im vorliegenden Band.

63 W. A. Visser't Hooft (Hg.): ›Die erste Vollversammlung des Ökumenischen Rates der Kirchen‹, Zürich 1958, S. 45–47.

64 Beide Stellungnahmen sind abgedruckt in: Lutherische Monatshefte, 6. Jahrgang, Heft 9 (1967); S. 440, 460 f.

65 Zum folgenden s. W. A. Visser 't Hooft: ›Die Entstehung des Ökumenischen Rates der Kirchen‹, in R. Rouse/St. Neill: ›Die Geschichte der ökumenischen Bewegung 1517–48‹, Bd. II, 1958, S. 385 ff.; H.-J. Barkenings: a. a. O., S. 485 ff.

66 Dem Friedensoptimismus des amerikanischen Bischofs Brent (er meinte, die christliche Kirche könne innerhalb einer Generation den Krieg ausschalten) stand die auf der Trennung von religiöser Innerlichkeit und machtstaatlicher Äußerlichkeit beruhende Feststellung des Generalsuperintendenten Klingemann gegenüber, »daß die großen Fragen von Krieg und Frieden sich schließlich nach eigenen Gesetzen vollziehen, die wir nicht ändern können«; zitiert bei Barkenings, a. a. O., S. 485.

67 ›Die erste Vollversammlung . . .‹, a. a. O., S. 9—

68 ›Die erste Vollversammlung . . .‹, a. a. O., S. 118

69 Die Diskussion in Amsterdam resultierte in einem ›Trilemma‹ der Standpunkte zur Kriegsfrage: zwischen denen, die den Krieg weiterhin als Ultima ratio politischen Handelns ansahen, und denen, die ihn entschieden pazifistisch ablehnten, standen diejenigen, die ihn »unter bestimmten Umständen« bejahten, aber keinesfalls als »Akt der Gerechtigkeit« bezeichnet sehen wollten; s. ›Die erste Vollversammlung‹, a. a. O., und Barkenings, a. a. O., S. 502 f.

70 Rouse/Neill: ›Geschichte der ökumenischen Bewegung‹, a. a. O., S. 419 f., 423, 430.

71 ebd. S. 419 f.

72 *Ökumenischer Pressedienst*, Nr. 39, 26. Oktober 1962.

73 Abgedruckt in: ›*Protestantische Texte aus dem Jahre 1966*‹, Stuttgart 1967, S. 28 bis 33.

74 Vgl. dazu Teil A, S. 239 (›*Katholizismus und Politik*‹).

75 Vgl. zu den folgenden Ausführungen Isidore Ziferstein: ›*Der nie erklärte Krieg*‹, in: Benedict/Bahr (Hg.) ›*Kirchen als Träger der Revolution*‹, Hamburg 1968, S. 87 ff.

76 Es handelt sich um folgende Dokumente: ein erstes Statement des Direktors der Kommission Dr. Frederick Nolde von Mitte Februar 1965 (*Ökumenischer Pressedienst* [1965] Nr. 5); eine ausführliche Stellungnahme des Vorsitzenden der Kommission, Sir Kenneth Grubb und Dr. Noldes vom 10. März 1965 (*Junge Kirche*, 26. Jahrgang 1965, S. 233–235); eine Stellungnahme der Kommission, beschlossen auf der Tagung des Exekutivkomitees in Genf am 12. Juli 1965 (*Junge Kirche*, a. a. O., S. 507 f.); einen Appell Dr. Noldes vom 28. 11. 1966 (*Junge Kirche*, 28. Jahrgang 1967, S. 32 f.).

77 I. F. Stone: ›*A reply to the White Paper*‹ in: Gettleman, a. a. O., S. 335 ff.

78 In: ›*Warum Vietnam?*‹, hg. von USIS, Bad Godesberg, 1965, S. 39.

79 *New York Times* vom 11. Mai 1966.

80 In: *Junge Kirche*, 28. Jahrgang, 1967, S. 128 f.

81 In: *Junge Kirche*, 27. Jahrgang, 1966, S. 411 f.

82 Wie aus der Vietnam-Erklärung des Zentralausschusses des Ökumenischen Rates vom August 1967 in Heraklion beweist, s. Anm. 64.

83 *Europäische Begegnung*, Heft 10 (1967), S. 509.

84 Che Guevara: ›*Schaffen wir zwei, drei, viele Vietnam. Brief an das Exekutiv-Sekretariat von OSPAAL*‹, Berlin 1967, S. 8.

85 Aus dem antikommunistischen Pamphlet Roland Gerhardsons über die Christliche Friedenskonferenz (›*Christen und Kommunisten*‹, Köln 1966) lassen sich nur via negativa Informationen gewinnen.

86 S. etwa das Kommuniqué vom März 1966: »Weil er, Jesus-Christus, unser Bruder wurde und in seiner Hingabe Gottes Liebe alle Menschen umfaßt, dürfen und sollen wir jeden Menschen als unseren Mitmenschen achten und lieben« (*Junge Kirche*, 27. Jg., 1966, S. 271) und ähnlich die Sofia-Resolution Okt. 1966: »[. . .] daß sich Gott mit uns in Jesus Christus verbunden hat, daß deshalb jeder Mensch unser Nächster ist, mit dem wir Solidarität erstreben wollen« (*Junge Kirche*, 27. Jg. 1966, S. 634).

87 Vgl. dazu im vorliegenden Band Sven G. Papcke, Teil A 3.

88 Wie Schrey: ›*Die Kirchen und der Friede*‹, a. a. O., S. 37, meint.

89 *Junge Kirche*, 27. Jg. (1966), S. 620 f.

90 Abgedruckt in: *Junge Kirche*, 26. Jg. (1965), S. 232 f.

91 Gerhardson: ›*Christen und Kommunisten*‹, a. a. O., S. 28.

92 *Junge Kirche*, 28. Jg. (1967), S. 643.

93 *Junge Kirche*, a. a. O., S. 196.

94 Martin Luther King: ›*Sprechen für die, die keine Stimme haben*‹, Rede New York April 1967, abgedruckt in Benedict/Bahr, a. a. O., S. 154 ff.

95 *International Herald Tribune* vom 16. 8. 1967.

96 *International Herald Tribune* vom 6. 12. 67.

97 *Frankfurter Rundschau* vom 12. 1. 1968.

98 S. dazu den Fall des Studentenpfarrers Sloane Coffin von der Yale-University, *Frankfurter Rundschau* vom 12. 1. 1968 und *International Herald Tribune* vom 13./14. 1. 1968.

99 *Ökumenischer Pressedienst*, Nr. 38 (1967) (›*Wege des Widerstandes*‹) und Benedict/Bahr, a. a. O., S. 183 ff.

In der vom Verfasser dieses Taschenbuches herausgegebenen Reihe KONKRETIONEN *können folgende Bände als Anschlußlektüre empfohlen werden:*

HANS-ECKEHARD BAHR

Verkündigung als Information

Zur öffentlichen Kommunikation in der
demokratischen Gesellschaft

Konkretionen Bd. 1
145 Seiten Pbck. DM 9,80

THEODOR EBERT (Hsg.)
HANS-JÜRGEN BENEDICT (Hsg.)

Macht von unten

Bürgerrechtsbewegung, außerparlamentarische
Opposition und Kirchenreform

Konkretionen Bd. 5
207 Seiten Pbck. DM 12,80

JOHANNES DEGEN

Das Problem der Gewalt

Politische Strukturen und theologische
Reflexion

Mit Materialien von Jean Cardonnel,
Gonzalo Castillo-Cárdenas, Richard Shaull
Konkretionen Bd. 9
184 Seiten Pbck. DM 12,80

Zu beziehen durch jede gute Buchhandlung

FURCHE-VERLAG HAMBURG

Die neue Taschenbuch-Reihe

Sammlung Luchterhand

Jährlich erscheinen 20 Bände, kartoniert, mit Schutzfolie versehen, zu DM 4,80 – 7,80 – 9,80.

Band 1
Jurek Becker
Jakob der Lügner
Roman. 270 Seiten. DM 7,80

Band 2
Helmut Krauch
Die organisierte Forschung
Eine Studie über Forschungsplanung und Wissenschaftspolitik in der Demokratie. ca. 224 Seiten. DM 9,80

Band 3
Helmut Heißenbüttel
Das Textbuch
Zusammenfassung der Textbücher 1–6. Gemeinschaftsausgabe der Verlage Walter und Luchterhand. ca. 240 Seiten. DM 7,80

Band 4
Herbert Marcuse
Der eindimensionale Mensch
Ungekürzte Sonderausgabe. 284 Seiten. DM 7,80

Band 5
Michail Bulgakow
Hundeherz
Roman. Sonderausgabe. 160 Seiten. DM 4,80

Band 6
Leo Kofler
Stalinismus und Bürokratie
Zwei Essays. ca. 192 Seiten. DM 7,80

Band 7
Hilde Domin (Hrsg.)
Nachkrieg und Unfrieden
Gedichte als Index 1945–1970. ca. 200 Seiten. DM 7,80

Band 8
Wolfgang Naucke / Paul Trappe (Hrsg.)
Rechtssoziologie und Rechtspraxis
ca. 352 Seiten. DM 9,80

Band 9
Ernst Jandl
Der künstliche Baum
Gedichte 1957–1969. ca. 150 Seiten. DM 4,80

Band 10
Harry Pross
Publizistik
Thesen zu einem Grundcolloquium. ca. 148 Seiten. DM 7,80

Band 11
Georg Lukács
Geschichte und Klassenbewußtsein
Studien über marxistische Dialektik. ca. 400 Seiten. DM 9,80

Band 12
Marguerite Duras
Zerstören, sagt sie
Roman. Aus dem Französischen von Walter Boehlich. ca. 96 Seiten. DM 4,80

Band 13
Konrad Farner
Der Aufstand der Abstrakt-Konkreten
Zur Ideologie der spätbürgerlichen Zeit. Mit einem Briefwechsel zwischen Georg Lukács und dem Verfasser. ca. 160 Seiten. DM 7,80

Band 14
Anna Seghers
Aufstellen eines Maschinengewehrs im Wohnzimmer der Frau Kamptschik
Erzählungen. Mit einem Nachwort von Christa Wolf. Westdeutsche Erstausgabe. ca. 178 Seiten. DM 7,80

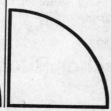

Sammlung Luchterhand

Informationen zur Zeit—

die aktuelle Reihe
der Fischer Bücherei
Gesamtauflage: 850 000

Urs Jaeggi

Macht und Herrschaft
in der Bundesrepublik
Originalausgabe
(Band 1014)

Eine Soziologie der deutschen Gegenwart und
ein Plädoyer für die »Demokratisierung des Alltags«
von Urs Jaeggi, Ordinarius für Soziologie in Bochum:
»Anstöße zu einer Demokratisierung lassen sich in
sämtlichen gesellschaftlichen Institutionen erkennen.
Freilich sind gut funktionierende Integrationsmecha-
nismen gegeben. Einerseits ist ›eine Änderung der sozialen Bedingungen erforderlich, um ein entsprechendes Bildungssystem zu schaffen‹; andererseits ist ›ein
entsprechendes Bildungssystem erforderlich, um die
sozialen Bedingungen ändern zu können‹ (Marx). Dieser Zusammenhang sagt nichts über die Unmöglichkeit
von Veränderungen. Er sagt etwas über die Schwierigkeiten und sagt etwas über die Notwendigkeit, klare
politische, gesellschaftliche und kulturelle Alternativen
zu formulieren.«

Fischer Bücherei

Informationen zur Zeit—

**die aktuelle Reihe
der Fischer Bücherei**

Gesamtauflage 850 000

Anpassung oder Widerstand?

**Gewerkschaften im autoritären Staat
Hg. v. Sven Gustav Papcke**

Originalausgabe (Band 1094)

Sven Gustav Papcke

Proletarische Spontaneität oder
gewerkschaftliche Disziplin.
Ein Mitbestimmungsproblem?

Willy Wyniger

Zur Ökonomie der
Unterordnung.
Stabilisieren die
Gewerkschaften den
Kapitalismus?

Rainer Kalbitz

Kampflos?
Zum gewerkschaftlichen Verzicht auf Massenstreikaktionen

Uwe Henning

Integrationspädagogik —
Irrwege gewerkschaftlicher
Bildungsarbeit

Peter Schütt

Antinotstandskampagne.
Die Gewerkschaften an den
Grenzen der Staatsbejahung?

Detlev Albers

Gewerkschaften versus
Arbeiterräte

Fischer Bücherei

INFORMATIONEN ZUR ZEIT

Die aktuelle Reihe der Fischer Bücherei

Dietrich Rollmann (Hrsg.): Strafvollzug in Deutschland. Situation und Reform. Bd. 841

Das Rote Buch. Worte des Vorsitzenden Mao Tse-tung. Bd. 857

Vorbereitung auf den Notstand? 10 Antworten auf eine aktuelle Frage. Bd. 858

Hans Roeper: Geschichte der D-Mark. Bd. 890

Heinz Rudolf Sonntag (Hrsg.): Che Guevara und die Revolution. Bd. 896

Wilhelm Wolfgang Schütz: Deutschland-Memorandum. Eine Denkschrift und ihre Folgen. Bd. 903

Hans Dieter Jaene: Der Spiegel. Ein deutsches Nachrichten-Magazin. Bd. 905

Kommunistische Parteien im Westen. England, Frankreich, Italien, Skandinavien. Bd. 907

Martin Luther King: Wohin führt unser Weg? Chaos — oder Gemeinschaft. Bd. 937

Friedrich Mager / Ulrich Spinnarke: Was wollen die Studenten? Bd. 949

Claus Michael Naether: Ein Kontinent sucht die Freiheit. Afrika zwischen den Großmächten. Bd. 950

Peter Bender: Zehn Gründe für die Anerkennung der DDR. Bd. 951

Jürgen Baumann (Hrsg.): Programm für ein neues Strafgesetzbuch. Der Alternativ-Entwurf der Strafrechtslehrer. Bd. 952

Der Fall CSSR. Strafaktion gegen einen Bruderstaat. Eine Dokumentation. Bd. 964

Lothar Schmidt / Dieter Thelen: Hochschulreform. Gefahr im Verzuge? Mit einem Gesetzentwurf. Bd. 1011

Hans-Jürgen Haug / Hubert Maessen: Was wollen die Schüler? Politik im Klassenzimmer. Bd. 1013

Ben van Onna / Martin Stankowski (Hrsg.): Kritischer Katholizismus. Argumente gegen die Kirchen-Gesellschaft. Bd. 1015

Stokely Carmichael / Ch. V. Hamilton: Black Power. Die Politik der Befreiung in Amerika. Bd. 1017

Urs Jaeggi: Macht und Herrschaft in der Bundesrepublik. Bd. 1014

Hendrik Bussiek (Hrsg.): Veränderung der Gesellschaft. Sechs konkrete Utopien. Bd. 1092

Sven G. Papcke (Hrsg.): Anpassung oder Widerstand? Gewerkschaften im autoritären Staat. Bd. 1094

Jean Lacouture: Ho Tschi Minh. Bd. 1111

Johannes Beck/Lothar Schmidt: Schulreform oder Der sogenannte Fortschritt. Bd. 1121

Theodor Ebert: Gewaltfreier Aufstand. Alternative zum Bürgerkrieg. Bd. 1123

Gesamtauflage: 850000